河南省"十四五"普通高等教育规划教材

质量工程学

陈洪根 主编　张　睿　周昊飞 副主编

Quality
Engineering

化学工业出版社

·北京·

内 容 简 介

《质量工程学》为河南省"十四五"普通高等教育规划教材,是河南省首批一流本科课程"质量工程学"的配套教材。根据教学质量国家标准的培养要求和现代质量工程学理论发展,本书以波动分析和控制为核心,按照"基础理论—质量设计—质量控制—质量改进"这一主线,系统介绍了产品设计开发和生产制造等寿命阶段的质量工程理论和方法,具体包括统计技术基础、质量功能展开、试验设计、田口方法、变异源分析、测量系统分析、过程质量控制、质量检验及抽样技术和六西格玛管理等内容。本书在系统性介绍质量工程学知识的同时穿插了导入案例、即学即用、学而思之、链接小知识、案例分析、每章习题等栏目,以帮助读者加深理解并实践运用。

本书可作为高等院校质量管理工程、飞行器质量与可靠性、标准化工程、工业工程、管理科学与工程、工商管理等相关专业本科生和研究生的质量工程学教材,也可供从事质量与可靠性工程等工作的工程技术人员参考使用。

图书在版编目(CIP)数据

质量工程学/陈洪根主编;张睿,周昊飞副主编.—北京:化学工业出版社,2023.3(2025.6重印)
河南省"十四五"普通高等教育规划教材
ISBN 978-7-122-42535-5

Ⅰ.①质… Ⅱ.①陈…②张…③周… Ⅲ.①质量管理-高等学校-教材②质量控制-高等学校-教材 Ⅳ.①F273.2

中国版本图书馆CIP数据核字(2022)第215470号

责任编辑:李玉晖　　　　　　　　　　文字编辑:蔡晓雅　师明远
责任校对:王　静　　　　　　　　　　装帧设计:张　辉

出版发行:化学工业出版社(北京市东城区青年湖南街13号　邮政编码100011)
印　　装:北京盛通数码印刷有限公司
787mm×1092mm　1/16　印张17¼　字数419千字　2025年6月北京第1版第2次印刷

购书咨询:010-64518888　　　　　　　售后服务:010-64518899
网　　址:http://www.cip.com.cn
凡购买本书,如有缺损质量问题,本社销售中心负责调换。

定　价:52.00元　　　　　　　　　　　　　　　　　　版权所有　违者必究

前言

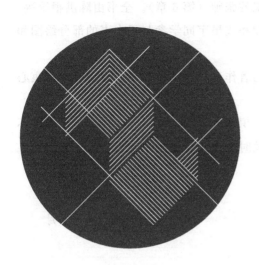

当前，我国正处于由制造大国向制造强国转变升级的关键发展阶段，制造业的发展需要着眼于产品和服务质量的提高。这不仅需要质量管理理论的创新引领，更需要质量工程方法和技术的强力支撑。推广和普及质量工程方法和技术，培养更多掌握质量工程方法和技术的专业人才，有利于缓解我国产业转型升级中质量工程专业人才的供需矛盾，赋能我国由制造大国向制造强国转变。

本书是在总结河南省精品课程和河南省首批一流本科课程"质量工程学"数十年教育教学经验基础上，立足于现代质量工程基本理论和最新发展趋势而编写的。本书重点内容包括质量工程基础概念、质量统计技术基础、质量功能展开、试验设计、田口方法、变异源分析、测量系统分析、过程质量控制、质量检验及抽样技术、六西格玛管理等。本书具有以下三个特点。

① 引导学生在学习中思考，在思考中学习。通过"学而思之""链接小知识"等栏目设置，启发学生运用课内知识对课外所听所见的事件、现象进行思考分析，锻炼学生利用专业知识分析具体问题能力的同时，潜移默化地培养学生的国家建设使命感、中华文化认同感和民族自豪感，激发学生的学习动力。

② 强化应用实践能力培养。通过"即学即用""案例分析""课后习题"等栏目设置，以及 Minitab 软件及应用章节内容设置，构建立体化的实践应用知识体系，凸显学生实践应用能力培养特色。

③ 突出航空航天特色。质量工程相关技术在航空航天领域得到广泛应用，本书通过在"引导案例""案例分析""习题例题"等环节大量引入航空航天背景实例和材料，不仅有助于进一步强化学生对质量工程技术发展起源的理解，而且鉴于航空航天产品的高科技属性，还有助于激发学生的学习兴趣。

参与本书编写工作的有郑州航空工业管理学院的陈洪根（第 1 章）、余兴旺（第 2 章）、张睿（第 3 章）、王国东（第 4 章）、李婧（第 5 章）、张霖（第 7 章）、周昊飞（第 8 章）、邹妍（第9章）、牛小娟（第10章）和河南工程学院的张帅（第6章）。全书由陈洪根统稿。郑州航空工业管理学院研究生李诗宇、邓阳、王鹏翔和成星宇同学参与了本书的部分绘图和案例资料整理等工作。

  本书在编写过程中，参考和引用了国内外学者的著作和材料，在此谨向原作者表示衷心感谢。

  由于编者水平有限，对质量工程领域所涉及的知识和内容的把握可能存在不足，本书不尽完善之处在所难免，敬请广大读者批评指正，并及时反馈，以便将来改进。

编者

2022年10月

目录

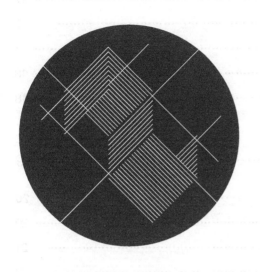

第一章 质量工程概论 ……………………………………………………… 1

第一节 质量和质量工程 …………………………………………………… 2
一、质量的概念 ……………………………………………………………… 2
二、质量工程的概念和内容 ………………………………………………… 7
三、其他相关术语 …………………………………………………………… 9

第二节 产品质量形成过程 ………………………………………………… 10
一、质量螺旋过程 …………………………………………………………… 10
二、质量环过程 ……………………………………………………………… 11

第三节 质量问题产生原因 ………………………………………………… 11
一、波动的概念 ……………………………………………………………… 11
二、质量因素 ………………………………………………………………… 12
三、质量因素分类 …………………………………………………………… 13

第四节 质量工程的发展历史 ……………………………………………… 14
一、质量检验阶段 …………………………………………………………… 14
二、统计过程控制阶段 ……………………………………………………… 14
三、质量设计阶段 …………………………………………………………… 14

第五节 质量工程的基础性工作 …………………………………………… 15
一、标准化工作 ……………………………………………………………… 15
二、计量工作 ………………………………………………………………… 16
三、质量信息化工作 ………………………………………………………… 16

四、质量教育工作 ·· 17

本章小结 ··· 17
　　【知识图谱】··· 17
　　【基本概念】··· 18

本章习题 ··· 18

第二章　质量统计技术基础 ·· 19

第一节　样本与抽样分布 ·· 20
　　一、基本概念 ·· 20
　　二、常用分布 ·· 21
　　三、正态总体的抽样分布 ·· 23

第二节　参数估计 ·· 23
　　一、参数的点估计 ·· 24
　　二、参数的区间估计 ··· 27

第三节　假设检验 ·· 30
　　一、基本概念 ·· 30
　　二、参数的假设检验 ··· 32

第四节　方差分析 ·· 36
　　一、单因素方差分析 ··· 36
　　二、双因素方差分析 ··· 38

第五节　线性回归 ·· 42
　　一、一元线性回归模型 ·· 42
　　二、回归模型中的参数估计 ·· 43
　　三、回归分析中的假设检验与预测 ·· 44
　　四、可线性化的一元非线性回归分析 ·· 45

本章小结 ··· 46
　　【知识图谱】··· 46
　　【基本概念】··· 46

本章习题 ··· 47

第三章　质量功能展开 ·· 50

第一节　质量功能展开概述 ·· 51

  一、质量功能展开的起源 ………………………………………………………… 51
  二、质量功能展开的发展 ………………………………………………………… 52
 第二节 质量功能展开原理与模型 …………………………………………………… 52
  一、质量功能展开的基本内涵 …………………………………………………… 52
  二、质量功能展开的基本模式 …………………………………………………… 53
  三、质量功能展开的基本原理 …………………………………………………… 54
 第三节 质量屋 ………………………………………………………………………… 55
  一、质量屋概述 …………………………………………………………………… 55
  二、质量屋构建 …………………………………………………………………… 57
 第四节 质量功能展开应用案例 ……………………………………………………… 61
  一、Z 市地铁服务质量存在的问题 ……………………………………………… 61
  二、基于 QFD 的 Z 市地铁服务质量改进 ……………………………………… 62
 本章小结 …………………………………………………………………………………… 65
  【知识图谱】……………………………………………………………………… 65
  【基本概念】……………………………………………………………………… 66
 本章习题 …………………………………………………………………………………… 66

第四章 试验设计 ……………………………………………… 67

 第一节 试验设计概述 ………………………………………………………………… 69
  一、试验设计的基本内涵 ………………………………………………………… 69
  二、试验设计中的基本术语 ……………………………………………………… 70
  三、试验设计的基本原则 ………………………………………………………… 71
  四、过程试验的典型顺序 ………………………………………………………… 71
 第二节 试验的类型和方法 …………………………………………………………… 72
  一、正交表 ………………………………………………………………………… 72
  二、两水平全析因试验设计 ……………………………………………………… 74
  三、两水平部分析因试验设计 …………………………………………………… 76
 第三节 试验数据的方差分析 ………………………………………………………… 81
  一、线性模型与基本假定 ………………………………………………………… 81
  二、平方和与自由度的剖分 ……………………………………………………… 83
  三、期望均方 ……………………………………………………………………… 85
  四、结果检验 ……………………………………………………………………… 86

第四节　单因素和两因素试验的方差分析 ·· 88
一、单因素试验的方差分析 ·· 88
二、两因素试验的方差分析 ·· 89

第五节　试验设计应用案例 ·· 96
一、基础信息和数据 ·· 96
二、试验工作表设计 ·· 97
三、方差分析 ·· 98
四、线性分析 ·· 98
五、回归分析 ·· 100
六、试验设计结论 ·· 102

本章小结 ·· 102
【知识图谱】 ·· 102
【基本概念】 ·· 103

本章习题 ·· 103

第五章　田口方法 ·· 104

第一节　田口方法基本理论 ·· 105
一、田口方法的基本思想 ·· 105
二、田口方法的显著特点 ·· 106
三、田口方法的目的和作用 ·· 107
四、田口方法的相关概念 ·· 108

第二节　田口参数设计 ·· 115
一、参数设计的基本原理 ·· 115
二、内外表 ·· 116
三、信噪比 ·· 117
四、灵敏度 ·· 118
五、田口参数设计流程 ·· 118
六、参数设计最佳方案的判定准则 ·· 119

第三节　田口容差设计 ·· 119
一、容差设计的基本原理 ·· 119
二、质量损失函数 ·· 120
三、容差设计的实施框架 ·· 121

  四、容差设计最佳方案的判定准则 ································ 121
 第四节 田口方法应用案例 ··· 122
  一、吸波涂层的质量目标特性和因素分析 ··························· 122
  二、3层吸波材料的反射率优化设计 ································ 122
本章小结 ··· 126
 【知识图谱】 ·· 126
 【基本概念】 ·· 126
本章习题 ··· 127

第六章 变异源分析 ·· 128

 第一节 变异源分析概述 ··· 129
  一、变异源分析基本概念 ··· 129
  二、变异的类型 ··· 131
  三、变异的度量 ··· 132
 第二节 变异源分析方法 ··· 132
  一、图形分析方法 ··· 132
  二、数值分析方法 ··· 134
  三、主成分分析 ··· 137
  四、状态空间模型 ··· 138
 第三节 变异源分析应用案例 ······································· 139
  一、残氧量变异分析 ··· 139
  二、瓷砖平面度变异分析 ··· 141
本章小结 ··· 142
 【知识图谱】 ·· 142
 【基本概念】 ·· 142

第七章 测量系统分析 ·· 144

 第一节 测量系统分析基本概念 ····································· 145
  一、测量和测量系统 ··· 145
  二、分辨力 ··· 146
  三、准确度和精密度 ··· 147
 第二节 重复性和再现性分析 ······································· 149

一、重复性 ··· 149

　　二、再现性 ··· 149

　　三、重复性和再现性分析方法 ·· 150

第三节　线性和偏倚分析 ·· 159

　　一、偏倚 ·· 159

　　二、线性 ·· 159

　　三、量具的线性和偏倚分析 ·· 159

第四节　属性一致性分析 ·· 162

　　一、属性数据 ·· 162

　　二、一致性 ··· 163

　　三、二元数据的属性一致性分析 ··· 163

　　四、标称数据的属性一致性分析 ··· 165

　　五、有序数据的属性一致性分析 ··· 167

本章小结 ··· 169

　【知识图谱】·· 169

　【基本概念】·· 169

本章习题 ··· 170

第八章　过程质量控制 ··· 171

第一节　统计过程控制 ··· 172

　　一、SPC 与 SQC ·· 173

　　二、过程波动 ·· 174

　　三、控制图基本原理 ··· 175

　　四、控制图判定准则 ··· 178

　　五、控制图的分类与选取 ··· 180

　　六、统计过程控制的应用流程 ··· 181

第二节　常用的计量型控制图 ·· 182

　　一、均值-极差控制图 ·· 182

　　二、均值-标准差控制图 ··· 185

第三节　常用的计数控制图 ··· 186

　　一、不合格品率控制图 ··· 186

　　二、缺陷数控制图 ·· 188

第四节　过程能力分析 ………………………………………………………… 190
　　一、过程能力 …………………………………………………………………… 190
　　二、过程能力指数 ……………………………………………………………… 190
　　三、过程能力分析准则 ………………………………………………………… 192
第五节　控制图模式识别 …………………………………………………… 193
　　一、控制图模式 ………………………………………………………………… 193
　　二、神经网络识别方法 ………………………………………………………… 194
本章小结 …………………………………………………………………………… 196
　　【知识图谱】 …………………………………………………………………… 196
　　【基本概念】 …………………………………………………………………… 196
本章习题 …………………………………………………………………………… 197

第九章　质量检验及抽样技术 ………………………………………… 198
第一节　质量检验概述 ……………………………………………………… 199
　　一、质量检验的定义 …………………………………………………………… 199
　　二、质量检验的意义 …………………………………………………………… 199
　　三、质量检验的职能 …………………………………………………………… 200
　　四、质量检验的方式 …………………………………………………………… 200
第二节　抽样检验基础 ……………………………………………………… 202
　　一、抽样检验的定义 …………………………………………………………… 202
　　二、抽样检验的常用术语 ……………………………………………………… 203
　　三、抽样检验的分类 …………………………………………………………… 205
　　四、抽样检验的标准 …………………………………………………………… 207
第三节　抽样检验特性曲线 ………………………………………………… 208
　　一、OC 曲线的内涵 …………………………………………………………… 208
　　二、OC 曲线的计算 …………………………………………………………… 209
　　三、OC 曲线的类型 …………………………………………………………… 210
　　四、OC 曲线的灵敏度分析 …………………………………………………… 211
　　五、百分比抽样检验的不合理性 ……………………………………………… 212
第四节　计数标准型抽样检验 ……………………………………………… 212
　　一、计数标准型抽样检验的原理 ……………………………………………… 212
　　二、计数标准型抽样标准 ……………………………………………………… 213

三、计数标准型抽样检验方案的实施 ………………………………………… 213

第五节　计数调整型抽样检验 ……………………………………………………… 214
　　一、计数调整型抽样检验的原理 …………………………………………… 214
　　二、接收质量限 ……………………………………………………………… 215
　　三、计数调整型抽样检验方案的实施 ……………………………………… 215

第六节　计量抽样检验 ……………………………………………………………… 219
　　一、计量抽样检验概述 ……………………………………………………… 219
　　二、均值为质量指标的计量标准型一次抽样检验 ………………………… 221
　　三、不合格品率为质量指标的计量标准型一次抽样检验 ………………… 224

本章小结 …………………………………………………………………………… 225
　　【知识图谱】 ………………………………………………………………… 225
　　【基本概念】 ………………………………………………………………… 225

本章习题 …………………………………………………………………………… 227

第十章　六西格玛管理 …………………………………………………… 228

第一节　六西格玛的起源和发展 …………………………………………………… 229
　　一、六西格玛的起源 ………………………………………………………… 229
　　二、六西格玛的发展 ………………………………………………………… 230

第二节　六西格玛管理的概念和作用 ……………………………………………… 232
　　一、六西格玛管理的概念 …………………………………………………… 232
　　二、六西格玛管理的特点 …………………………………………………… 233
　　三、六西格玛管理的作用 …………………………………………………… 234

第三节　六西格玛管理的度量指标 ………………………………………………… 234
　　一、常用基本概念 …………………………………………………………… 234
　　二、离散型数据常用度量指标 ……………………………………………… 235
　　三、连续型数据度量指标 …………………………………………………… 236

第四节　六西格玛管理方法论 ……………………………………………………… 237
　　一、六西格玛改进模式 ……………………………………………………… 237
　　二、六西格玛设计模式 ……………………………………………………… 238

第五节　DMAIC 流程 ……………………………………………………………… 238
　　一、界定阶段 ………………………………………………………………… 238
　　二、测量阶段 ………………………………………………………………… 241

三、分析阶段 ··· 244

　　四、改进阶段 ··· 245

　　五、控制阶段 ··· 246

第六节　六西格玛管理的组织与实施 ··· 248

　　一、六西格玛管理的基本实施过程 ··· 248

　　二、六西格玛管理的组织模式 ··· 248

　　三、六西格玛管理的组织角色 ··· 249

本章小结 ··· 250

　　【知识图谱】 ·· 250

　　【基本概念】 ·· 250

本章习题 ··· 251

参考文献 ·· 252

附录 ··· 254

　　附录1　标准正态分布表 ·· 254

　　附录2　χ^2分布下侧分位数 $\chi^2_P(n)$ ······································ 255

　　附录3　不合格品率的计数标准型一次抽检表（α = 5%，β = 10%） ···· 257

　　附录4　放宽检查界限数（LR）表 ··· 258

　　附录5　一次正常抽检方案表 ·· 259

　　附录6　一次加严抽检方案表 ·· 260

　　附录7　一次放宽抽检方案表 ·· 261

　　附录8　一次特宽抽检方案表 ·· 262

第一章
质量工程概论

学习目标

> 掌握质量和质量工程的相关术语
> 理解波动与质量之间的关系
> 熟悉质量工程发展历史
> 了解质量工程基础性工作

导入案例

质量问题无处不在

自1991年至今，央视3·15晚会已经陪伴大家走过30多个年头。晚会岁岁开，曝光的问题年年不同。质量纠纷和服务投诉是消费者维权的主要内容。质量问题无处不在，需要解决的问题不胜枚举。因此，企业需要根据顾客需求，充分利用各种质量工程技术挖掘和发现存在于设计、生产、服务等过程中的质量问题，提出产品和服务质量控制与改进方案，这是质量保证和提升的普遍选择，也是编写本书的主要目的。

第一节 质量和质量工程

质量工程学是随着现代工业生产的发展逐步形成、发展和完善起来的，对企业改进产品质量、提高产品竞争力具有重要意义。正因为此，美国质量管理专家哈林顿（H. J. Harrington）曾说，在商业战争中，战争的主要武器就是质量。美国著名的质量管理大师朱兰（Joseph M. Juran）也曾预言，21世纪将是质量的世纪。随着质量世纪的到来，国际竞争日趋激烈，质量在市场竞争中的重要性更加凸显，质量工程学对于企业发展的重要性也更加突出。

一、质量的概念

质量概念的产生是一个不断变化的过程，不同学者和组织分别从不同视角提出了关于质量的不同理解，形成了不同的质量观。

1. 朱兰的质量观

朱兰认为，产品质量就是产品的适用性，即产品在使用时能成功地满足用户需要的程度。

此定义有两方面含义，即使用要求和满足程度。人们使用产品，总是对产品质量提出一定的要求，而这些要求往往受到使用时间、使用地点、适用对象、社会环境和市场竞争的影响，这些因素的变化会使人们对产品提出不同的质量要求。朱兰认为，用户对产品使用要求的满足程度，必然反映在产品性能、经济特性、服务特性、环境特性和心理特性等方面的认识上。因此，质量是一个综合的概念，但并不意味着要求技术特性越高越好，而是追求诸如外观、性能、安全、成本、数量、期限及服务等因素的最佳组合，即所谓的最适当。

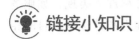 链接小知识

约瑟夫·朱兰（Joseph M. Juran）（1904—2008）

经历：1925 年获得电力工程专业学士学位并任职于著名的电气公司芝加哥霍索恩工作室检验部；1928 年完成了一本叫《生产问题的统计方法应用》的小手册，1951 年出版的《朱兰质量控制手册》被称为"质量管理领域中的圣经"，目前已发展到第六版；1979 年建立了朱兰学院，该学院现为著名的质量管理咨询公司。

荣誉：获得了来自 14 个国家的 50 多种嘉奖和奖章，是举世公认的现代质量管理领军人物，被称为现代质量管理之父。

贡献：质量三部曲（质量策划、质量控制、质量改进），适应性质量概念等。

名言：21 世纪是质量的世纪。

问题：为什么说"21 世纪是质量的世纪"？其对我国经济发展会带来什么影响？

2. 田口玄一的质量观

田口玄一（Genichi Taguchi）提出的质量概念是以否定方式来定义质量的。田口玄一对质量的定义是：产品从装运之日到使用寿命完结整个期间，给社会带来的损失程度。换句话说，质量是用产品出厂后带给社会的损失大小来衡量的。其中损失可以分为有形损失和无形损失。有形损失包括三部分：一是由于产品性能波动所造成的损失；二是由于产品缺陷项目所造成的损失；三是产品的额外使用费用。无形损失包括导致企业信誉损失的顾客满意成本。

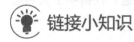 链接小知识

田口玄一（Genichi Taguchi）（1924—2012）

经历：曾在统计数学研究所工作，1950 年加入日本电话与电报公司电子通信实验室，于 1951 年出版其第一本书介绍正交表，后在此基础上创立并逐渐发展了田口方法。1954—1955 年，为印度统计研究所的访问教授，在访问期间，遇见了著名的统计学家 R. A. Fisher 与 Walter A. Shewart。1957—1958 年，出版了《实验设计》（2 册）。1962 年，在普林斯顿担任访问教授，并到 AT&T 贝尔实验室拜访，同年获得日本九州大学博士学位。1964 年，成为日本东京青山学院大学教授。

荣誉：获得戴明奖等无数奖项，是享誉全球的质量大师，被称为质量工程的奠基者。

贡献：田口方法、以质量损失来评价质量水平等。

问题：田口方法曾受到统计学家的尖锐批评和挑战，形成了一场长达十多年的大讨论。从该事件中你能得到什么启示和感悟？

3. 克劳斯比的质量观

美国质量管理学者克劳斯比（Philip B. Crosby）将质量定义为：质量就是合乎标准。对生产者来说，质量意味着同技术要求的一致性，他们通过技术标准来体现其质量状况。在

制造业，通常表现为公差、寿命、可靠性等；在服务业，则通过其服务标准来表现，如服务承诺、服务守则、制度等。对于生产者来说，质量与其现有生产技术能力和欲达到的目的相关。质量标准可以将质量量化为便于衡量的特性值。质量必须符合要求，意味着组织的运作不再只是依靠意见或经验，而是将所有的脑力、精力、知识集中于制定质量标准。达到标准的质量是企业质量管理所追求的目标。

克劳斯比认为，质量应符合四大定理：质量就是合乎标准；质量来自预防，而不是检验；工作的唯一标准就是零缺陷；以产品不符合标准的代价衡量质量。

(1) 质量合乎标准

质量合乎标准即质量符合要求的标准，这是克劳斯比对质量的解说。他认为，符合要求的标准在各个领域都有清楚明确的定义，不会被人误解；依据这个标准去评估表现，不符合就是没有质量，所以质量问题就是符合不符合标准的问题。

(2) 以防患于未然为质量管理制度

预防是质量管理中最为需要的，是指事先了解行事程序而且知道如何去做，它不仅要求对整个工作过程具有深切了解，知道哪些是必须事先防范的，而且应尽可能找出每个可能发生错误的机会。从预防的观点看检查、分类、评估都是事后弥补，因而提升质量的良方是预防，而不是检验。

(3) 工作标准必须是零缺陷，强调第一次就把事做对

克劳斯比认为，人们从小接受"人非圣贤，孰能无过"的观念，当他们踏入企业工作时，这样的观念已经根深蒂固。简言之，人们有双重标准：在某些事情上，人们视缺陷为理所当然；而在另一些事情上，人们却要求绝对的完美无缺。因此他认为：酿成错误的因素有两种，缺乏知识和漫不经心；知识是能估量的，也能经由经验和学习得到充实改进，但是漫不经心却是一个态度问题，唯有经由个人彻底地反省觉悟，才有可能改进；任何一个人只要决意小心谨慎、避免错误，便已向零缺陷目标迈进了一大步。

(4) 以产品不符合标准的代价衡量质量

这里主要是认识到质量成本，尤其是不合要求的花费成本。所谓不合要求的花费成本是指所有做错事情的花费，这一花费累计起来是十分惊人的：在制造业公司，这一成本约占总营业额的20%以上，在服务业更高达35%。符合要求的花费即为了把事情做对而花费的成本，包括大部分专门性的质量管理、防范措施和质量管理教育等费用。为了追求零缺陷，改善与预防最为重要，而要建立这样的观念，应先了解提高预防成本是可以降低总质量成本的。克劳斯比将预防成本与鉴定成本合称为符合成本，而提高预防成本可以降低鉴定成本，因此提高质量，并不一定会增加符合成本。

 链接小知识

菲利普·克劳斯比（Philip B. Crosby）（1926—2001）

经历：1949年毕业于俄亥俄大学医学专业，并获得外科学位；1952—1955年在克罗斯莱（Crosley）公司任质量工程师，在此期间，他对与质量相关的知识努力学习不遗余力，几乎遍读当时所有的质量书籍，并且加入美国质量学会成为会员；1957—1965年在马丁玛瑞塔（Martin-Marietta）公司任质量经理，并于1964年首次提出了"零缺陷"（Zero Defects）的概念；1965—1979年任职于ITT公司，先后担任质量总监和公司副总裁；1979年在佛罗里达创立了 PCA 公司（Philip Crosby Associates Inc.）和克劳斯比质量学院，并在其后的十年时间里把它发展成为一家在世界 32 个国家用 16 余种语言授课、全球最大的上市质量管理与教育机构。

荣誉：获得美国国防部奖章等奖项，被美国《时代》杂志誉为 20 世纪伟大的管理思想家、品质大师中的大师、零缺陷之父、一代质量宗师。

贡献：零缺陷概念、质量管理 4 项基本原则等。

名言：改变心智是最难的工作，但正是机会和金钱的隐身之处。

问题：你对克劳斯比的上述至理名言如何理解？对你的学习和生活有何启示？

4. 戴明的质量观

威廉·爱德华·戴明（W. Edwards Deming）是美国著名的质量管理专家，以推动日本的质量改善闻名全球。他虽从未精确地定义或描述过质量，但在他的最后一本书中曾描述说，一项产品或服务，如果对某人有用，或是能保持良好而长久的市场地位，就是有质量的。在戴明看来，波动（variation）是导致劣质的罪魁祸首。比如，对于装配而成的机械产品来说，零部件尺寸与规范之间的差异会导致性能的不稳定及过早的磨损或故障。同样，服务过程中，人员行为的不一致性也会给顾客带来麻烦，损害公司信誉。为了减少波动，戴明提倡一种永无止境的循环改进，并强调最高管理层必须承担质量改进的总责任。为此，戴明总结了 14 条质量管理原则，他认为一家公司要想使其产品达到规定的质量水平，必须遵循这些原则。戴明的 14 条质量管理原则如下：

① 建立并向全体员工发布改进产品和服务的长期目标和宗旨，且管理当局必须持续表现出他们对这一目标和宗旨的承诺；

② 采用新观念、新的管理哲学，包括高层管理者和全体员工在内；

③ 停止依靠检验来保证质量；

④ 结束仅仅依靠价格来选择供应商的做法；

⑤ 持续不断地改进生产和服务系统；

⑥ 采用现代方法开展岗位培训；

⑦ 发挥主管的指导帮助作用；

⑧ 排除恐惧，建立信任、创新的氛围；

⑨ 消除不同部门之间的壁垒，调研、设计、营销和运营等部门的人员必须协同作战，以便预见可能与材料和技术要求有关的生产问题；

⑩ 取消面向一般员工的口号、标语和数字目标；

⑪ 取消规定数量的定额工作标准，代之以学习和应用改进方法，取消目标管理，代之以了解过程能力以及如何改进；

⑫ 消除剥夺人们享受工作自豪感的障碍；

⑬ 鼓励并开展强有力的教育和自我提高活动；

⑭ 采取行动，使组织中的每个人都行动起来实现上述转变。

 链接小知识

威廉·爱德华·戴明（W. Edwards Deming）（1900—1993）

经历：1921 年获怀俄明大学工程学士学位，1928 年获耶鲁大学物理学博士学位；1950

年,到日本讲学并引起轰动。在戴明指导下,日本制造征服全球。戴明的名字在日本成了质量的同义词,他被称为"品质之神"。在1980年NBC制作的一期名为"日本能……为什么我们不能?"的节目播出之后,戴明才被美国所认识和发现,成为美国公司总裁长挂嘴边的专家,并被福特、通用汽车和宝洁等公司邀请帮助改进质量,甚至美国航空航天局、政府机构也都加入了学习戴明管理的行列。1993年,戴明在去世前10天戴着呼吸器做完生命中最后一次管理讲座。

荣誉: 美国工程院院士、美国统计学会威尔克斯奖、美国科技名人厅、美国名人堂、美国国家技术奖章、美国科学院杰出科学事业奖,日本设立了戴明奖作为全国最高级别的质量奖。

贡献: 戴明14条质量管理原则。

名言: 质量无需惊人之举。

问题: 如果你是一家公司的总负责人,根据戴明14条质量管理原则,你将如何在企业推行质量管理?

5. ISO9000 标准的定义

国际标准化组织(International Organization for Standardization,ISO)在ISO9000:2015《质量管理体系基础和术语》标准中,把质量定义为:客体的一组固有特性满足要求的程度。这一定义可从以下几个方面来理解。

① 质量是以产品、体系或过程作为载体的。在定义中,固有是指在某事或某物中本来就有的,尤其是那种永久的特性;特性是指可区分的特征,它可以是固有的或赋予的、定性的或定量的。特性有多种类型,如物理的、感官的、行为的、时间的、人体功效的、功能的等。

② 定义中,要求是指明示的、通常隐含的或必须履行的需求或期望。其中,通常隐含的是指组织、顾客和其他相关方的惯例或一般做法,所考虑的需求或期望是不言而喻的。特定要求可使用修饰词表示,如产品要求、质量管理要求、顾客要求;规定要求是经明示的要求,需在文件中予以阐明。

③ 质量是名词。质量本身并不反映一组固有特性满足顾客和其他相关方要求的能力的程度。所以,产品、体系或过程质量的差异要用形容词加以修饰,如质量好或质量差等。

④ 顾客和其他相关方对产品、体系或过程的质量要求是动态的、发展的和相对的。它随着时间、地点、环境的变化而变化。所以,应定期对质量进行评审,按照变化的需要和期望,相应地改进产品、体系或过程的质量,才能确保持续地满足顾客和其他相关方的要求。

 链接小知识

国际标准化组织(International Organization for Standardization,ISO)

ISO是国际标准化领域中一个十分重要的组织,成立于1947年,负责目前绝大部分领域的标准化活动。ISO的宗旨是:"在世界上促进标准化及其相关活动的发展,以便于商品和服务的国际交换，在智力、科学、技术和经济领域开展合作。"在 2008 年 10 月的第 31 届国际化标准组织大会上，中国正式成为 ISO 的常任理事国。ISO 总部设于瑞士日内瓦，官方语言是英语、法语和俄语。

二、质量工程的概念和内容

同质量的概念一样，无论是学术界还是工程界，关于质量工程的概念仍存在不同的解释和理解。尽管如此，关于质量工程的内容基本已经达成了共识。

1. 质量工程的概念

从狭义方向看，质量工程主要指田口玄一始创的工程方法，包括田口质量工程学、田口实验设计法、田口商业数据分析法、田口部门评价系统、田口模式识别技术。这种方法以统计学的方式来进行实验及生产过程管控，达到产品品质改善及成本降低的双重目的，是目前为了达到稳健设计而应用的最著名方法学之一，因而也被称为田口式稳健设计方法（Taguchi methods of robust design），也称田口式品质工程（Taguchi quality engineering）或田口方法（Taguchi methods）。随着时代发展，广义的质量工程已不仅限于田口方法，美国、英国以及我国质量标准都对质量工程进行了定义。下面主要介绍几种得到广泛认同的质量工程概念。

(1) 田口玄一的质量工程观

质量工程一词最初由日本工程师田口玄一提出。田口在其专著《开发、设计阶段的质量管理学》中提出，质量工程大体上可分为以下两部分：质量（特别是功能质量）的评价方法和质量的改进方法。田口提出的质量工程实质上是指他提出的三次设计，即系统设计（system design）、参数设计（parameter design）和容差设计（tolerance design）。系统设计就是功能设计，也称概念设计（concept design），主要是运用专业技术知识和经验，确定系统（产品或工艺项目）的功能、结构、用户需求的一般方法，通常指原型样机之前的设计工作，样机设计结束，系统设计即完成。参数设计，也称稳健设计（robust design），主要是调整可控参数水平的搭配，使系统对各种噪声因素（noise factor）（不可控因素）的干扰不敏感。容差设计，是指在参数设计给出最佳参数水平搭配的基础上，从质量成本的角度，权衡确定合适的容差，使质量和成本得到最佳的协调。因此，在田口的三次设计中，系统设计是基础，参数设计是核心，容差设计是保障。

(2) 美国 NIST 和 ASQ 的质量工程观

在 20 世纪 80 年代中期，由于受美国和欧洲质量学科发展的影响，质量工程的概念已大为拓展。例如，美国国家标准与技术研究院（National Institute of Standards and Technology，NIST）和美国质量学会（American Society of Quality，ASQ）联合提出了质量工程的定义：质量工程是有关产品的质量保证和质量控制的原理及其实践的一个工程分支。他们认为，质量工程的知识和应用技术应当包括（但不限于）以下几方面：质量体系的开发和运行；质量保证和质量控制技术的开发和运用；以控制及改进为目的进行质量参数分析所应用的统计方法、计量方法、参数预测及故障诊断和修正；试验、检验和抽样程序的开发与分析；对人的因素和积极性与质量关系的理解；质量成本概念和分析技术的掌握；开发和支配管理信息的知识与能力；开发和实施产品、过程与服务的设计评审知识及能力。该定义不仅确定了质量工程的本质,而且指出了质量工程的基本内容和范畴。

(3) 英国标准的质量工程观

英国标准 BS 4778《质量词汇》把质量工程定义为:在达到所需要的质量过程中,适当的技术和技能的应用。按照它的观点,质量工程是指产品研发、生产制造、售后服务全过程质量控制中所应用的技术和方法。

(4) 中国国家军用标准 GJB 1405—2006 的定义

GJB 1405—2006 对质量工程的定义是:将现代质量管理的理论及其实践与现代科学和工程技术成果结合,以控制、保证和改进产品质量为目标而开发、应用的技术和技能。

由以上定义可知,一般意义上的质量工程概念是在广泛吸收现代科学和工程技术成果的基础上发展起来的、对产品开发设计和生产制造过程进行严密质量控制的一系列技术与方法的总称。它是从顾客和市场的需求分析开始,采用科学的质量策划技术和有效的过程控制方法对生产进行监控,以达到向用户提供全寿命周期内性能稳定、可靠性高的产品的方法体系。

2. 质量工程内容

尽管不同专家学者和组织对质量工程的理解不同,但对产品缺陷产生的真正原因是波动,质量工程的核心是减小、控制和抑制产品实现过程中出现的波动等问题,理论和应用界基本已经形成了共识。质量工程包含的内容主要有:

(1) 质量策划与设计优化

质量策划与设计优化主要是基于顾客需求设计符合市场要求的产品,它的主要内容是顾客需求的获取和质量设计,前者是将顾客声音转化为产品参数,后者主要目的是确定质量问题、改进产品和工艺设计的离线质量,以减小重要变量的波动,进而确定过程变量的最优值,达到减小波动的目的。这一过程包含的质量工程技术主要有质量功能展开、经典的试验设计方法、田口方法、可靠性工程技术、回归分析等统计分析工具。

(2) 过程控制与诊断

过程控制的主要目的是维护过程的正常运行,保持原来的设计水平,并提供减小波动所需要的信息。这一过程包含的质量工程技术主要有过程能力分析、质量控制图等工序质量控制、变异源分析等。

(3) 质量检验

质量检验的核心是对已生产出来的产品,通过检验的方式分离出不合格产品。这一过程主要包含抽样检验等相关技术。

(4) 测量系统分析

测量是指以确定实体或系统的量值大小为目标的一整套作业。这一整套作业就是给具体事物(实体或系统)赋值的过程。这个过程的输入有人(操作者)、机(量具及必要的设备和软件)、料(实体或系统)、法(测量方法)、环(测量环境)。这个过程的输出是测量结果。该过程的主要内容包括:测量系统波动源的分析、测量系统的评价、测量系统的优化等。

(5) 质量改进分析

这一过程的主要目的是对已发现质量问题进行消除或一定程度消除。该过程的系统方法主要有六西格玛改进理论,涉及的工具可能包括上述所有工具和技术。

3. 质量工程特点

质量工程是将现代质量管理的理论和实践与现代科学和工程技术的成果相结合，以保证、控制和提高产品质量为目标，进行相关技术、方法和技能的开发、研究和应用。美国、日本等工业发达国家在理论和实践中都强调管理与技术的有机结合。质量工程作为对企业生产全过程进行质量保证和质量控制的系统工程方法，管理和技术是其实施质量保证的两个轮子，缺一不可。质量工程的特点主要包括：

① 强调倾听顾客声音，用户需求既是出发点，又是归宿点。
② 体现技术与管理并重的原则。
③ 设计阶段的质量保证是质量工程的重点。
④ 质量工程是一项系统工程，着眼于全局、全过程的系统优化。
⑤ 具有广泛的适应性、可剪裁性和可扩充性。质量工程不仅适用于现代高技术产品和复杂的大系统，也适用于一般的简单产品；既适用于硬件，也适用于软件。

总之，质量工程的产生和发展，标志着现代企业从过去以管理职能为核心向以技术为先导的方向转变、从以设计规范为目标向以用户需求为目标的质量管理转变的发展新趋势，是当代行之有效的最新质量管理技术的综合，是对质量管理的深化、完善和发展。

三、其他相关术语

1. 过程

ISO9000：2015 将过程定义为：一组将输入转化为输出的相互关联或相互作用的活动。其中，一个过程的输入通常是其他过程的输出；组织为了增值通常对过程进行策划并使其在受控条件下运行；对形成的产品是否合格，不易或不能经济地进行验证的过程，通常称为特殊过程。

该定义可从以下几个方面来理解：

① 从过程的定义看，过程应包含三个要素：输入、输出和活动。资源是过程的必要条件。组织为了增值，通常对过程进行策划，并使其在受控条件下运行。组织在对每一个过程进行策划时，要确定过程的输入、预期的输出和为了达到预期的输出所需开展的活动和相关的资源，也要明确为了确定预期输出达到的程度所需的测量方法和验收准则；同时，要根据 PDCA（plan—do—check—action）循环，对过程实行控制和改进。

② 过程与过程之间存在一定的关系。一个过程的输出通常是其他过程的输入，这种关系往往不是一个简单的按顺序排列的结构，而是一个比较复杂的网络结构。一个过程的输出可能成为多个过程的输入，而几个过程的输出也可能成为一个过程的输入；或者说，一个过程与多个部门的职能有关，一个部门的职能与多个过程有关。

③ 组织在建立质量管理体系时，必须确定增值所需的直接过程和支持过程，以及相互之间的关联关系（包括接口、职责和权限），这种关系通常可用流程图来表示。对所确定的过程进行策划和管理，目的就是通过对过程的控制和改进，确保质量管理体系的有效性。

过程本身是一种增值转换，完成过程必须投入适当的资源，通过过程的功能转换，转化成增值的输出，如图 1-1 所示。

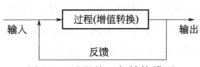

图 1-1 过程的一般结构模型

2. 产品

ISO9000：2015 将产品定义为：过程的结果。依据质量管理对象的特性和质量管理特点，它将产品分为硬件、流程性材料、软件、服务四种不同类型，并分别进行了定义。

(1) 硬件

硬件是具有特定形状的、可分离的产品，它一般由制造的、构造的或装配的零件、部件、构件或组合件所组成，如车床、装载机、房屋、桥梁、电视机、卫星等都是硬件产品。

(2) 流程性材料

流程性材料是指将原材料转化成某种预定状态而形成的有形产品。它的状态可以是液体、气体，也可以是固体，如粉末状、颗粒状、块状、线状或片状的水泥、化肥、固态化工材料、板材和线材等。流程性材料产品的另一个显著特点是通常以桶、袋、罐、瓶、盒、管道或卷成筒状的形式交付。

(3) 软件

软件是由通过载体表达的信息所组成的知识产品，如各种信息、数据、记录、标准、程序和计算机软件等。

(4) 服务

服务是为满足顾客的需要，供方和顾客之间的接触活动以及供方内部活动所产生的结果。服务是无形产品，供方和顾客均可设人员或设备来提供与接受，并可与有形产品的制造和提供相联系。如各工业企业、商贸企业的产品销售服务，饭店的餐饮服务。这时，有形产品的制造、提供或使用是服务产品中的一个组成部分。

通常，硬件和流程性材料是有形产品，而软件与服务是无形产品。很多产品往往是其中若干类的组合，如有形产品与无形产品的组合、硬件与软件的组合，单纯一类产品是较少的。如汽车是由硬件（发动机等）、流程性材料（汽油、冷却液等）、软件（驾驶软件、手册等）和服务（如付款方式或担保等）组成的。但由于硬件是其主导成分，人们还是把汽车产品归入硬件类。

第二节　产品质量形成过程

一、质量螺旋过程

产品质量有一个产生、形成、实现、使用和衰亡的过程。质量专家朱兰称质量形成过程为质量螺旋（图 1-2），是指产品质量从市场调查研究开始到形成、实现后交付使用，到在使用中又产生新想法，再到构成动力再开始新的质量过程，产品质量水平呈螺旋式上升。

朱兰质量螺旋曲线所描述的产品质量形成过程，包括市场研究、开发研制、设计、制定产品规格、制定工艺、采购、仪器仪表及设备装置、生产、工序控制、检验、测试、销售、服务等。朱兰质量螺旋理论的特点是：质量螺旋由一系列环节组成，这些环节一环扣一环，且环节的排序是有逻辑顺序的，各环节相互依存、相互促进、不断循环、周而复始。每经过一次循环，就意味着产品质量水平的一次提升，循环不间断，产品质量就不断提高。

二、质量环过程

质量形成过程的另一种表达方式是质量环。它是由瑞典质量专家桑德霍姆（L. Sandholm）首先提出的。质量环共包括 11 个阶段或活动，从市场调研开始，随后是产品开发、制造工艺、采购、生产、检验，最后到销售和服务共八个职能；此外，企业外部还有两个环节，即供应单位和用户。质量环如图 1-3 所示，它又可以看成是朱兰质量螺旋曲线的俯视投影图。

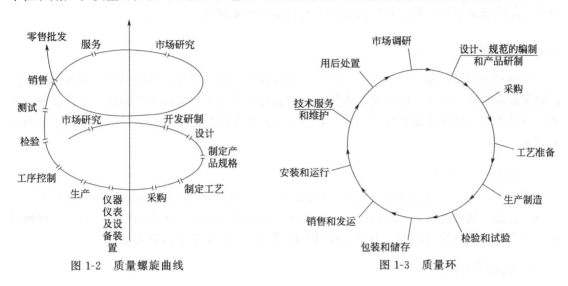

图 1-2　质量螺旋曲线　　　　　　　　图 1-3　质量环

质量螺旋与质量环都是基于产品质量形成全过程描述质量规律的方法，均被引用到 ISO9000 族标准中。它们的基本原理是：产品质量形成的各个环节构成了产品质量的全过程，这些环节环环相扣、相互制约、彼此依赖、互相促进、循环往复；每循环一次，就意味着产品质量上了一个新台阶，经持续循环，产品质量也就不断提高。因此，应当重视质量环各个阶段质量活动的组织与协调，才能使质量管理全过程具备有效性。此外必须指出，由于各企业特点、生产性质和产品类型的不同，质量环包括的阶段或活动是有差异的。

第三节　质量问题产生原因

在生产制造过程中，无论把环境和条件控制得多么严格，任何一个过程所生产出来的两件产品都是绝对不可能完全相同的。也就是说，任何一个过程所生产出来的产品，其质量特性值总是存在一定的差异，这种客观差异称为产品质量波动性。产品形成过程中存在的这种波动性，是影响产品质量的大敌。在产品设计和制造过程中，产品质量特性值相对于目标值波动的大小，往往意味着其缺陷程度的大小；当这种波动超过了规定要求后，产品就会被认定为不合格，即使是合格品亦常常根据不同程度的缺陷而被划分为不同的等级。

一、波动的概念

统计过程控制（statistical process control，SPC）创始人休哈特认为，抽样波动是指在相同生产条件下不同产品之间的差异，而且不同产品之间的质量不同。朱兰（Juran）和戈瑞纳（Gryna）不仅认同休哈特的波动概念，并且认为波动是生活中的一部分。Kane 利用统计学的术语，把波动定义为过程测量值的离差。泰勒则把统计波动定义为相同单位产品之间的差异。而 Barke 则认为，这种差异（波动）丰富了人们的生活，但是质量的大敌。

从波动的定义我们可以看到：波动就是变化的、差异的、不一致的；不仅如此，波动还是客观存在的，是生活中的一部分，当波动渗透到产品的形成过程中，它将成为影响产品质量的大敌。因此，在产品的设计和制造过程中，不断识别波动的根源，进而将其减小、控制到最小限度就成了理论研究和实践工作者所面临的重要任务。

二、质量因素

由波动知识我们知道，正是在产品形成的过程中，各个阶段波动的叠加，导致最终产品的缺陷即质量问题，那么波动又是由什么引起的呢？事实上，波动无处不在，它是客观存在的。波动产生的原因主要有以下因素，它们也正是质量问题产生的根本原因，因此也称为质量因素。

1. 操作人员的差异

不同的操作人员具有不同的阅历、知识结构、天赋、心理特征及在专业技术训练中获得的不同技能，这些将导致不同的操作人员在工作过程中操作技术水平的差异。此外，即使是同一个人，在不同的时间内，由于心理因素的差异，操作水平也会有差异。

2. 机器设备的差异

任何机械设备都不可能是完全一样的。例如，轴承的轻微磨损、钻头的磨钝、调整机器出现的偏差、机器运转速度和进刀速度的变化等，都会具有微小差异。

3. 原材料的差异

无论对购进的原材料有多么严格的要求，原材料在厚度、长度、密度、颜色、硬度等方面往往存在着微小差异；即使同一规格、同一型号的材料，从微观结构上看，也会存在差异。

4. 方法的差异

在工作过程中，不同的人可能采用不同的工作方法，即使同一个人，在不同的时间内，所有的工作程序也不可能完全一致。

5. 环境的差异

不同的季节，温度、湿度等各不相同，即使同一季节、同一天，也同样存在差异，因此，生产过程中温度、湿度、气压等变化是始终存在的。

6. 测量的差异

在测量过程中，由于量具、操作者、测量方法等方面的差异，测量系统的波动始终存在。

生产实例

员工素质影响产品质量

邓禄普公司曾经在天津和广东各有一家工厂，设备、原料、工艺等都一样，但天津厂的质量比广东厂的高很多。调查发现原因是天津厂的员工都是来自当地国有企业的技术工人，而广东厂的员工都是来自农村缺乏技术训练且流动性大的打工者。

员工是企业的记忆体，不管工艺文件和操作流程写得多么详细，也无法覆盖生产中的全部细节，细节是由员工掌握的，不同的员工由于经验阅历、知识水平、心理特征、技术能力等不同，对细节和流程的把控各不相同，从而必然带来不同的质量输出。

资料来源：姚美瑜. 员工整体素质与产品质量关系的探讨. 机电技术，2006（3）.

三、质量因素分类

根据不同的划分方法，质量因素可以形成不同的分类。

1. 按不同来源分类

根据质量因素来源差异，可分为：操作人员（man）、设备（machine）、原材料（material）、操作方法（method）、环境（environment），简称4M1E。有的还把测量（measurement）加上，简称5M1E（人、机、料、法、测、环）。国际标准ISO9000则分得更细，除了上述因素，还有计算机软件、辅助材料与水电公用设施等，这也反映了时代的进步。

2. 按影响大小与作用性质分类

根据质量因素的影响大小与作用性质，可分成正常因素和异常因素两类。一般将由正常因素导致的质量波动称为正常波动，由异常因素引起的质量波动称为异常波动。

正常因素具有四个特点：①影响微小，即对产品质量的影响微小；②始终存在，即只要一生产，这些因素就始终在起作用；③逐件不同，即每件产品受到的影响存在差异；④难以除去，指在技术上有困难或在经济上不允许。正常因素的例子很多，例如机床开动时的轻微振动、原材料的微小差异、操作的微小差异等。

异常因素也存在四个特点：①影响较大，即对产品质量的影响大；②有时存在，就是说，它是由某种原因所产生的，不是在生产过程中始终存在的；③一系列产品受到同一方向的影响，指加工件质量指标受到的影响都是变大或变小；④不难除去，指这类因素在技术上不难识别和消除，而在经济上也往往是允许的。异常因素的例子也有很多，例如：由于固定螺母松动造成机床的较大振动，刀具的严重磨损，违反规程的错误操作，等等。

需要特别注意的是，正常因素和异常因素是相对的，比如有时原来由于存在技术困难被认为的正常因素，由于科学技术的不断进步技术上消除或降低其影响已不存在困难且经济上允许，则会转化成新形势下的异常因素。

3. 田口的分类

田口把导致产品功能波动的原因划分为以下三类：外部噪声，即产品使用过程中，由外部环境变化引起的噪声；老化或内部噪声，即随着产品的储存或使用，逐渐不能达到其预先设计功能的状况；产品间的噪声，即由于制造过程之间存在波动，每个产品之间都存在的差异。

影响学习效果或成绩的因素有很多，试分析都包含哪些因素，并进行分类。

① 按影响大小与作用性质分类，哪些是正常因素，哪些是异常因素？
② 按照田口分类方法分类，哪些是外部噪声，哪些是内部噪声，哪些是产品间噪声？

第四节　质量工程的发展历史

从质量工程的主要内容及产品形成的过程来看，要最大限度地减少、控制和抑制产品实现过程中出现的波动，关键是统计技术的正确、有效应用。统计技术是质量工程的基础。按照时间顺序，统计技术在制造业中的应用大体上经历了三个阶段。

一、质量检验阶段

统计抽样技术帮助确定产品抽样样本的大小和抽样规则（如产品接收数）。它兴盛于第二次世界大战期间，当时人们认为产品质量是检验出来的。严格地讲，抽样检验并不能提高产品质量，在产品检验过程中，检验所做的工作只是判定产品是否满足规格要求，换句话说，抽样检验只是把产品分类而已，其效果可以通过抽样的操作特性曲线（operating characteristic curves，OC curves）反映出来。这里需要说明的是，虽然一些企业已经取消了事后检验，而且美国质量学会主办的刊物 JQT（*Journal of Quality Technology*）已在 1986 年决定不再刊登关于抽样检验方面论文，但对于要求高可靠性、高安全性的产品实施检验，甚至百分之百的检验，仍是必须的。此外，对于多数发展中国家的一些中、小企业，由于制造过程能力偏低，进行事后检验，以保证产品质量也是必不可少的。

二、统计过程控制阶段

SPC 的基本理论和控制图技术是由休哈特于 1924 年首次提出的。SPC 主要用于监控生产过程是否正常运行，若发现异常现象，及时采取纠正措施。有关 SPC 的发展在美国历经曲折。自 20 世纪 80 年代以来，SPC 的研究和应用得到了长足的发展，一方面，美国的第二次质量革命重新唤起了人们对质量控制重要性的认识；另一方面，今天应用 SPC 的环境也极大的不同了，如在线测量技术、数据获取，以及分布式计算机系统的广泛应用，这些都极大地改变了过程监测和控制所需数据的本质特性。

三、质量设计阶段

要从根本上消除产品缺陷，达到产品的最佳性能，必须探索产品/过程输入与输出变量之间的关系。由于存在着大量的输入变量，以及真实过程/产品的复杂性，从理论上获得输入与输出之间的函数关系是相当困难，甚至是不可能的。为解决这一问题，质量工程人员通过统计试验设计的方法，使得了解复杂的输入与输出关系成为可能。试验设计最早由 Fisher 提出，用于农业生产，直到第二次世界大战后，试验设计的潜力才被工业界所认知。后来，以 G. E. P. Box 为代表的应用统计学家，围绕质量改进，开始向工程技术人员传授 SPC 技术，并且进行了大量统计试验设计的教育和培训。由此，统计在工业界的应用拓展到质量设计领域。其目的不仅是发现产品缺陷，还在于主动预防缺陷产品的出现。在20世纪80年代，在西方工业界，除一些大的化工公司外，并没有大规模地采用试验设计。直到田口方法在美国的传播，工业试验设计重新焕发了生机，利用试验设计的方法，改进产品和过程的设计，现已成为质量工程领域的重要研究内容之一。

第五节　质量工程的基础性工作

开展质量工程工作必须具备一些基本条件、手段和制度。根据国内外实践经验，质量工程的基础性工作主要包括标准化工作、计量工作、质量信息化工作和质量教育工作等。

一、标准化工作

标准化是指在经济、技术、科学及管理等社会活动中，对重复性事物或概念，通过制定、发布和实施标准，达到统一以获得最佳秩序和效益。企业的标准化工作是以提高经济效益为中心，以企业的生产、技术、经济活动的全过程为内容来制定和贯彻标准的一种有组织的活动。按照标准化的对象，一般可以将标准分成技术标准、管理标准和工作标准三类。

1. 技术标准

技术标准是对技术活动中需要统一协调的物所制定的准则。它是根据不同时期的科学技术水平和实践经验，针对其具有普遍性和重复出现的技术问题提出的较佳解决方案。它的对象既可以是有形的物（如产品、材料、工具等），也可以是无形的物（如程序、方法、符号、图形等）。技术标准是企业标准体系的主体。

2. 管理标准

管理标准是对标准化领域中需要协调统一的管理事项所制定的标准。它的对象是管理技术事项。它是为合理地组织、利用和发展生产力，正确处理生产、交换、分配和消费中的相互关系，以及行政和经济管理机构行使其计划、监督、指挥、控制等管理职能而制定的准则，它是组织和管理企业生产经营活动的依据和手段。

3. 工作标准

工作标准是对标准化领域中需要协调统一的工作事项所制定的标准。它的对象是与人有关的事项，比如工作、作业、操作或服务程序和方法等。工作标准是人的行为准则和工作质量的基本依据，目前主要由企事业单位自行制定，它包括管理、操作和服务岗位职工的岗位职责、工作程序、工作内容与要求、工作质量考核等方面的标准，体现了某一工作岗位相应的技术要求和管理要求。

随着科学技术的进步和生产力的发展，标准化的对象与范围越来越广泛，几乎涉及各个方面，由物、事、人发展到实体，即可以单独描述和研究的事物，包括活动、过程、产品、组织、体系与人及其任何组合。目前，国际标准化组织所颁布的国际标准中，有一半以上是与质量直接有关的，标准化工作在质量工程中的地位日益重要。每个企业和组织要推行和加强质量工程，就必须认真做好这项基础工作。

二、计量工作

计量是关于测量和保证量值统一、准确的一项重要的技术基础工作。企业计量工作是以统一计量单位制度、组织量值正确传递、保证量值统一为目的的基础工作。如果没有计量单位制度和量值的统一，工艺过程就不能正常控制，生产就无法进行，制定和贯彻技术标准与提高产品质量就只能是一句空话。

计量在质量工程全过程中的作用表现在以下几方面：第一，通过对进厂原材料、燃料进行计量测试，以消除产品质量的隐患；第二，对外购元器件、零部件和各种工艺装备必须严格检测合格，以确保加工和装配的质量；第三，计量测试也是进行生产过程工艺参数监控最基本、最主要的技术手段；第四，半成品和产品质量的最终评价也必须依赖完备、科学的测量控制体系；第五，计量工作是工业生产技术进步和管理现代化的基础和前提。

在生产过程中，大部分的质量特性值是通过各种计量工具、方法获得的，其计量的准确性关系到质量管理工作的有效性，影响对最终产品质量的判断。基础计量管理工作的基本要求是：严格保持测量手段的量值的统一、准确和一致，并符合国家标准；保证测量仪器和工具质量可靠、稳定以及配套；定期对全厂量具进行检定和维护，禁止不合格量具投入使用；完善测量技术、测量手段的技术改造和技术培训工作，逐步实现计量工作的科学化与现代化。对于不能定量的质量特征（如外观、形态、色、香、味、包装、内部缺陷等）要逐步改进评价指标及评价方法，使之更完善和科学化。做好企业的计量工作，对于企业加强质量工程管理、提高产品质量以及与国际接轨具有重要意义。

三、质量信息化工作

质量信息是指反映企业产品质量和原料供应、生产制造、市场供求、售后服务等环节工作质量的基本数据、原始记录及产品使用过程中反映的各种信息资料。及时、准确的质量信息是企业制定质量政策、目标和措施的依据，是正确认识各种因素变化和产品质量波动之间的内在联系和规律性，从而进行质量设计、控制和改进的基本依据。因此，质量信息是企业的一项重要资源，只有有效地掌握这些质量信息才能搞好质量工程工作。

质量记录是质量信息的主体。质量记录是表述质量活动状态和结果的客观证据，也是在对产品进行检验、测量、检查的基础上获取的真实质量信息。任何一个组织或一个质量体系均应保存完整的质量记录，证明产品达到规定的质量要求，验证质量体系处于正常有效的运行之中。质量记录又可分为产品质量记录、质量体系记录等。其中，产品质量记录包括产品、半成品、零部件的质量检验记录，不合格品回收与处置记录，产品合格证书，产品质量审核报告。质量体系记录是对质量体系及其各要素运行状态的记录，包括设计评审报告、工艺更改记录、工序质量控制记录、质量培训与考核记录、计量检测设备的检定记录与证书、质量成本报告、质量体系审核报告等。

由于影响产品质量的因素众多且错综复杂，因此质量信息也是多种多样的，它不仅包括企业内部在产品研制与制造过程中的质量信息，还应包括国外有关的科技发展状况、同类产品质量情况及发展趋势、市场需求的变化及质量反映等方面的信息。企业应建立质量信息系统并和企业内外的质量跟踪系统结合起来。要确定质量跟踪点、质量反馈程序和期限，以保证质量信息的及时性。做好质量信息工作还要和企业的生产统计分析工作结合起来，要完善指标体系，使质量信息工作规范化、制度化。

四、质量教育工作

人力资源是生产要素中最重要的要素，工作要靠人来做，产品或服务要靠人来生产或提供，产品或服务质量的好坏，取决于企业员工的技术和素质水平，取决于企业各部门的管理水平。质量工程活动既是一个工作过程，也是一个教育过程，要始于教育，终于教育。因此，开展质量工程活动必须从提高员工的素质抓起，把质量教育作为第一道工序。企业只有通过质量教育工作，不断地提高全体员工的质量意识，使之掌握和运用质量工程的理论、方法和技术，自觉地提高业务技术水平，才能使员工不断地提高工作质量，从而生产出合格产品，并满足顾客的需要。

质量工程教育内容十分广泛，既包括质量工程理论、思想、方法的培训，也包括生产加工技术、工作技能的学习和交流。对于不同部门和岗位的人员，企业应有计划、分层次、有针对性地组织开展质量教育，并加以考核，以评价效果，为下一步的质量教育工作拟订方案。

本章小结

【知识图谱】

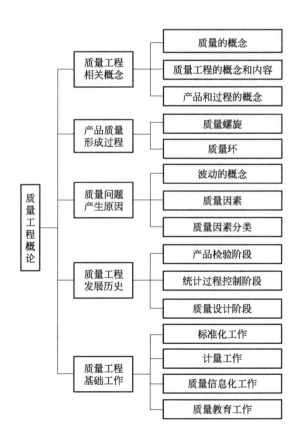

【基本概念】
质量　quality
产品　product
过程　process
波动　variation
质量工程　quality engineering

 学而思之

> 2014年，习近平总书记在河南视察时提出三个转变：中国制造向中国创造转变，中国速度向中国质量转变，中国产品向中国品牌转变。
>
> 思考：习近平总书记为什么说我国应该由中国速度向中国质量转变？这个转变对质量学科和质量从业者的发展具有什么深远影响？

本章习题

1. 什么是质量？你认为应如何理解质量的概念？
2. 产品质量包括哪些特性？
3. 质量工程发展包含了哪几个阶段？各阶段都有什么特点？
4. 现代质量工程包含哪些内容？
5. 引起质量问题的波动源具体包含哪些因素？如何理解？
6. 简述产品质量的形成过程。
7. 质量工程的基础性工作有哪些？

第二章
质量统计技术基础

学习目标

> 掌握多种质量统计技术的基本思想
> 理解各种质量统计技术的区别与联系
> 培养学生解决实际问题的能力

导入案例

女士品茶

在1920年英国剑桥一个夏日的午后,一群科学家正如同往常一样准备冲泡奶茶的时候,一位女士突然说:"冲泡的顺序对于奶茶的风味影响很大,先把茶加进牛奶里,与先把牛奶加进茶里,这两种冲泡方式所泡出的奶茶口味截然不同,我可以轻松地辨别出来。"当时恰好Fisher先生在座,他很兴奋地说:"我们做实验来检验这个命题吧。"于是大家准备了8杯茶,让这位女士品尝,结果这位女士全部答对。如果这位女士没有品尝能力,仅凭猜测而都猜对的概率实在太低了,只有0.39%,以至于我们不得不怀疑一开始所做假设(即这位女士不具备这种能力)的正确性。在很多人看来这就是一个小小的游戏,然而Fisher却从这个游戏中提炼出一种重要的统计推断方法——假设检验。由此可见,处处留心皆学问。

第一节 样本与抽样分布

一、基本概念

1. 总体与样本

在统计学中,通常把所研究对象的全体称为总体,而把组成总体的每个元素称为个体。代表总体的指标(如灯泡寿命)的取值都有一定的随机性,所以总体就是某个随机变量可能取值的全体,通常用随机变量 X、Y、Z 或 ξ、η、ζ 等表示。

假设在相同条件下对总体 X 进行 n 次独立、重复的试验(观测),并记为

$$X_1, X_2, \cdots, X_n \tag{2-1}$$

则称式(2-1)为总体 X 的一个简单随机样本,简称样本,n 为样本容量,其中 X_i 称为样本的第 i 个分量 $(i=1,2,\cdots,n)$。若不做特别声明,今后提到的样本均是指简单随机样本。显然,每一个 X_i 都是一个随机变量。因此,$(X_1, X_2, \cdots, X_n)$ 是一个 n 维随机变量。在抽取样本之后,每个 X_i 的值都已完全确定,它是一个数,是对 X_i 的一次观测值,记为 x_i,此时称

$$x_1, x_2, \cdots, x_n \tag{2-2}$$

为样本(2-1)的一个观测值,简称为样本观测值。

2. 统计量与样本矩

设 $X_1, X_2, \cdots, X_n$ 是来自总体 X 的一个样本，$x_1, x_2, \cdots, x_n$ 为样本观测值，则称不含任何总体分布中未知参数的实值连续函数

$$T = \varphi(X_1, X_2, \cdots, X_n) \tag{2-3}$$

为一个统计量，相应实数

$$t = \varphi(x_1, x_2, \cdots, x_n) \tag{2-4}$$

为统计量式(2-3)的一个观测值。

下面列出一些常见的统计量。设 $X_1, X_2, \cdots, X_n$ 是来自总体 X 的一个样本，$x_1, x_2, \cdots, x_n$ 为样本观测值，则定义

$$\overline{X} = \frac{1}{n}\sum_{i=1}^{n} X_i \tag{2-5}$$

$$S^2 = \frac{1}{n-1}\sum_{i=1}^{n}(X_i - \overline{X})^2 \tag{2-6}$$

$$S = \sqrt{\frac{1}{n-1}\sum_{i=1}^{n}(X_i - \overline{X})^2} \tag{2-7}$$

$$A_k = \frac{1}{n}\sum_{i=1}^{n} X_i^k \quad (k=1,2\cdots) \tag{2-8}$$

$$B_k = \frac{1}{n}\sum_{i=1}^{n}(X_i - \overline{X})^k \quad (k=1,2\cdots) \tag{2-9}$$

分别为样本均值、样本方差、样本标准差、样本 k 阶原点矩和样本 k 阶中心矩。

二、常用分布

在介绍各种常用分布之前，首先介绍分位数的概念。

设 X 为随机变量，则称满足

$$P\{X \geqslant v_\alpha\} = \alpha$$

的 v_α 为 X 的上侧 α 分位数，简称分位数。

1. 标准正态分布

标准正态分布又称为 U 分布，是以 0 为均值，以 1 为标准差的正态分布，记为 $N(0,1)$，其密度函数为

$$\varphi(x) = \frac{1}{\sqrt{2\pi}} e^{-\frac{x^2}{2}} \quad (-\infty < x < +\infty)$$

2. χ^2 分布

若 n 个相互独立的随机变量 $X_1, X_2, \cdots, X_n$ 均服从标准正态分布，则这 n 个随机变量的平方和

$$\chi^2 = \sum_{i=1}^{n} X_i^2$$

构成一个新的随机变量，其分布规律称为自由度为 n 的 χ^2 分布，记 $\chi^2 \sim \chi^2(n)$。

注意，χ^2 分布的密度函数是

$$f_{\chi^2}(x) = \begin{cases} \dfrac{1}{2^{\frac{n}{2}}\Gamma\left(\dfrac{n}{2}\right)} x^{\frac{n}{2}-1} e^{-\frac{x}{2}}, & x > 0 \\ 0, & x \leqslant 0 \end{cases}$$

其中，$\Gamma(\cdot)$ 为伽马函数。易知 χ^2 分布的期望和方差分别为

$$E(\chi^2) = n, D(\chi^2) = 2n$$

此外，χ^2 分布还具有可加性，即如果随机变量 X 与 Y 相互独立且均服从 χ^2 分布，则它们的和也服从 χ^2 分布。

3. t 分布

若 X 与 Y 是相互独立的随机变量，且 $X \sim N(0,1)$，$Y \sim \chi^2(n)$ 则称随机变量

$$T = \frac{X}{\sqrt{Y/n}}$$

的分布是自由度为 n 的 t 分布，记作 $T \sim t(n)$。

t 分布的密度函数是

$$f_T(t) = \frac{\Gamma\left(\dfrac{n+1}{2}\right)}{\sqrt{n\pi}\,\Gamma\left(\dfrac{n}{2}\right)} \left(1 + \frac{1}{n}t^2\right)^{-\frac{n+1}{2}}, |t| < +\infty$$

且 t 分布的期望和方差分别为

$$E(T) = 0 (n > 1), D(T) = \frac{n}{n-2} (n > 2)$$

4. F 分布

若 X 与 Y 是相互独立的随机变量，且分别服从自由度为 n_1 和 n_2 的 χ^2 分布，则称随机变量

$$F = \frac{X/n_1}{Y/n_2}$$

的分布是自由度为 (n_1, n_2) 的 F 分布，记作 $F \sim F(n_1, n_2)$，其中 n_1 称为第一自由度，n_2 称为第二自由度。

F 分布的密度函数是

$$f_F(z) = \begin{cases} \dfrac{\Gamma\left(\dfrac{n_1+n_2}{2}\right)\left(\dfrac{n_1}{n_2}\right)^{\frac{n_1}{2}} z^{\frac{n_1}{2}-1}}{\Gamma\left(\dfrac{n_1}{2}\right)\Gamma\left(\dfrac{n_2}{2}\right)\left(1+\dfrac{n_1}{n_2}z\right)^{\frac{n_1+n_2}{2}}}, & z > 0 \\ 0, & z \leqslant 0 \end{cases}$$

且 F 分布的期望和方差分别为

$$E(F) = \frac{n_2}{n_2-2}(n > 2), D(F) = \frac{2n_2^2(n_1+n_2-2)}{n_1(n_2-2)^2(n_2-4)}(n_2 > 4)$$

三、正态总体的抽样分布

统计量的概率分布称为抽样分布。下面介绍统计中常见的几个抽样分布。

1. 样本来自一个正态总体的情形

设 $X_1, X_2, \cdots, X_n$ 是来自总体 $X \sim N(\mu, \sigma^2)$ 的样本，$\overline{X}$、S^2 和 S 分别是式(2-5)，式(2-6)和式(2-7)所定义的样本均值、方差和标准差，且统计量 $\widetilde{S}^2$ 定义如下

$$\widetilde{S}^2 = \frac{1}{n}\sum_{i=1}^{n}(X_i - \mu)^2$$

则有如下重要结论：

① $\overline{X} \sim N(\mu, \sigma^2/n)$，且

$$U = \frac{\overline{X} - \mu}{\sigma/\sqrt{n}} \sim N(0, 1)$$

$$\chi^2 = n\widetilde{S}^2/\sigma^2 = \frac{\sum_{i=1}^{n}(X_i - \mu)^2}{\sigma^2} \sim \chi^2(n)$$

② S^2 与 $\overline{X}$ 相互独立，且

$$\chi^2 = \frac{1}{\sigma^2}(n-1)S^2 = \frac{\sum_{i=1}^{n}(X_i - \overline{X})^2}{\sigma^2} \sim \chi^2(n-1)$$

$$T = \frac{\overline{X} - \mu}{S/\sqrt{n}} \sim t(n-1)$$

2. 样本来自两个正态总体的情形

设 $X_1, X_2, \cdots, X_{n_1}$ 是来自总体 $X \sim N(\mu_1, \sigma_1^2)$ 的样本，$Y_1, Y_2, \cdots, Y_{n_2}$ 是来自总体 $Y \sim N(\mu_2, \sigma_2^2)$ 的样本，其均值分别为 $\overline{X}$ 和 $\overline{Y}$ 方差分别为 S_1^2 和 S_2^2，则：

$$U = \frac{(\overline{X} - \overline{Y}) - (\mu_1 - \mu_2)}{\sqrt{\sigma_1^2/n_1 + \sigma_2^2/n_2}} \sim N(0, 1)$$

当 $\sigma_1^2 = \sigma_2^2 = \sigma^2$ 时，$T = \dfrac{(\overline{X} - \overline{Y}) - (\mu_1 - \mu_2)}{S_w\sqrt{1/n_1 + 1/n_2}} \sim t(n_1 + n_2 - 2)$，其中：

$$S_w^2 = \frac{(n_1-1)S_1^2 + (n_2-1)S_2^2}{n_1 + n_2 - 2}, \quad 且 \frac{(n_1+n_2-2)S_w^2}{\sigma^2} \sim \chi^2(n_1+n_2-2)$$

$$F = \frac{S_1^2 \sigma_2^2}{S_2^2 \sigma_1^2} \sim F(n_1-1, n_2-1)$$

以上结论是后续研究抽样对总体推断的理论依据。

第二节 参数估计

在实际生活中，我们可以根据经验大致看出总体的分布情况，但总体中包含的参数往往

未知。如何根据样本估计出这些未知参数就是本节要讨论的主要问题。下面介绍两种常见的参数估计方法，即点估计和区间估计。

一、参数的点估计

为了找出反映总体分布的某个未知参数 θ，通常需要根据样本 $X_1, X_2, \cdots, X_n$ 来构造某个统计量

$$\hat{\theta} = \hat{\theta}(X_1, X_2, \cdots, X_n) \tag{2-10}$$

作为总体参数 θ 的估计，称这种估计为参数的点估计，称式(2-10)给出的估计量为 θ 的点估计量。若 $x_1, x_2, \cdots, x_n$ 为样本 $X_1, X_2, \cdots, X_n$ 的一个观测值，则称 $\hat{\theta}(x_1, x_2, \cdots, x_n)$ 为 θ 的点估计值。

下面介绍两种参数点估计的方法，即矩估计法和极大似然估计法。

1. 矩估计法

若 $\theta_1, \theta_2, \cdots, \theta_r$ 是总体分布的 r 个未知参数，并假设总体的前 r 阶原点矩都存在，则由辛钦大数定律可得矩估计方程组

$$A_k = EX^k(\theta_1, \theta_1, \cdots, \theta_r), k = 1, 2, \cdots, r$$

解以上方程组可得，$\theta_1, \theta_2, \cdots, \theta_r$ 的矩估计量满足

$$\hat{\theta}_k = \hat{\theta}_k(X_1, X_2, \cdots, X_n), k = 1, 2, \cdots, r$$

这种求参数的方法称为矩估计法。

注：根据辛钦大数定律，矩估计法的基本思想就是利用样本矩来代替总体矩。

【例 2-1】 某灯泡厂从生产的一批灯泡中随机抽取 10 只进行寿命检查，测得数据为（单位：小时）：1050，1100，1080，1120，1200，1250，1040，1130，1300，1200。如何使用这些样本估计该批灯泡的平均寿命和寿命的标准差？

解：假设该批灯泡的寿命为 X 则由矩估计法可得方程组

$$A_k = EX^k, k = 1, 2$$

于是，

$$\begin{cases} EX = A_1 = \overline{X} = \dfrac{1}{n}\sum_{i=1}^{n} X_i \\ DX = A_2 - \overline{X}^2 = \dfrac{1}{n}\sum_{i=1}^{n}(X_i - \overline{X})^2 \end{cases}$$

将 10 个数据样本代入上式，可得总体的平均寿命和寿命的方差分别为

$$\begin{cases} EX = \dfrac{1}{10} \times (1050 + 1100 + \cdots + 1200) = 1147 \\ DX = \dfrac{1}{10}(97^2 + 47^2 + \cdots + 53^2) = 6821 \end{cases}$$

因此，该批灯泡的平均寿命为 1147 小时，寿命的标准差为 $\sqrt{6821} \approx 82.59$ 小时。

【例 2-2】 若总体 $X \sim N(\mu, \sigma^2)$，其中 μ 和 σ^2 是未知参数，并假设样本观测值为 $x_1, x_2, \cdots, x_n$，求 μ 和 σ^2 的矩估计值。

解：由矩估计法可得方程组

$$A_k = EX^k, k = 1, 2$$

于是，
$$\begin{cases} EX = \overline{X} = \dfrac{1}{n}\sum_{i=1}^{n} X_i = \mu \\ DX = \dfrac{1}{n}\sum_{i=1}^{n}(X_i - \overline{X})^2 = \sigma^2 \end{cases}$$

即
$$\mu = \overline{X} = \frac{1}{n}\sum_{i=1}^{n} X_i, \sigma^2 = \frac{1}{n}\sum_{i=1}^{n}(X_i - \overline{X})^2$$

因此，μ 和 σ^2 的矩估计值为
$$\hat{\mu} = \overline{x} = \frac{1}{n}\sum_{i=1}^{n} x_i, \hat{\sigma}^2 = \frac{1}{n}\sum_{i=1}^{n}(x_i - \overline{x})^2$$

上例表明，总体均值和方差的矩估计量的表达式不因总体分布不同而变化。

2. 极大似然估计法

设 $\theta_1, \theta_2, \cdots, \theta_r$ 是总体分布的 r 个未知参数，而 $x_1, x_2, \cdots, x_n$ 是样本 $X_1, X_2, \cdots, X_n$ 的一个观测值。极大似然估计法的基本思想是：$\theta_1, \theta_2, \cdots, \theta_r$ 的选取要有利于样本观测值 $x_1, x_2, \cdots, x_n$ 出现，即选取的 $\hat{\theta}_1, \hat{\theta}_2, \cdots, \hat{\theta}_r$ 要确保样本 $(X_1, X_2, \cdots, X_n)$ 的观测值 $(x_1, x_2, \cdots, x_n)$ 出现的概率达到最大。具体做法是：

① 根据总体分布写出似然函数
$$L(\theta_1, \theta_2, \cdots, \theta_r) = \prod_{i=1}^{n} p(x_i; \theta_1, \theta_2, \cdots, \theta_r) \text{ 或 } \prod_{i=1}^{n} f(x_i; \theta_1, \theta_2, \cdots, \theta_r)$$

其中，p 为总体 X（离散型随机变量）的分布律；f 为总体 X（连续型随机变量）的分布密度。

② 写出对数似然函数并建立对数似然方程组
$$\frac{\partial}{\partial \theta_k} \ln L(\theta_1, \theta_2, \cdots, \theta_r) = 0, k = 1, 2, \cdots, r$$

③ 求解对数似然方程组，即得到参数 $\theta_1, \theta_2, \cdots, \theta_r$ 的极大似然估计值
$$\hat{\theta}_k = \hat{\theta}_k(x_1, x_2, \cdots, x_n), k = 1, 2, \cdots, r$$

相应地，统计量
$$\hat{\theta}_k = \hat{\theta}_k(X_1, X_2, \cdots, X_n), k = 1, 2, \cdots, r$$

称为参数 $\theta_1, \theta_2, \cdots, \theta_r$ 的极大似然估计量。

【例 2-3】 若 $X \sim P(\lambda)$，求参数 λ 的极大似然估计量。

解： 因为 $X \sim P(\lambda)$，所以 X 的分布律为
$$P\{X = k\} = \frac{\lambda^k}{k!} e^{-\lambda}, k = 0, 1, 2, \cdots$$

设样本观测值为 $x_1, x_2, \cdots, x_n$，则似然函数为
$$L(\lambda) = \prod_{i=1}^{n} \left(\frac{\lambda^{x_i}}{x_i!} e^{-\lambda} \right) = e^{-n\lambda} \prod_{i=1}^{n} \left(\frac{\lambda^{x_i}}{x_i!} \right)$$

令
$$\frac{d}{d\lambda} \ln L(\lambda) = -n + \frac{1}{\lambda} \sum_{i=1}^{n} x_i = 0$$

可得 λ 极大似然估计值

$$\hat{\lambda} = \frac{1}{n}\sum_{i=1}^{n} x_i = \overline{x}$$

因此，λ 极大似然估计量为

$$\hat{\lambda} = \frac{1}{n}\sum_{i=1}^{n} X_i = \overline{X}$$

【例 2-4】 若 $X \sim N(\mu, \sigma^2)$，求参数 μ 和 σ^2 的极大似然估计。

解： 因为 $X \sim N(\mu, \sigma^2)$，所以 X 的密度函数为

$$f(x;\mu,\sigma^2) = \frac{1}{\sqrt{2\pi}\sigma}e^{-\frac{(x-\mu)^2}{2\sigma^2}}, |x| < +\infty$$

设样本观测值为 $x_1, x_2, \cdots, x_n$，则似然函数为

$$L(\mu,\sigma^2) = \prod_{i=1}^{n}\left(\frac{1}{\sqrt{2\pi}\sigma}e^{-\frac{(x_i-\mu)^2}{2\sigma^2}}\right) = (2\pi\sigma^2)^{-\frac{n}{2}}\prod_{i=1}^{n}e^{-\frac{(x_i-\mu)^2}{2\sigma^2}}$$

令

$$\begin{cases} \dfrac{\partial}{\partial \mu}\ln L(\mu,\sigma^2) = \dfrac{1}{\sigma^2}\sum_{i=1}^{n}(x_i - \mu) = 0 \\ \dfrac{\partial}{\partial(\sigma^2)}\ln L(\mu,\sigma^2) = -\dfrac{n}{2\sigma^2} + \dfrac{1}{2(\sigma^2)^2}\sum_{i=1}^{n}(x_i - \mu)^2 = 0 \end{cases}$$

可得极大似然估计值为

$$\begin{cases} \hat{\mu} = \dfrac{1}{n}\sum_{i=1}^{n} x_i = \overline{x} \\ \hat{\sigma}^2 = \dfrac{1}{n}\sum_{i=1}^{n}(x_i - \overline{x})^2 \end{cases}$$

因此，μ 和 σ^2 的极大似然估计量为

$$\begin{cases} \hat{\mu} = \dfrac{1}{n}\sum_{i=1}^{n} X_i = \overline{X} \\ \hat{\sigma}^2 = \dfrac{1}{n}\sum_{i=1}^{n}(X_i - \overline{X})^2 \end{cases}$$

3. 估计量的评价标准

对于同一参数，不同的方法产生的估计值可能不一样，究竟哪一个好呢？通常采用的评价标准有三个，即一致性、无偏性和有效性。

(1) 一致性

设 $\hat{\theta} = \hat{\theta}(X_1, X_2, \cdots, X_n)$ 为参数 θ 的一个估计量，若 $\hat{\theta}$ 依概率收敛于 θ，即对 $\forall \varepsilon > 0$，有

$$\lim_{n\to\infty} P\{|\hat{\theta}(X_1, X_2, \cdots, X_n) - \theta| < \varepsilon\} = 1$$

则称 $\hat{\theta}(X_1, X_2, \cdots, X_n)$ 为参数 θ 的一致估计。

值得注意的是，矩估计法是以大数定律为理论依据的，故凡矩估计法得到的估计都是一致估计。

(2) 无偏性

设 $\hat{\theta}=\hat{\theta}(X_1,X_2,\cdots,X_n)$ 为参数 θ 的一个估计量，若

$$E\hat{\theta}=\theta$$

则称 $\hat{\theta}(X_1,X_2,\cdots,X_n)$ 为参数 θ 的无偏估计量。若

$$E\hat{\theta}\neq\theta$$

则称 $E\hat{\theta}-\theta$ 为该估计的系统误差。若

$$\lim_{n\to\infty}E\hat{\theta}=\theta$$

则称 $\hat{\theta}(X_1,X_2,\cdots,X_n)$ 为参数 θ 的渐进无偏估计量。

显然，样本均值和样本方差都是总体的无偏估计，且一个未知参数可以有不同的无偏估计量。

(3) 有效性

设 $\hat{\theta}_1=\hat{\theta}_1(X_1,X_2,\cdots,X_n)$ 与 $\hat{\theta}_2=\hat{\theta}_2(X_1,X_2,\cdots,X_n)$ 都是参数 θ 的无偏估计量，若

$$D\hat{\theta}_1<D\hat{\theta}_2$$

则称 $\hat{\theta}_1$ 较 $\hat{\theta}_2$ 有效。若 $\hat{\theta}_0=\hat{\theta}_0(X_1,X_2,\cdots,X_n)$ 是 θ 的所有二阶矩存在的无偏估计 $\hat{\theta}$ 中方差最小的，即

$$D\hat{\theta}_0\leqslant D\hat{\theta}$$

则称 $\hat{\theta}_0$ 为 θ 的最小方差无偏估计。

二、参数的区间估计

点估计方法简单、明确，但不能提供估计的精确性和可靠性。为了掌握估计的精度，单用一个点估计参数是不够的，需要用未知参数的取值范围，也就是区间来对参数进行估计。

设 θ 是总体 X 的一个未知参数，而 $X_1,X_2,\cdots,X_n$ 是 X 的一个样本。若对于小概率 α，存在统计量 $\hat{\theta}_1$ 和 $\hat{\theta}_2$，使得

$$P\{\hat{\theta}_1<\theta<\hat{\theta}_2\}=1-\alpha$$

则称 $(\hat{\theta}_1,\hat{\theta}_2)$ 为 θ 的置信区间，称 $\hat{\theta}_1$ 为 θ 的置信下限，称 $\hat{\theta}_2$ 为 θ 的置信上限，称 $1-\alpha$ 为置信度（置信水平或置信概率）。这种估计参数的方法称为区间估计法。

对于未知参数 θ，寻求其置信区间的具体做法是：

① 寻求一个关于样本 $X_1,X_2,\cdots,X_n$ 和未知参数 θ 的函数

$$W=W(X_1,X_2,\cdots,X_n,\theta)$$

使其分布不依赖于 θ 和其他未知参数，称具有这种性质的函数为枢轴变量；

② 对于给定的置信水平 $1-\alpha$，决定出两个常数 a、b，使得

$$P\{a<W<b\}=1-\alpha$$

若能从 $a<W<b$ 中得到与之等价的 θ 不等式 $\underline{\theta}<\theta<\overline{\theta}$，则 $(\underline{\theta},\overline{\theta})$ 就是 θ 的一个置信水平为 $1-\alpha$ 的置信区间。

【例 2-5】 设 $X_1,X_2,\cdots,X_n$ 为正态分布总体 $N(\mu,\sigma^2)$ 的一个样本，试求 μ 和 σ^2 的置信区间。

解：第一种情况：若 σ^2 已知，求 μ 的区间估计。由

$$U = \frac{\overline{X} - \mu}{\sigma/\sqrt{n}} \sim N(0,1)$$

则

$$P\{-u_{\alpha/2} < U < u_{\alpha/2}\} = 1 - \alpha$$

即

$$P\left\{\overline{X} - \frac{\sigma}{\sqrt{n}}u_{\alpha/2} < \mu < \overline{X} + \frac{\sigma}{\sqrt{n}}u_{\alpha/2}\right\} = 1 - \alpha$$

因此，μ 以 $1-\alpha$ 为置信度的一个置信区间是

$$\left(\overline{X} - \frac{\sigma}{\sqrt{n}}u_{\alpha/2}, \overline{X} + \frac{\sigma}{\sqrt{n}}u_{\alpha/2}\right)$$

简记为 $\left(\overline{X} \pm \frac{\sigma}{\sqrt{n}}u_{\alpha/2}\right)$。

第二种情况：若 σ^2 未知，求 μ 的区间估计。由

$$T = \frac{\overline{X} - \mu}{S/\sqrt{n}} \sim t(n-1)$$

则

$$P\left\{\overline{X} - \frac{S}{\sqrt{n}}t_{\alpha/2} < \mu < \overline{X} + \frac{S}{\sqrt{n}}t_{\alpha/2}\right\} = 1 - \alpha$$

因此，μ 以 $1-\alpha$ 为置信度的一个置信区间是

$$\left(\overline{X} \pm \frac{S}{\sqrt{n}}t_{\alpha/2}\right)$$

第三种情况：若 μ 已知，求 σ^2 的区间估计。由

$$\chi^2 = \frac{1}{\sigma^2}\sum_{i=1}^{n}(X_i - \mu)^2 \sim \chi^2(n)$$

则

$$P\left\{\chi^2_{1-\alpha/2}(n) < \frac{1}{\sigma^2}\sum_{i=1}^{n}(X_i - \mu)^2 < \chi^2_{\alpha/2}(n)\right\} = 1 - \alpha$$

因此，σ^2 以 $1-\alpha$ 为置信度的一个置信区间是

$$\left(\frac{1}{\chi^2_{\alpha/2}(n)}\sum_{i=1}^{n}(X_i - \mu)^2, \frac{1}{\chi^2_{1-\alpha/2}(n)}\sum_{i=1}^{n}(X_i - \mu)^2\right)$$

第四种情况：若 μ 未知，求 σ^2 的区间估计。由

$$\chi^2 = \frac{(n-1)}{\sigma^2}S^2 \sim \chi^2(n-1)$$

则

$$P\left\{\chi^2_{1-\alpha/2}(n-1) < \frac{(n-1)}{\sigma^2}S^2 < \chi^2_{\alpha/2}(n-1)\right\} = 1 - \alpha$$

因此，σ^2 以 $1-\alpha$ 为置信度的一个置信区间是

$$\left(\frac{(n-1)S^2}{\chi^2_{\alpha/2}(n-1)}, \frac{(n-1)S^2}{\chi^2_{1-\alpha/2}(n-1)}\right)$$

【例 2-6】 设 $X_1, X_2, \cdots X_{n_1}$ 是来自总体 $X \sim N(\mu_1, \sigma_1^2)$ 的样本，$Y_1, Y_2, \cdots, Y_{n_2}$ 是来

自总体 $Y \sim N(\mu_2, \sigma_2^2)$ 的样本,其中 X 与 Y 相互独立,均值分别为 $\overline{X}$ 和 $\overline{Y}$,方差分别为 S_1^2 和 S_2^2,试求两个总体均值差 $\mu_1 - \mu_2$ 及方差比 σ_1^2/σ_2^2 的置信区间。

解: 第一种情况:若 σ_1^2 和 σ_2^2 已知,求 $\mu_1 - \mu_2$ 的置信区间。由

$$\overline{X} \sim N\left(\mu_1, \frac{\sigma_1^2}{n_1}\right), \overline{Y} \sim N\left(\mu_2, \frac{\sigma_2^2}{n_2}\right)$$

可知 $\overline{X} - \overline{Y} \sim N\left(\mu_1 - \mu_2, \frac{\sigma_1^2}{n_1} + \frac{\sigma_2^2}{n_2}\right)$ 或 $\frac{(\overline{X} - \overline{Y}) - (\mu_1 - \mu_2)}{\sqrt{\sigma_1^2/n_1 + \sigma_2^2/n_2}} \sim N(0,1)$。

因此

$$P\left\{-u_{\alpha/2} < \frac{(\overline{X} - \overline{Y}) - (\mu_1 - \mu_2)}{\sqrt{\sigma_1^2/n_1 + \sigma_2^2/n_2}} < u_{\alpha/2}\right\} = 1 - \alpha$$

则 $\mu_1 - \mu_2$ 的一个置信度为 $1 - \alpha$ 的置信区间是

$$\left(\overline{X} - \overline{Y} \pm u_{\alpha/2} \sqrt{\frac{\sigma_1^2}{n_1} + \frac{\sigma_2^2}{n_2}}\right)$$

第二种情况:若 $\sigma_1^2 = \sigma_2^2 = \sigma^2$ 但 σ^2 未知,求 $\mu_1 - \mu_2$ 的置信区间。由

$$\frac{(\overline{X} - \overline{Y}) - (\mu_1 - \mu_2)}{S_w \sqrt{1/n_1 + 1/n_2}} \sim t(n_1 + n_2 - 2)$$

可知

$$P\left\{-t_{\alpha/2}(n_1 + n_2 - 2) < \frac{(\overline{X} - \overline{Y}) - (\mu_1 - \mu_2)}{S_w \sqrt{1/n_1 + 1/n_2}} < t_{\alpha/2}(n_1 + n_2 - 2)\right\} = 1 - \alpha$$

则 $\mu_1 - \mu_2$ 的一个置信度为 $1 - \alpha$ 的置信区间是

$$\left(\overline{X} - \overline{Y} \pm t_{\alpha/2}(n_1 + n_2 - 2) S_w \sqrt{\frac{1}{n_1} + \frac{1}{n_2}}\right)$$

其中

$$S_w^2 = \frac{(n_1 - 1)S_1^2 + (n_2 - 1)S_2^2}{n_1 + n_2 - 2}$$

第三种情况:若 μ_1、μ_2 未知,求 σ_1^2/σ_2^2 的置信区间。由

$$\frac{S_1^2/S_2^2}{\sigma_1^2/\sigma_2^2} \sim F(n_1 - 1, n_2 - 1)$$

可知

$$P\left\{F_{1-\alpha/2}(n_1 - 1, n_2 - 1) < \frac{S_1^2/S_2^2}{\sigma_1^2/\sigma_2^2} < F_{\alpha/2}(n_1 - 1, n_2 - 1)\right\} = 1 - \alpha$$

则 σ_1^2/σ_2^2 的一个置信度为 $1 - \alpha$ 的置信区间是

$$\left(\frac{S_1^2}{S_2^2} \times \frac{1}{F_{\alpha/2}(n_1 - 1, n_2 - 1)}, \frac{S_1^2}{S_2^2} \times \frac{1}{F_{1-\alpha/2}(n_1 - 1, n_2 - 1)}\right)$$

表 2-1 为正态总体均值、方差的置信区间(置信水平 $1 - \alpha$)。

表 2-1 正态总体均值、方差的置信区间（置信水平 $1-\alpha$）

项目	待估参数	其他参数	枢轴变量	置信区间
单个正态总体	μ	σ^2 已知	$U=\dfrac{\overline{X}-\mu}{\sigma/\sqrt{n}} \sim N(0,1)$	$\left(\overline{X} \pm \dfrac{\sigma}{\sqrt{n}} u_{\alpha/2}\right)$
单个正态总体	μ	σ^2 未知	$T=\dfrac{\overline{X}-\mu}{S/\sqrt{n}} \sim t(n-1)$	$\left(\overline{X} \pm \dfrac{S}{\sqrt{n}} t_{\alpha/2}(n-1)\right)$
单个正态总体	σ^2	μ 未知	$\chi^2=\dfrac{(n-1)S^2}{\sigma^2} \sim \chi^2(n-1)$	$\left(\dfrac{(n-1)S^2}{\chi^2_{\alpha/2}(n-1)}, \dfrac{(n-1)S^2}{\chi^2_{1-\alpha/2}(n-1)}\right)$
两个正态总体	$\mu_1-\mu_2$	σ_1^2, σ_2^2 已知	$U=\dfrac{\overline{X}-\overline{Y}-(\mu_1-\mu_2)}{\sqrt{\sigma_1^2/n_1+\sigma_2^2/n_2}} \sim N(0,1)$	$\left(\overline{X}-\overline{Y} \pm u_{\alpha/2}\sqrt{\dfrac{\sigma_1^2}{n_1}+\dfrac{\sigma_2^2}{n_2}}\right)$
两个正态总体	$\mu_1-\mu_2$	$\sigma_1^2=\sigma_2^2=\sigma^2$ 未知	$T=\dfrac{\overline{X}-\overline{Y}-(\mu_1-\mu_2)}{S_w\sqrt{1/n_1+1/n_2}} \sim t(n_1+n_2-2)$	$\left(\overline{X}-\overline{Y} \pm t_{\alpha/2}(n_1+n_2-2) S_w\sqrt{\dfrac{1}{n_1}+\dfrac{1}{n_2}}\right)$
两个正态总体	$\dfrac{\sigma_1^2}{\sigma_2^2}$	μ_1, μ_2 未知	$F=\dfrac{S_1^2/S_2^2}{\sigma_1^2/\sigma_2^2} \sim F(n_1-1, n_2-1)$	$\left(\dfrac{S_1^2}{S_2^2} \times \dfrac{1}{F_{\alpha/2}(n_1-1, n_2-1)}, \dfrac{S_1^2}{S_2^2} \times \dfrac{1}{F_{1-\alpha/2}(n_1-1, n_2-1)}\right)$

第三节 假设检验

一、基本概念

1. 假设检验的基本思想

所谓假设检验，就是首先对总体分布作出某种假设，然后在总体中随机抽取一定数量的样本并测定其特性，之后应用统计的方法进行分析，检验这种假设是否正确，从而决定接受这种假设还是拒绝这种假设的一种方法。

【例 2-7】 洗衣粉包装机在正常工作时额定标准为每袋净重 $\mu_0=500\mathrm{g}$。已知包装量服从正态分布，标准差为 $\sigma=15\mathrm{g}$。某天开工后，为检验包装机的工作是否正常，随机抽取 9 袋洗衣粉，称得净重（单位：g）为

$$497, 506, 518, 524, 488, 511, 510, 515, 512$$

试问这个包装机的工作是否正常？

解：假设该天包装机每袋的包装量为 X，且假设包装机的工作正常，即总体 X 的均值 $\mu=\mu_0$，则 $X \sim N(\mu, \sigma^2)$。于是，该问题就转化为：已知 $X \sim N(\mu, \sigma^2)$ 且 $\sigma=15$，用抽样的结果来检验 $\mu=\mu_0$ 是否正确。为此，假设

$$H_0: \mu=\mu_0 \text{（原假设）}, \quad H_1: \mu \neq \mu_0 \text{（备择假设）} \tag{2-11}$$

检验的目的就是要在原假设与备择假设之中选择其一。检验的基本思想是拒绝 H_0 要有根

据，而接受 H_1 只是因为没有理由拒绝它。

由抽样的结果易知，样本均值 $\bar{x}=509$。显然它与总体均值 $\mu_0=500$ 有显著差异。因为抽样本身具有随机性，因此我们不能就此断言原假设不成立。那么，这种差异到底是由样本随机性引起的，还是由包装机工作不正常引起的呢？

为了回答这个问题，我们给出一个较小常数 α（显著性水平），依此来判断

$$\left|\frac{\bar{X}-\mu_0}{\sigma/\sqrt{n}}\right|$$

偏大的显著程度。这就是说，如果假设 H_0 成立，则偏差

$$\left|\frac{\bar{X}-\mu_0}{\sigma/\sqrt{n}}\right|$$

很大的可能性就很小。记：

$$U=\frac{\bar{X}-\mu_0}{\sigma/\sqrt{n}}$$

则 $U \sim N(0,1)$。对于给定的显著水平 α，存在上侧分位数 $u_{\alpha/2}$，使得

$$P\{|U| \geqslant u_{\alpha/2}\}=\alpha$$

因此，$A=\{|U| \geqslant u_{\alpha/2}\}$ 是假设 H_0 成立时的一小概率事件。如果样本的观测值能使该小概率事件发生，即

$$|U|=\left|\frac{\bar{X}-\mu_0}{\sigma/\sqrt{n}}\right| \geqslant u_{\alpha/2} \tag{2-12}$$

则我们就认为偏差太大，从而否定原假设 H_0 的正确性，进而选择接受备择假设 H_1。这时，我们称式（2-12）为 H_0 的拒绝条件，而称区域

$$\left\{(x_1,x_2,\cdots,x_n)\,\Big|\,|u|=\left|\frac{\bar{x}-\mu_0}{\sigma/\sqrt{n}}\right| \geqslant u_{\alpha/2}\right\}$$

为拒绝域，并称 U 为检验统计量。于是，称这种用 U 做检验统计量的检验方法称为 U 检验法。

对于本例所提出的问题，直接计算可得

$$|u|=\left|\frac{\bar{x}-\mu_0}{\sigma/\sqrt{n}}\right|=1.8$$

如果 $\alpha=0.05$，则 $|u|=1.8<u_{\alpha/2}=1.96$，则由前面的讨论可认为包装机正常工作。如果 $\alpha=0.1$ 则 $|u|=1.8>u_{\alpha/2}=1.645$ 则由前面的讨论可认为包装机工作不正常。

从上例可知：即使对于同一问题，α 的选取不同，检验结论也不尽相同。这说明检验结果与检验标准有关，要求不一样得到的结果也可能不一样。由于检验法则是根据样本给出的，因此在推理过程中所引出的矛盾是一个小概率事件发生，而不是形式逻辑中的绝对矛盾。小概率事件在一次试验中几乎是不可能发生的，但无论其概率多小，还是有可能发生的。因此，利用上述方法进行假设检验的推断就有可能犯两类错误。即弃真错误和纳伪错误。弃真错误的概率是 α，纳伪错误的概率是 β。当然，在进行假设检验时，我们希望犯这两类错误的概率 α 和 β 都尽量小。但是，它们是相互牵制的，α 小了，β 就会变大。于是，在实际应用中，一般总是先选取较小的 α，保证犯弃真错误的概率很小，从而使原假设处于保护地位，然后通过增加样本容量来减少犯纳伪错误的概率 β。

形如式(2-11) 中的备择假设 H_1, μ 可能大于 μ_0, μ 也可能小于 μ_0, 称为双边备选假设, 而称形如式(2-11) 的假设检验为双边假设检验。然而, 有时我们只关心总体均值是否增大, 例如, 试验新工艺以提高材料的强度。如果能判断在新工艺下总体均值较以往的大, 则可考虑采用新工艺。此时, 我们需要检验假设

$$H_0:\mu\leqslant\mu_0, \quad H_1:\mu>\mu_0 \tag{2-13}$$

形如式(2-13) 的假设检验称为右边检验。类似地, 有时我们需要检验假设

$$H_0:\mu\geqslant\mu_0, \quad H_1:\mu<\mu_0 \tag{2-14}$$

形如式(2-14) 的假设检验称为左边检验。右边检验和左边检验统称为单边检验。

2. 假设检验的一般步骤

① 提出检验假设。根据实际情况提出原假设 H_0 和备择假设 H_1, 其中原假设和备择假设并不一定总是对立的, 但总是互不相容的。

② 确定检验统计量。选取在原假设 H_0 成立的条件下, 能确定其分布的统计量为检验统计量。

③ 构造拒绝域。根据实际问题, 选取适当小的显著水平 α, 利用所选取的统计量构造一个在 H_0 为真时倾向支持备择假设的小概率事件 A, 并由此构造拒绝域。

④ 检验结论。根据样本观测值计算检验统计量观测值, 看是否满足拒绝域, 并以此决定是否拒绝 H_0, 若拒绝 H_0, 则选择接受 H_1, 否则就接受 H_0。

二、参数的假设检验

1. 单个正态总体均值的假设检验

设 $X \sim N(\mu,\sigma^2)$, $X_1,X_2,\cdots,X_n$ 是来自总体的样本。当方差 σ^2 已知时, 本节第一部分我们已经讨论过双边检验假设 (2-11) 的拒绝条件与拒绝域。

对于单边检验 (2-13) 和 (2-14), 我们利用检验统计量

$$U=\frac{\overline{X}-\mu_0}{\sigma/\sqrt{n}}$$

类似地可构造出相应的拒绝条件分别为

$$U\geqslant u_\theta \text{ 和 } U\leqslant -u_\theta \tag{2-15}$$

且拒绝域为:

$$\left\{(x_1,x_2,\cdots,x_n)\left|u=\frac{\overline{x}-\mu_0}{\sigma/\sqrt{n}}\geqslant u_\alpha\right.\right\} \text{ 和 } \left\{(x_1,x_2,\cdots,x_n)\left|u=\frac{\overline{x}-\mu_0}{\sigma/\sqrt{n}}\leqslant u_\alpha\right.\right\}$$

当方差 σ^2 未知时,

$$\frac{\overline{X}-\mu}{S/\sqrt{n}} \sim t(n-1)$$

于是构造检验统计量

$$T=\frac{\overline{X}-\mu_0}{S/\sqrt{n}}$$

对于给定的显著水平 α, 完全平行于 U 检验法的讨论, 我们有

① 双边假设检验 (2-11) 的拒绝条件为

$$|T| \geqslant t_{\alpha/2}(n-1)$$

② 右边假设检验（2-13）的拒绝条件为
$$T \geqslant t_\alpha(n-1)$$

③ 左边假设检验（2-14）的拒绝条件为
$$T \leqslant -t_\alpha(n-1)$$

我们把上述利用 T 做检验统计量的检验方法称为 T 检验法。

2. 单个正态总体方差的假设检验

设 $X \sim N(\mu, \sigma^2)$，$X_1, X_2, \cdots, X_n$ 是来自总体的样本。对于检验假设

$$H_0 : \sigma = \sigma_0, H_1 : \sigma \neq \sigma_0 \tag{2-16}$$

当均值 μ 已知时，

$$\frac{1}{\sigma^2} \sum_{i=1}^{n} (x_i - \mu)^2 \sim \chi^2(n)$$

于是构造检验统计量

$$\chi^2 = \frac{1}{\sigma_0^2} \sum_{i=1}^{n} (x_i - \mu)^2$$

则对于给定的显著水平 α，拒绝条件为：

$$\chi^2 \leqslant \chi^2_{1-\alpha/2}(n) \text{ 或 } \chi^2 \geqslant \chi^2_{\alpha/2}(n)$$

类似地，可得左边检验

$$H_0 : \sigma \geqslant \sigma_0, H_1 : \sigma < \sigma_0 \tag{2-17}$$

的拒绝条件为

$$\chi^2 \leqslant \chi^2_{1-\alpha}(n)$$

而右边检验

$$H_0 : \sigma \leqslant \sigma_0, H_1 : \sigma > \sigma_0 \tag{2-18}$$

的拒绝条件为

$$\chi^2 \geqslant \chi^2_\alpha(n)$$

当均值 μ 未知时，

$$\frac{(n-1)S^2}{\sigma^2} \sim \chi^2(n-1)$$

故构造检验统计量

$$\chi^2 = \frac{(n-1)S^2}{\sigma_0^2}$$

对于给定的显著水平 α，则

① 对于双边假设检验（2-16）的拒绝条件为
$$\chi^2 \leqslant \chi^2_{1-\alpha/2}(n-1) \text{ 或 } \chi^2 \geqslant \chi^2_{\alpha/2}(n-1)$$

② 对于单边假设检验（2-17）的拒绝条件为
$$\chi^2 \leqslant \chi^2_{1-\alpha}(n-1)$$

③ 对于单边假设检验（2-18）的拒绝条件为
$$\chi^2 \geqslant \chi^2_\alpha(n-1)$$

我们把上述使用 χ^2 做检验统计量的方法称为 χ^2 检验法。

设 $X_1, X_2, \cdots, X_{n_1}$ 与 $Y_1, Y_2, \cdots, Y_{n_2}$ 是分别来自正态总体 $N(\mu_1, \sigma_1^2)$ 和 $N(\mu_2, \sigma_2^2)$ 的样本，且两样本相互独立，样本均值分别为 $\overline{X}, \overline{Y}$，样本方差分别为 S_1^2, S_2^2。下面讨论两个正态总体的假设检验问题。

3. 两个正态总体均值的假设检验

当两个正态总体的方差已知时，

$$\frac{(\overline{X}-\overline{Y})-(\mu_1-\mu_2)}{\sqrt{\sigma_1^2/n_1+\sigma_2^2/n_2}} \sim N(0,1)$$

故构造检验统计量

$$U = \frac{\overline{X}-\overline{Y}}{\sqrt{\sigma_1^2/n_1+\sigma_2^2/n_2}}$$

对给定的显著性水平 α，我们有下面结论：

对于双边检验

$$H_0: \mu_1 = \mu_2, \quad H_1: \mu_1 \neq \mu_2 \tag{2-19}$$

则 $P\{|U| \geqslant u_{\alpha/2}\} = \alpha$，即事件 $\{|U| \geqslant u_{\alpha/2}\}$ 是原假设为真时的小概率事件。根据实际推断原理，若样本的观测值能使

$$|U| \geqslant u_{\alpha/2} \tag{2-20}$$

那么就有理由怀疑原假设的正确性，从而选择接受备择假设。因此，双边假设检验（2-19）的拒绝条件就是式(2-20)。

对于单侧检验

$$H_0: \mu_1 \leqslant \mu_2, \quad H_1: \mu_1 > \mu_2 \tag{2-21}$$

和

$$H_0: \mu_1 \geqslant \mu_2, \quad H_1: \mu_1 < \mu_2 \tag{2-22}$$

类似地，可得它们的拒绝条件分别为

$$U \geqslant u_\alpha \text{ 和 } U \leqslant -u_\alpha$$

当两个正态总体的方差 $\sigma_1^2 = \sigma_2^2 = \sigma$，但未知时，

$$\frac{(\overline{X}-\overline{Y})-(\mu_1-\mu_2)}{S_w\sqrt{1/n_1+1/n_2}} \sim t(n_1+n_2-2)$$

其中

$$S_w^2 = \frac{(n_1-1)S_1^2+(n_2-1)S_2^2}{n_1+n_2-2}$$

因此，可构造检验统计量

$$T = \frac{\overline{X}-\overline{Y}}{S_w\sqrt{1/n_1+1/n_2}}$$

则对于假设检验问题 (2-19)、(2-21) 和 (2-22) 的拒绝条件分别为

$$|T| \geqslant t_{\alpha/2}(n_1+n_2-2), \quad T \geqslant t_\alpha(n_1+n_2-2) \text{ 和 } T \leqslant -t_\alpha(n_1+n_2-2)$$

4. 两个正态总体方差的假设检验

假设两个正态总体的均值未知，

$$\frac{S_1^2\sigma_2^2}{S_2^2\sigma_1^2} \sim F(n_1-1, n_2-1)$$

因此，构造检验统计量

$$F = \frac{S_1^2}{S_2^2}$$

对于以下三种假设检验问题

$$H_0: \sigma_1^2 = \sigma_2^2, H_1: \sigma_1^2 \neq \sigma_2^2$$
$$H_0: \sigma_1^2 \leqslant \sigma_2^2, H_1: \sigma_1^2 > \sigma_2^2$$
$$H_0: \sigma_1^2 \geqslant \sigma_2^2, H_1: \sigma_1^2 < \sigma_2^2$$

类似地，可得它们的拒绝条件分别为

$$F \leqslant F_{1-\alpha/2}(n_1-1, n_2-1) \text{ 或 } F \geqslant F_{\alpha/2}(n_1-1, n_2-1)$$
$$F \geqslant F_{\alpha}(n_1-1, n_2-1)$$
$$F \leqslant F_{1-\alpha}(n_1-1, n_2-1)$$

我们把上述检验法称为 F 检验法（表 2-2）。

表 2-2 正态总体均值、方差的检验法（显著性水平为 α）

序号	原假设 H_0	检验统计量	备择假设 H_1	拒绝条件
1	$\mu \leqslant \mu_0$ $\mu \geqslant \mu_0$ $\mu = \mu_0$ （σ^2 已知）	$U = \dfrac{\overline{X} - \mu_0}{\sigma/\sqrt{n}}$	$\mu > \mu_0$ $\mu < \mu_0$ $\mu \neq \mu_0$	$U \geqslant u_\alpha$ $U \leqslant -u_\alpha$ $\|U\| \geqslant u_{\alpha/2}$
2	$\mu \leqslant \mu_0$ $\mu \geqslant \mu_0$ $\mu = \mu_0$ （σ^2 未知）	$T = \dfrac{\overline{X} - \mu_0}{S/\sqrt{n}}$	$\mu > \mu_0$ $\mu < \mu_0$ $\mu \neq \mu_0$	$T \geqslant t_\alpha(n-1)$ $T \leqslant -t_\alpha(n-1)$ $\|T\| \geqslant t_{\alpha/2}(n-1)$
3	$\mu_1 \leqslant \mu_2$ $\mu_1 \geqslant \mu_2$ $\mu_1 = \mu_2$ （σ_1^2, σ_2^2 已知）	$U = \dfrac{\overline{X} - \overline{Y}}{\sqrt{\sigma_1^2/n_1 + \sigma_2^2/n_2}}$	$\mu_1 > \mu_2$ $\mu_1 < \mu_2$ $\mu_1 \neq \mu_2$	$U \geqslant u_\alpha$ $U \leqslant -u_\alpha$ $\|U\| \geqslant u_{\alpha/2}$
4	$\mu_1 \leqslant \mu_2$ $\mu_1 \geqslant \mu_2$ $\mu_1 = \mu_2$ （σ_1^2, σ_2^2 未知）	$T = \dfrac{\overline{X} - \overline{Y}}{S_w \sqrt{1/n_1 + 1/n_2}}$	$\mu_1 > \mu_2$ $\mu_1 < \mu_2$ $\mu_1 \neq \mu_2$	$T \geqslant t_\alpha(n_1+n_2-2)$ $T \leqslant -t_\alpha(n_1+n_2-2)$ $\|T\| \geqslant t_{\alpha/2}(n_1+n_2-2)$
5	$\sigma^2 \leqslant \sigma_0^2$ $\sigma^2 \geqslant \sigma_0^2$ $\sigma^2 = \sigma_0^2$ （μ 未知）	$\chi^2 = \dfrac{(n-1)S^2}{\sigma_0^2}$	$\sigma^2 > \sigma_0^2$ $\sigma^2 < \sigma_0^2$ $\sigma^2 \neq \sigma_0^2$	$\chi^2 \geqslant \chi_\alpha^2(n-1)$ $\chi^2 \leqslant \chi_{1-\alpha}^2(n-1)$ $\chi^2 \geqslant \chi_{\alpha/2}^2(n-1)$ 或 $\chi^2 \leqslant \chi_{1-\alpha/2}^2(n-1)$

续表

序号	原假设 H_0	检验统计量	备择假设 H_1	拒绝条件
6	$\sigma_1^2 \leqslant \sigma_2^2$ $\sigma_1^2 \geqslant \sigma_2^2$ $\sigma_1^2 = \sigma_2^2$ (μ_1, μ_2 未知)	$F = \dfrac{S_1^2}{S_2^2}$	$\sigma_1^2 > \sigma_2^2$ $\sigma_1^2 < \sigma_2^2$ $\sigma_1^2 \neq \sigma_2^2$	$F \geqslant F_\alpha(n_1-1, n_2-1)$ $F \leqslant F_{1-\alpha}(n_1-1, n_2-1)$ $F \geqslant F_{\alpha/2}(n_1-1, n_2-1)$ 或 $F \leqslant F_{1-\alpha/2}(n_1-1, n_2-1)$

第四节 方差分析

在生产实践和科学实验中，我们常会通过试验，观察某一种或多种因素的变化对试验结果的指标是否有显著性影响。这类问题一般可归结为多（>2）个正态总体的均值是否有显著差异的检验。为此，英国统计学家 Fisher 在 20 世纪 20 年代最先提出了可同时比较多个正态总体均值是否相等的方差分析法。我们将在试验中要考察的指标称为试验指标，那些影响试验指标的可控条件称为试验的因素，因素所处的状态称为水平。讨论一种因素对试验指标影响的方差分析称为单因素方差分析，讨论两种因素对试验指标影响的方差分析称为双因素方差分析。

一、单因素方差分析

1. 问题的提出

一般地，设因素 A 有 r 个水平 $A_1, A_2, \cdots, A_r$，在水平 A_i 下，进行 n_i 次独立试验，并假定在水平 A_i 下的样本 $X_{i1}, X_{i2}, \cdots, X_{in_i}$ 来自正态分布 $N(\mu_i, \sigma)$ $(i=1, 2, \cdots, r)$，其中 μ_i、σ 未知，所得结果如表 2-3 所示。

表 2-3 单因素试验表

水平	子样	子样均值
A_1	$X_{11}, X_{12}, \cdots, X_{1n_1}$	$\overline{X}_1$
A_2	$X_{21}, X_{22}, \cdots, X_{2n_2}$	$\overline{X}_2$
$\vdots$	$\vdots$	$\vdots$
A_r	$X_{r1}, X_{r2}, \cdots, X_{rn_r}$	$\overline{X}_r$

注：表中 $\overline{X}_i = \dfrac{1}{n_i} \sum\limits_{j=1}^{n_i} X_{ij} (i=1,2,\cdots,r)$ 是各水平的子样均值。

方差分析的任务是根据这 r 组试验结果来检验因素 A 对试验结果的影响是否显著。因此，提出的检验假设是

$$H_0: \mu_1 = \mu_2 = \cdots = \mu_r \tag{2-23}$$

$$H_1: \mu_1, \mu_2, \cdots, \mu_r \text{ 不全相等} \tag{2-24}$$

由此构成的单因素方差分析模型可写为

$$\text{test } H_0: \mu_1 = \mu_2 = \cdots = \mu_r$$

$$\begin{cases} X_{ij} \sim N(\mu_i, \sigma)(i=1,2,\cdots,r;j=1,2,\cdots,n_i) \\ X_{ij} \text{ 相互独立} \end{cases} \quad (2\text{-}25)$$

注：当 $r=2$ 时，检验假设为 $H_0: \mu_1 = \mu_2$。此时，可利用前面讨论过的 T 检验法进行检验。而方差分析的主要任务是要解决当 $r>2$ 时的上述假设检验问题。

为了将问题 (2-25) 写成便于讨论的形式，记

$$\mu = \frac{1}{n} \sum_{i=1}^{r} n_i \mu_i$$

其中，$n = \sum_{i=1}^{r} n_i$ 为样本总容量；μ 称为总均值。而 $\alpha_i = \mu_i - \mu$，则反映了水平 A_i 下的总体平均值与总均值的差异，称为水平 A_i 下的效应，此时，$\sum_{i=1}^{r} n_i \alpha_i = 0$。

由于 $X_{ij} \sim N(\mu_i, \sigma)$ 则 $X_{ij} - \mu_i \sim N(0, \sigma^2)$ 故 $X_{ij} - \mu_i$ 可看成是随机误差。记

$$X_{ij} - \mu_i = \varepsilon_{ij}$$

则 X_{ij} 可写成

$$X_{ij} = \mu_i + \varepsilon_{ij}$$

其中，ε_{ij} 相互独立且 $\varepsilon_{ij} \sim N(0, \sigma^2)$。

利用这些记号，单因素方差分析模型 (2-25) 就等价于

$$\text{test } H_0: \alpha_1 = \alpha_2 = \cdots = \alpha_r = 0$$

$$\begin{cases} X_{ij} = \mu + \alpha_i + \varepsilon_{ij}, i=1,2,\cdots,r;j=1,2,\cdots,n_i \\ \sum_{i=1}^{r} n_i \alpha_i = 0 \\ \varepsilon_{ij} \sim N(0, \sigma^2) \text{ 且相互独立}, i=1,2,\cdots,r;j=1,2,n\cdots n_i \end{cases} \quad (2\text{-}26)$$

2. 平方和分解及抽样分布

为了方便讨论，将每个子样看成是一组，记组内样本均值为

$$\overline{X}_i = \frac{1}{n_i} \sum_{j=1}^{n_i} X_{ij} (i=1,2,\cdots,r)$$

其中，$n_1, n_2, \cdots, n_i$ 为子样容量。样本总均值为

$$\overline{X} = \frac{1}{n} \sum_{i=1}^{r} \sum_{j=1}^{n_i} X_{ij} = \frac{1}{n} \sum_{i=1}^{r} n_i \overline{X}_i$$

而全体子样 $\overline{X}_{ij}$ 相对于样本总均值 $\overline{X}$ 的总偏差

$$S_T = \frac{1}{n} \sum_{i=1}^{r} \sum_{j=1}^{n_i} (X_{ij} - \overline{X})^2$$

称为总离差平方和。于是，总离差平方和可分解为

$$S_T = S_A + S_E$$

其中

$$S_A = \sum_{i=1}^{r} n_i (\overline{X}_i - \overline{X})^2, S_E = \sum_{i=1}^{r} \sum_{j=1}^{n_i} (X_{ij} - \overline{X}_i)^2$$

这里，S_A 反映了 A 因素不同水平下的子样均值相对于总均值的偏差，称为因素 A 的效应平方和（或组间平方和），它是由因素 A 的各水平效应和随机误差引起的；S_E 反映了 A 因素各水平的子样相对于组内子样均值的偏差，称为误差平方和（或组内平方和），完全是由随机误差引起的。于是，我们有下面重要论断。

若原假设（2-23）为真，则 S_A 和 S_E 相互独立，且

$$\frac{S_A}{\sigma^2} \sim \chi^2(r-1);$$

$$\frac{S_E}{\sigma^2} \sim \chi^2(n-r);$$

$$F = \frac{S_A/(r-1)}{S_E/(n-r)} \sim F(r-1, n-r)。$$

3. 检验方法

注意到原假设（2-23）为真时，则

$$F = \frac{S_A/(r-1)}{S_E/(n-r)} \sim F(r-1, n-r)$$

故对于给定的显著性水平 α，可构造支持原假设不真的小概率事件

$$P\{F \geqslant F_\alpha(r-1, n-r)\} = \alpha$$

即原假设 H_0 的拒绝条件为

$$F = \frac{S_A/(r-1)}{S_E/(n-r)} \geqslant F_\alpha(r-1, n-r)$$

为了便于分析，将整个计算过程绘制成一张表，称为单因素方差分析表（表 2-4）。

表 2-4 单因素方差分析表

来源	平方和	自由度	均方	F 值
组间	S_A	$r-1$	$\bar{S}_A = S_A/(r-1)$	$F = \bar{S}_A/\bar{S}_E$
组内	S_E	$n-r$	$\bar{S}_E = S_E/(n-r)$	
总和	S_T	$n-1$	—	

二、双因素方差分析

上面讨论的是单因素试验的方差分析，下面讨论两个因素试验的方差分析。一般地，设因素 A 有 r 个水平 $A_1, A_2, \cdots, A_r$，因素 B 有 s 个水平 $B_1, B_2, \cdots, B_s$，在因素 A 及 B 的每一种组合水平 $A_i \times B_j$ 下的总体 X_{ij} 服从正态分布

$$X_{ij} \sim N(\mu_{ij}, \sigma^2) \quad i=1,2,\cdots,r; j=1,2,\cdots,s$$

其中，X_{ij} 有相同的标准差（未知），但总体的均值不同（也是未知）。

1. 双因素等重复试验的方差分析

对于因素 A 和 B 的每一种组合水平 $A_i \times B_j$，都进行 $m(\geqslant 2)$ 次重复试验，这种试验称为等重复试验，得到的试验结果如表 2-5 所示。

表 2-5　双因素等重复试验表

因素	B_1	B_2	$\cdots$	B_s
A_1	$X_{111},\cdots,X_{11m}$	$X_{121},\cdots,X_{12m}$	$\cdots$	$X_{1s1},\cdots,X_{1sm}$
A_2	$X_{211},\cdots,X_{21m}$	$X_{221},\cdots,X_{22m}$	$\cdots$	$X_{2s1},\cdots,X_{2sm}$
$\vdots$	$\vdots$	$\vdots$		$\vdots$
A_r	$X_{r11},\cdots,X_{r1m}$	$X_{r21},\cdots,X_{r2m}$	$\cdots$	$X_{rs1},\cdots,X_{rsm}$

引入记号：

$$n=rsm$$

$$\mu=\frac{1}{n}\sum_{i=1}^{r}\sum_{j=1}^{s}\mu_{ij}$$

$$\mu_{i\cdot}=\frac{1}{s}\sum_{j=1}^{s}\mu_{ij},\mu_{\cdot j}=\frac{1}{r}\sum_{j=1}^{r}\mu_{ij}$$

$$\alpha_i=\mu_{i\cdot}-\mu,\beta_j=\mu_{\cdot j}-\mu$$

其中，n 称为样本总容量；μ 表示各个水平下总体均值的平均值，称为总均值；$\mu_{i\cdot}$ 称为因素 A 的水平 A_i 下的均值；$\mu_{\cdot j}$ 称为因素 B 的水平 B_j 下的均值；α_i 称为因素 A 在水平 A_i 下的效应；β_j 称为因素 B 在水平 B_j 下的效应。易知

$$\sum_{i=1}^{r}\alpha_i=0,\sum_{j=1}^{s}\beta_j=0$$

令

$$\gamma_{ij}=\mu_{ij}-\mu-\alpha_i-\beta_j$$

则 γ_{ij} 反映了 A_i 和 B_j 交互引起的作用，称为因素 A 和 B 在组合水平 $A_i\times B_j$ 下的交互效应。易证

$$\sum_{i=1}^{r}\gamma_{ij}=0,\sum_{j=1}^{s}\gamma_{ij}=0$$

由于 $X_{ijk}\sim N(\mu_{ij},\sigma^2)(i=1,2,\cdots,r;j=1,2,\cdots,s;k=1,2,\cdots,m)$，则 $X_{ijk}-\mu_{ij}\sim N(0,\sigma^2)$，故 $X_{ijk}-\mu_{ij}$ 可看成是随机误差。记

$$\varepsilon_{ijk}=X_{ijk}-\mu_{ij}$$

则 X_{ijk} 可写成

$$X_{ijk}=\mu_{ij}+\varepsilon_{ijk}$$

其中，ε_{ijk} 相互独立。于是，双因素等重复试验的方差分析模型可写为

$$\text{test}\begin{cases}H_{01}:\alpha_1=\alpha_2=\cdots=\alpha_r=0\\ H_{02}:\beta_1=\beta_2=\cdots=\beta_s=0\\ H_{03}:\gamma_{ij}=0,i=1,2,\cdots r;j=1,2,\cdots s\end{cases} \quad (2\text{-}27)$$

$$\begin{cases}X_{ijk}=\mu+\alpha_i+\beta_j+\gamma_{ij}+\varepsilon_{ijk},1\leqslant i\leqslant r;1\leqslant j\leqslant s;1\leqslant k\leqslant m\\ \sum_{i=1}^{r}\alpha_i=0,\sum_{j=1}^{s}\beta_j=0,\sum_{i=1}^{r}\gamma_{ij}=0,\sum_{j=1}^{s}\gamma_{ij}=0\\ \varepsilon_{ijk}\sim N(0,\sigma^2)\text{且相互独立},1\leqslant i\leqslant r;1\leqslant j\leqslant s;1\leqslant k\leqslant m\end{cases} \quad (2\text{-}28)$$

其中，H_{01} 用来检验因素 A 的影响是否显著；H_{02} 用来检验因素 B 的影响是否显著；

H_{03} 用来检验因素 A、B 交互作用影响是否显著。

与单因素方差分析类似,对上述的检验问题,我们进行方差分析。记

$$\overline{X} = \frac{1}{n}\sum_{i=1}^{r}\sum_{j=1}^{s}\sum_{k=1}^{m}X_{ijk}$$

$$\overline{X}_{ij.} = \frac{1}{m}\sum_{k=1}^{m}X_{ijk}, i=1,2,\cdots,r; j=1,2,\cdots,s$$

$$\overline{X}_{i..} = \frac{1}{s}\sum_{j=1}^{s}\overline{X}_{ij.}, i=1,2,\cdots,r$$

$$\overline{X}_{.j.} = \frac{1}{r}\sum_{i=1}^{r}\overline{X}_{.i.}, j=1,2,\cdots,s$$

于是,全体子样对样本总均值 $\overline{X}$ 的总离差平方和

$$S_T = \sum_{i=1}^{r}\sum_{j=1}^{s}\sum_{k=1}^{m}(X_{ijk}-\overline{X})^2$$

可分解为

$$S_T = S_A + S_B + S_{A\times B} + S_E$$

其中

$$S_A = sm\sum_{i=1}^{r}(\overline{X}_{i..}-\overline{X})^2$$

$$S_B = rm\sum_{j=1}^{s}(\overline{X}_{.j.}-\overline{X})^2$$

$$S_{A\times B} = m\sum_{i=1}^{r}\sum_{j=1}^{s}(\overline{X}_{ij.}-\overline{X}_{.i.}-\overline{X}_{.j.}+\overline{X})^2$$

$$S_E = \sum_{i=1}^{r}\sum_{j=1}^{s}\sum_{k=1}^{m}(X_{ijk}-\overline{X}_{ij.})^2$$

这里,S_A、S_B 分别称为因素 A、因素 B 的效应平方和,$S_{A\times B}$ 称为因素 A、B 交互效应平方和,S_E 称为误差平方和。于是,我们有下面结论成立。

若原假设式(2-27)为真,则 S_A、S_B、$S_{A\times B}$、S_E 相互独立,且

$$\frac{S_A}{\sigma^2}\sim\chi^2(r-1), \frac{S_B}{\sigma^2}\sim\chi^2(s-1)$$

$$\frac{S_{A\times B}}{\sigma^2}\sim\chi^2[(r-1)\times(s-1)], \frac{S_E}{\sigma^2}\sim\chi^2[rs(m-1)]$$

$$F_A = \frac{S_A/(r-1)}{S_E/[rs(m-1)]}\sim F[r-1, rs(m-1)]$$

$$F_B = \frac{S_B/(s-1)}{S_E/[rs(m-1)]}\sim F[s-1, rs(m-1)]$$

$$F_{A\times B} = \frac{S_{A\times B}/[(r-1)(s-1)]}{S_E/[rs(m-1)]}\sim F[(r-1)(s-1), rs(m-1)]$$

由上述定理知，对于给定的显著性水平 α，有：
① 假设 H_{01} 的拒绝条件为 $F_A \geqslant F_\alpha[r-1, rs(m-1)]$；
② 假设 H_{02} 的拒绝条件为 $F_B \geqslant F_\alpha[s-1, rs(m-1)]$；
③ 假设 H_{03} 的拒绝条件为 $F_{A\times B} \geqslant F_\alpha[(r-1)(s-1), rs(m-1)]$。

上述结果可以汇总成双因素试验的方差分析表，如表 2-6 所示。

表 2-6 双因素等重复试验的方差分析表

来源	平方和	自由度	均方	F 值
因素 A	S_A	$r-1$	$\overline{S}_A = S_A/(r-1)$	$F_A = \overline{S}_A/\overline{S}_E$
因素 B	S_B	$s-1$	$\overline{S}_B = S_B/(s-1)$	$F_B = \overline{S}_B/\overline{S}_E$
交互作用	$S_{A\times B}$	$(r-1)(s-1)$	$\overline{S}_{A\times B} = S_{A\times B}/[(r-1)(s-1)]$	$F_{A\times B} = \overline{S}_{A\times B}/\overline{S}_E$
误差	S_E	$rs(m-1)$	$\overline{S}_E = S_E/[rs(m-1)]$	—
总和	S_T	$rsm-1$	—	—

2. 双因素无重复试验的方差分析

在以上的讨论中，我们考虑了试验中两个因素的交互作用。如果在实际问题中，我们已经知道了因素间不存在交互作用或交互作用对试验结果的影响可以忽略不计，则可以不考虑交互作用。此时，取重复数 $m=1$，即对两个因素的每一种组合水平只作一次试验，所得试验结果见表 2-7。

表 2-7 双因素无重复试验表

因素	B_1	B_2	$\cdots$	B_s
A_1	X_{11}	X_{12}	$\cdots$	X_{1s}
A_2	X_{21}	X_{22}	$\cdots$	X_{2s}
$\vdots$	$\vdots$	$\vdots$		
A_r	X_{r1}	X_{r2}	$\cdots$	X_{rs}

由于不考虑交互作用，则 $\gamma_{ij}=0$。于是，双因素等重复试验方差分析模型（2-27）、（2-28）就简化为双因素无重复试验方差分析模型：

$$\text{test} \begin{cases} H_{01}: \alpha_1 = \alpha_2 = \cdots = \alpha_r = 0 \\ H_{02}: \beta_1 = \beta_2 = \cdots = \beta_s = 0 \end{cases} \tag{2-29}$$

$$\begin{cases} X_{ij} = \mu + \alpha_i + \beta_j + \varepsilon_{ij}, 1 \leqslant i \leqslant r; 1 \leqslant j \leqslant s \\ \sum_{i=1}^{r} \alpha_i = 0, \sum_{j=1}^{s} \beta_j = 0 \\ \varepsilon_{ij} \sim N(0, \sigma^2) \text{ 且相互独立}, 1 \leqslant i \leqslant r; 1 \leqslant j \leqslant s \end{cases} \tag{2-30}$$

其中，H_{01} 用来检验因素 A 的影响是否显著；H_{02} 用来检验因素 B 的影响是否显著。此时，总离差平方和可分解为

$$S_T = S_A + S_B + S_E$$

其中：

$$S_T = \sum_{i=1}^{r} \sum_{j=1}^{s} (\overline{X}_{ij} - \overline{X})^2$$

$$S_A = s\sum_{i=1}^{r}(\overline{X}_{i\cdot} - \overline{X})^2$$

$$S_B = r\sum_{j=1}^{s}(\overline{X}_{\cdot j} - \overline{X})^2$$

$$S_E = \sum_{i=1}^{r}\sum_{j=1}^{s}(X_{ij} - \overline{X}_{i\cdot} - \overline{X}_{\cdot j} + \overline{X})^2$$

类似于双因素等重复试验的方差分析，可得方差分析表如表 2-8 所示。

表 2-8 双因素无重复试验的方差分析表

来源	平方和	自由度	均方	F 值
因素 A	S_A	$r-1$	$\overline{S}_A = S_A/(r-1)$	$F_A = \overline{S}_A/\overline{S}_E$
因素 B	S_B	$s-1$	$\overline{S}_B = S_B/(s-1)$	$F_B = \overline{S}_B/\overline{S}_E$
误差	S_E	$(r-1)(s-1)$	$\overline{S}_E = S_E/[(r-1)(s-1)]$	—
总和	S_T	$rs-1$	—	—

对于给定的显著性水平 α，有：
① 假设 H_{01} 的拒绝条件为 $F_A \geq F_\alpha[r-1,(r-1)(s-1)]$；
② 假设 H_{02} 的拒绝条件为 $F_B \geq F_\alpha[s-1,(r-1)(s-1)]$。

第五节 线性回归

一般来说，变量之间的关系可分为两类：确定性关系和非确定性关系。前者是指变量之间的关系可以用函数关系来表达；而后者不能用函数关系来表达，这种非确定性的关系称为相关关系。在统计学中，研究相关关系的一种有效的方法就是回归分析。本节主要介绍一元线性回归。

一、一元线性回归模型

设有两个变量 x 和 Y，其中 x 是可控的或可以精确观察的普通变量，而 Y 是随机变量。x 的变化会引起 Y 相应的变化，但它们之间的关系不是确定的，即当 x 取得各个确定值时，Y 相应地服从一定的分布。因此，直接研究这种相关关系往往比较困难。作为一种近似，我们可以考虑 EY 与 x 之间的关系。此时，EY 是 x 的函数，即

$$EY = \mu(x) \tag{2-31}$$

由此，我们可以用确定的函数关系

$$y = \mu(x) \tag{2-32}$$

来描述 Y 和 x 之间的变化规律。函数 $\mu(x)$ 称为 Y 关于 x 的回归函数，式(2-32) 称为 Y 关于 x 的回归方程。

设 $Y_1, Y_2, \cdots, Y_n$ 分别是在 $x_1, x_2, \cdots, x_n$ 处对 Y 的独立观察结果，称

$$(x_1, Y_1), (x_2, Y_2), \cdots, (x_n, Y_n)$$

是一个样本，相应的样本值记为

$$(x_1,y_1),(x_2,y_2),\cdots,(x_n,y_n)$$

回归分析的首要任务就是根据这些试验数据去估计回归函数。特别地，若 $\mu(x)$ 为线性函数，即

$$\mu(x)=a+bx$$

此时估计 $\mu(x)$ 的问题称为求一元线性回归问题。为此，假设对于 x 的每一个值，都有 $Y \sim N(a+bx,\sigma^2)$，其中 a、b 和 σ^2 都是不依赖于 x 的未知参数。记

$$\varepsilon = Y-(a+bx)$$

由于假设 Y 服从正态分布，则

$$Y=a+bx+\varepsilon,\varepsilon \sim N(0,\sigma^2) \tag{2-33}$$

式（2-33）称为一元线性回归模型，其中 b 称为回归系数，ε 称为随机误差。

二、回归模型中的参数估计

1. 参数 a，b 的估计

对于 x 和 Y 的每一组独立试验 (x_i,Y_i)，$i=1,2,\cdots,n$ 由式（2-33）知

$$Y_i=a+bx_i+\varepsilon_i, \quad \varepsilon_i \sim N(0,\sigma^2) \tag{2-34}$$

此时，离差平方和为

$$Q(a,b)=\sum_{i=1}^{n}(y_i-a-bx_i)^2$$

为使 Q 取得最小值，按最小二乘法，有

$$\frac{\partial Q}{\partial a}=-2\sum_{i=1}^{n}(y_i-a-bx_i)=0$$

$$\frac{\partial Q}{\partial b}=-2\sum_{i=1}^{n}(y_i-a-bx_i)x_i=0$$

即

$$\begin{cases} na+b\left(\sum_{i=1}^{n}x_i\right)=\sum_{i=1}^{n}y_i \\ a\left(\sum_{i=1}^{n}x_i\right)+b\left(\sum_{i=1}^{n}x_i^2\right)=\left(\sum_{i=1}^{n}x_iy_i\right) \end{cases} \tag{2-35}$$

则称方程组（2-35）为正规方程组。由此可解得 a 和 b 的估计值为

$$\begin{cases} \hat{a}=\bar{y}-\hat{b}\bar{x} \\ \hat{b}=\dfrac{S_{xy}}{S_{xx}} \end{cases}$$

其中

$$\bar{x}=n^{-1}\sum_{i=1}^{n}x_i, \bar{y}=n^{-1}\sum_{i=1}^{n}y_i$$

$$S_{xx}=\sum_{i=1}^{n}(x_i-\bar{x})^2=\sum_{i=1}^{n}x_i^2-n^{-1}\left(\sum_{i=1}^{n}x_i\right)^2$$

$$S_{yy} = \sum_{i=1}^{n}(y_i - \overline{y})^2 = \sum_{i=1}^{n} y_i^2 - n^{-1}\left(\sum_{i=1}^{n} y_i\right)^2$$

$$S_{xy} = \sum_{i=1}^{n}(x_i - \overline{x})(y_i - \overline{y}) = \sum_{i=1}^{n} x_i y_i - n^{-1}\left(\sum_{i=1}^{n} x_i\right)\left(\sum_{i=1}^{n} y_i\right)$$

于是，对于给定的 x，就得到 Y 关于 x 的经验线性回归方程（简称回归方程）

$$\hat{y} = \hat{a} + \hat{b}x \tag{2-36}$$

其图形称为回归直线。

2. 参数 σ^2 的估计

由等式

$$E[Y-(a+bx)]^2 = E(\varepsilon^2) = D(\varepsilon) + [E(\varepsilon)]^2 = \sigma^2$$

可知，σ^2 愈小，借助回归函数 $\mu(x) = a + bx$ 研究随机变量 Y 与 x 的关系就愈有效。因而，需要利用样本去估计 σ^2。为此，引入残差平方和

$$Q_e = \sum_{i=1}^{n}(y_i - \hat{y}_i)^2 = \sum_{i=1}^{n}(y_i - \hat{a} - \hat{b}x_i)^2$$

它反映了观察值偏离回归直线的程度，是由观测误差等随机因素引起的。

对于 Q_e，有分解式 $Q_e = S_{yy} - \hat{b}S_{xy}$ 且有如下特性

$$\frac{Q_e}{\sigma^2} \sim \chi^2(n-2)$$

于是 $E(Q_e/\sigma^2) = n-2$，即 $E[Q_e/(n-2)] = \sigma^2$。因此，σ^2 的无偏估计为

$$\hat{\sigma}^2 = \frac{Q_e}{n-2} = \frac{1}{n-2}(S_{yy} - \hat{b}S_{xy})$$

三、回归分析中的假设检验与预测

为了验证前面得到的线性回归模型是否符合实际，需要经过进一步的统计检验。只有验证这种线性相关关系的假设是显著的，应用回归模型做预测和控制才有实用价值。

1. 线性相关关系的显著性检验

一般来说，若线性假设式(2-33)符合实际，则 $b \neq 0$，因为若 $b = 0$，则 $E(Y) = \mu(x)$ 就不依赖于 x。为此，我们提出检验假设

$$H_0: b = 0, H_1: b \neq 0 \tag{2-37}$$

在原假设 H_0 为真时，我们有 $\hat{\sigma}^2$ 与 $\hat{b}$ 相互独立，且

$$T = \frac{\hat{b}}{\hat{\sigma}}\sqrt{S_{xx}} \sim t(n-2)$$

于是，对给定的显著性水平 α，有

$$P\{|T| \geq t_{\alpha/2}(n-2)\} = \alpha$$

即在显著性水平 α，原假设 H_0 的拒绝条件为

$$|T| \geq t_{\alpha/2}(n-2)$$

说明当原假设 H_0 被拒绝时，线性相关关系显著，否则，就认为线性相关关系不显著。

2. 利用线性回归模型进行预测

对于给定的 x 下面给出 Y 的区间估计。根据前面的讨论，对于给定的 x 随机变量 Y 满足

$$Y = a + bx + \varepsilon, \quad \varepsilon \sim N(0, \sigma^2)$$

但由于 a、b 未知，故不能用 $a + bx$ 来预测 Y 转而利用

$$\hat{Y} = \hat{a} + \hat{b}x$$

来预测 Y，其预测的误差为

$$Y - \hat{Y} = Y - (\hat{a} + \hat{b}x)$$

于是

$$Y - \hat{Y} = Y - (\hat{a} + \hat{b}x) \sim N\left(0, \left(1 + \frac{1}{n} + \frac{(x - \overline{x})^2}{S_{xx}}\right)\sigma^2\right)$$

即

$$U = \frac{Y - (\hat{a} + \hat{b}x)}{\sigma\sqrt{1 + \frac{1}{n} + \frac{(x - \overline{x})^2}{S_{xx}}}} \sim N(0, 1)$$

又因为

$$V = \frac{(n-2)\hat{\sigma}^2}{\sigma^2} \sim \chi^2(n-2)$$

故

$$T = \frac{U}{\sqrt{\frac{V}{n-2}}} = \frac{Y - (\hat{a} + \hat{b}x)}{\hat{\sigma}\sqrt{1 + \frac{1}{n} + \frac{(x - \overline{x})^2}{S_{xx}}}} \sim t(n-2)$$

因此，

$$P\left\{\frac{|Y - (\hat{a} + \hat{b}x)|}{\hat{\sigma}\sqrt{1 + \frac{1}{n} + \frac{(x - \overline{x})^2}{S_{xx}}}} < t_{\alpha/2}(n-2)\right\} = 1 - \alpha$$

即对于给定的 x，Y 的置信区间为

$$\left[\hat{a} + \hat{b}x \pm \hat{\sigma}\sqrt{1 + \frac{1}{n} + \frac{(x - \overline{x})^2}{S_{xx}}} \, t_{\alpha/2}(n-2)\right]$$

此置信区间的长度与 x 有关，当 $x = \overline{x}$ 时为最短，预测最精准。

四、可线性化的一元非线性回归分析

在实际问题中，变量之间的关系不一定是线性的，因而选择合适的曲线回归可能更符合实际情况。首先，根据散点图选择适当的曲线回归方程；其次，通过变量替换，把非线性回归化为线性回归；最后，利用线性回归的方法确定其中的参数。为了方便起见，表 2-9 列出了六种常见的回归曲线方程及其线性化方法。

表 2-9　常用回归曲线类型（$a > 0$）

曲线名称	曲线回归方程	变换公式	变换后的线性回归方程
双曲线	$1/y = a + b/x$	$u = 1/x, v = 1/y$	$v = a + bu$

续表

曲线名称	曲线回归方程	变换公式	变换后的线性回归方程
幂函数曲线	$y=ax^b$	$u=\ln x, v=\ln y$	$v=\ln a+bu$
对数曲线	$y=a+b\ln x$	$u=\ln x, v=y$	$v=a+bu$
指数曲线	$y=ae^{bx}$	$u=x, v=\ln y$	$v=\ln a+bu$
倒指数曲线	$y=ae^{b/x}$	$u=1/x, v=\ln y$	$v=\ln a+bu$
S型曲线	$y=1/(a+be^{-x})$	$u=e^{-x}, v=1/y$	$v=a+bu$

本章小结

【知识图谱】

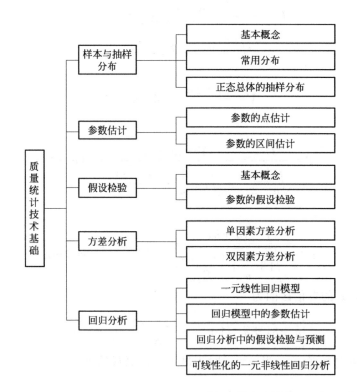

【基本概念】

总体　population

样本　sample

统计量　statistical variable

参数估计　parameter estimation

假设检验　hypothesis test

方差分析　variance analysis

回归分析　regression analysis

学而思之

《2020年郑州市国民经济和社会发展统计公报》显示：全年居民人均可支配收入36661元，比上年增长2.0%。其中，城镇居民人均可支配收入42887元，增长1.9%；人均消费性支出25450元，下降6.4%。农村居民人均可支配收入24783元，增长5.3%；人均消费性支出17518元，增长3.9%。

思考：郑州作为"新一线"城市，近年发展势头越来越强劲，居民生活质量水平也在逐步提高，请问人均消费支出与人均可支配收入之间呈现怎样的关系？

本章习题

1. $X \sim N(\mu, \sigma^2)$ 抽取简单随机样本 $X_1, X_2, \cdots, X_{2n}(n \geq 2)$ 样本均值 $\overline{X} = \frac{1}{2n}\sum_{i=1}^{2n}X_i$，$Y = \sum_{i=1}^{n}(X_i + X_{n+i} - 2\overline{X})^2$，求 EY。

2. (1) 设样本 $X_1, \cdots, X_6$ 来自总体 $N(0,1)$，$Y = (X_1 + X_2 + X_3)^2 + (X_4 + X_5 + X_6)^2$，试确定常数 C 使得 CY 服从 χ^2 分布。

(2) 设样本 $X_1, \cdots, X_5$ 来自总体 $N(0,1)$，$Y = \dfrac{C(X_1 + X_2)}{(X_3^2 + X_4^2 + X_5^2)^{1/2}}$，试确定常数 C 使得 Y 服从 t 分布。

3. 设总体 $X \sim N(0,1)$，$X_1, X_2, \cdots, X_{2n}$ 是来自正态总体的简单随机样本，求下列统计量的分布：

$$Y_1 = \frac{\sqrt{2n-1}\, X_1}{\sqrt{\sum_{i=2}^{2n} X_i^2}}, \quad Y_2 = \frac{(2n-3)\sum_{i=1}^{3} X_i^2}{3\sum_{i=4}^{2n} X_i^2}$$

$$Y_3 = \frac{1}{2}\sum_{i=1}^{2n} X_i^2 + \sum_{i=1}^{n} X_{2i-1} X_{2i}$$

4. 设 $X_1, \cdots, X_9$ 是来自总体 $N(\mu, \sigma^2)$ 的一个样本，记

$$Y_1 = \frac{1}{6}(X_1 + X_2 + \cdots + X_6), \quad Y_2 = \frac{1}{3}(X_7 + X_8 + X_9)$$

$$S^2 = \frac{1}{2}\sum_{i=7}^{9}(X_i - Y_2)^2, \quad Z = \frac{\sqrt{2}(Y_1 - Y_2)}{S}$$

试求统计量 Z 的分布。

5. 设总体 X 的概率密度为

$$f(x)=\begin{cases} 2e^{-2(x-\theta)}, & x>\theta \\ 0, & x\leq\theta \end{cases}$$

其中 $\theta>0$ 是未知参数。从总体 X 中抽取简单随机样本 $X_1, X_2, \cdots, X_n$ 记

$$\hat{\theta}=\min(X_1, X_2, \cdots, X_n)$$

(1) 求总体 X 的分布函数 $F(x)$；

(2) 求统计量 $\hat{\theta}$ 的分布函数 $F_{\hat{\theta}}(x)$；

(3) 如果用 $\hat{\theta}$ 作为 θ 的估计量，讨论它是否具有无偏性。

6. 设随机变量 X 的分布函数为

$$F(x,\alpha,\beta)=\begin{cases} 1-\left(\dfrac{\alpha}{x}\right)^{\beta}, & x>\alpha \\ 0, & x\leq\alpha \end{cases}$$

其中参数 $\alpha>0$，$\beta>1$。设 $X_1, X_2, \cdots, X_n$ 是来自总体 X 的一个样本，

(1) 当 $\alpha=1$ 时，求未知参数 β 的矩估计量；

(2) 当 $\alpha=1$ 时，求未知参数 β 的最大似然估计量；

(3) 当 $\beta=2$ 时，求未知参数 α 的矩估计量。

7. 分别使用金球和铂球测定引力常数（单位：$10^{-11}\,\mathrm{m^3\,kg^{-1}\,s^{-2}}$）。

(1) 用金球测定观测值为 6.683，6.681，6.676，63678，6.679，6.672；

(2) 用铂球测定观测值为 6.661，6.661，6.667，6.667，6.664。

设测定值总体为 $N(\mu,\sigma^2)$，μ、σ^2 均未知，试在 (1)、(2) 两种情况下分别求 μ 的置信水平为 0.9 的置信区间，并求 σ^2 的置信水平为 0.9 的置信区间。

8. 在上题中，设用金球和用铂球测定时测定值总体的方差相等，求两个测定值总体均值差的置信水平为 0.90 的置信区间。

9. 测定某种溶液中的水分，由它的 10 个测定值算出：$\bar{x}=0.452\%$，$S=0.037\%$。设测定值总体服从正态分布，试在 $\alpha=0.05$ 下，分别检验假设

(1) $H_0: \mu=0.5\%$；(2) $H_0: \sigma=0.04\%$。

10. 设考生的某次考试成绩服从正态分布，从中任取 36 位考生的成绩，其平均成绩为 66.5 分，标准差为 15 分，问在 0.05 的显著性水平下，可否认为全体考生这次考试的平均成绩为 70 分，给出检验过程。

11. 一农场 10 年前在一鱼塘中按比例 20：15：40：25 投放了四种鱼：鲑鱼、鲈鱼、竹夹鱼和鲇鱼的鱼苗，现在在鱼塘里获得一样本见表 2-10。

表 2-10 鱼塘鱼类样本

序号	1	2	3	4
种类	鲑鱼	鲈鱼	竹夹鱼	鲇鱼
数量/条	132	100	200	168

试取 $\alpha=0.05$，检验各类鱼数量的比例较前 10 年是否有显著性变化。

12. 电视机工程师对不同类型外壳的彩色显像管的传导率是否有差异感兴趣，为此测定 4 种类型的显像管，得传导率的观测值如表 2-11。

表 2-11　传导率观测值

类型 1	类型 2	类型 3	类型 4
143	152	134	129
141	144	136	128
150	137	133	134
146	143	129	129

问：在显著性水平 0.05 下外壳类型对传导率有显著性影响吗？

13. 考察合成纤维对纤维弹性有影响的两个因素，收缩率 A 和总拉伸倍数 B。A 和 B 各取 4 种水平，每种组合水平下重复试验两次，得数据如表 2-12。

表 2-12　重复试验数据

因素	$460(B_1)$	$520(B_2)$	$580(B_3)$	$640(B_4)$
$0(A_1)$	71,73	72,73	75,73	77,75
$4(A_2)$	73,75	76,74	78,77	74,74
$8(A_3)$	76,73	79,77	74,75	74,73
$12(A_4)$	75,73	73,72	70,71	69,69

试问收缩率和总拉伸率倍数分别对纤维弹性有无显著影响？收缩率与总拉伸倍数之间的交互作用是否影响显著？($\alpha = 0.05$)

14. 对某种产品表面进行腐蚀刻线试验，得到腐蚀时间与腐蚀深度之间的一组数据如表 2-13。

表 2-13　腐蚀时间与腐蚀深度之间关系

腐蚀时间 x/s	5	5	10	20	30	40	50	60	65	90	120
腐蚀深度 $y/\mu m$	4	6	8	13	16	17	19	25	25	29	46

(1) 画出散点图；
(2) 求线性回归方程 $\hat{y} = \hat{a} + \hat{b}x$；
(3) 求 ε 的方差 σ^2 的无偏估计；
(4) 检验假设 $H_0: b=0$，$H_1: b \neq 0$ ($\alpha = 0.05$)；
(5) 若回归效果显著，求 b 的置信水平为 0.95 的置信区间；
(6) 求 $x=55$ 处 $\mu(x)$ 的置信水平为 0.95 的置信区间；
(7) 求 $x=55$ 处观察值 Y 的置信水平为 0.95 的预测区间。

第三章
质量功能展开

第三章 质量功能展开

学习目标

- 熟悉 QFD 的起源和发展历程
- 掌握 QFD 的概念及相关术语
- 理解质量屋的原理及应用过程

导入案例

设计的重要性

根据 2007 年 11 月 18 日 22：00 晚间新闻"国内新闻"报道"近十年出口美国玩具因质量安全问题召回中，75％是美国设计缺陷引起的，只有一小部分是由中国制造引起的。"由此可知设计质量的重要性，但究竟怎样确定设计质量呢？在新产品开发过程中，规划和设计部门应该基于何种思路，进行怎样的质量保证活动才能使顾客满意呢？这些问题正是赤尾洋二萌发质量功能展开（quality function deployment，QFD）想法的起因。

第一节 质量功能展开概述

质量功能展开于 20 世纪 70 年代初起源于日本，20 世纪 80 年代后逐步被欧美等发达国家所重视并得到广泛应用。

一、质量功能展开的起源

20 世纪 50 年代以前，日本产品是质量低劣的代名词。到了 60 年代，美国质量管理学家戴明在日本的讲学使日本企业对质量的认识彻底改变，随后日本开始了轰轰烈烈的质量兴国运动，这其中最典型的代表是统计质量管理、QC 小组等的出现。随着日本工业的迅速发展，日本工业从第二次世界大战后模仿产品的开发模式开始转变为自主创新模式，因此，日本企业开始寻找一种方法用于新产品开发过程的质量保证，但是当时却没有关于如何实现设计质量控制的研究。

针对上述问题，日本质量管理大师赤尾洋二于 1972 年首次提出了质量展开（quality deployment，QD）的概念，即在产品尚未生产之前就对关键的质量保证工序进行展开，旨在确保产品设计满足顾客需求和价值。但是，当时使用因果分析图寻找制造工艺中应该保证的项目时，存在着重复、繁杂而使表格非常庞大的问题。随后，三菱重工神户造船厂在水野滋的指导下，开发了一种称为质量表（quality table）的源流质量保证技术（西方称其为质量屋），很好地解决了上述问题。用质量表代替因果分析图，可以将复杂的相互关系用简洁的形式表现出来，其作为质量需求和质量特性的二维表，目前在质量分析中仍然起着重要作用。后来，赤尾洋二把质量展开与质量表技术相结合，形成了质量展开理论。

在质量功能展开的诞生过程中，价值工程（value engineering，VE）也被融入了进来。石原胜吉把价值工程中的产品功能扩展成业务功能，这些业务功能的展开后来发展成为狭义质量功能展开。总体来看，QD、质量表技术和以 VE 为导向的狭义质量功能展开三者统合，便形成了现今我们所称的质量功能展开。

 链接小知识

赤尾洋二（Yoji Akao）（1928—2016）

经历：1964 年获东京工业大学博士学位，1981 年任玉川大学教授，1991—1994 年任该校工学院院长，因提出和推广质量机能展开（QFD）而享誉管理学界。

荣誉：两度获得日经的 Quality Control Literature Prize（1960 年与 1978 年），并于 1978 年获戴明奖个人奖，2001 年获美国品质学会杰出服务奖，1964—2016 年担任戴明奖委员会委员，曾负责编辑日本的 Journal of Statistical Quality Control，担任过日本品管学会的理事长。共著有 7 本书与数十篇论文，大部分是在 QFD 相关的领域。

贡献：质量功能展开原理及应用等。

问题：顾客感知是通过市场调研获得的，一旦市场调研不准，其后的所有分析结果只会给公司带来灾难。今天，顾客的想法和需求瞬息万变，QFD 作为一项综合管理系统和结构化的质量控制方法，如何顺应如此快速的市场变化呢？

二、质量功能展开的发展

QFD 理论自 20 世纪 70 年代诞生以后相继被一些日本公司所采用并取得显著效益。20 世纪 80 年代，日本科技联组织了以赤尾洋二教授为首的 QFD 研究会，交流和推广 QFD 的应用，QFD 在日本开始成为一种普及的质量方法和技术。

随着日本经济的迅速崛起，美国人开始研究竞争对手成功背后的各种原因。1985 年，福特汽车公司在美国率先采用 QFD 方法并在缩短产品生命周期、提高顾客期望等方面取得显著成效。之后，美国供应商协会、劳伦斯成长机会联盟/质量与生产力中心、持续改进协会等组织开始向美国的工业企业介绍和推广这种方法，并在包括惠普、通用汽车、IBM 等企业在内的汽车、家用电器、船舶等领域取得成功应用。

QFD 真正为我国所知是在 20 世纪 90 年代以后，熊伟在日本留学期间参与了以创始人赤尾洋二教授为首的日本科学技术联盟 QFD 研究会的研究活动，并向国内介绍 QFD 理论。与此同时，邵家骏等国内质量专家利用赴美国进行质量保证技术考察的契机，从美国引入了 QFD 技术，并于 1991 年翻译出版了《质量功能展开概论》。通过这些不同渠道几代质量人的努力推广，QFD 技术目前已在中国各界引起了广泛重视，并从制造业发展到建筑业、医院、软件生产及服务业，已成为我国各行各业进行质量设计和质量保证的基本技术之一。

第二节　质量功能展开原理与模型

一、质量功能展开的基本内涵

QFD 是质量展开和狭义质量功能展开（职能展开）的总称。赤尾洋二将质量展开定义为"将顾客需求转换成代用质量特性,进而确定产品的设计质量,再将这些设计质量系统地展开到各个功能部件的质量、零件的质量或服务项目的质量上,以及制造工序各要素或服务过程各要素的相互关系上"。由此可知,质量展开是一种使产品或服务事前就完成质量保证以符合顾客要求的系统化技术方法。

水野滋将狭义质量功能展开(职能展开)定义为"将形成质量保证的职能或业务,按照目的、手段系统地进行详细展开"。因此,狭义质量功能展开实质上是一种通过企业管理职能展开实施质量保证活动,以确保顾客需求得到满足的体系化管理方法。

二、质量功能展开的基本模式

目前,QFD 主要有 3 种被广泛接受的模式,即综合 QFD 模式(赤尾模式)、四阶段模式(ASI 模式)和 GOAL/QPC 模式。

1. 综合 QFD 模式

综合 QFD 模式是由赤尾洋二提出的,因此也被称为赤尾模式,它广泛地定义了产品的质量和过程的质量。在赤尾洋二最初发表的质量展开表中,其只针对狭义的质量归纳了 17 个工作步骤。但在产品开发过程中,实际上需要考虑的并不只是质量,除此之外还有为了实现质量所必需的技术和所需要的成本等因素。为此,赤尾洋二等进一步归纳了由 64 个工作步骤组成的以设计阶段为中心,包含质量展开、技术展开、成本展开和可靠性展开的综合 QFD 模式。

2. 四阶段模式

四阶段模式是美国供应商协会(ASI)所提倡的 QFD 展开方法。该模式从顾客需求开始,经过四个阶段逐步展开为产品技术要求、零件特性、工艺特性和生产要求,如图 3-1 所示。基于下一道工序是上一道工序"顾客"的原理,四阶段模式从产品设计到生产的各个过程均建立质量屋,且各阶段的质量屋有内在的联系。在此模式中,上一阶段质量屋的"天花板"主要项目将转化为下一阶段质量屋的"左墙",上一步的输出就是下一步的输入。通过这种瀑布式分解过程,顾客需求经过四个阶段的展开,得出产品的关键工艺和质量控制参数。其四个基本阶段为:

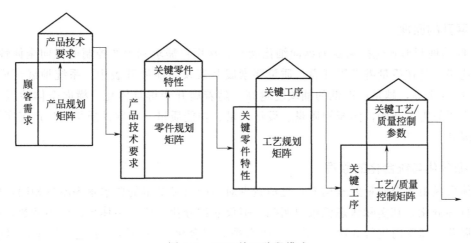

图 3-1 QFD 的四阶段模式

① 产品规划阶段。借助产品规划矩阵，将顾客需求按照一定条件转化成产品的技术要求（产品特性），并根据顾客竞争性评估和技术竞争性评估结果确定产品各技术需求（产品特性）的目标值；根据得到的目标值，进行产品的概念设计和初步设计，并优选出一个最佳的产品整体设计方案。

② 零件规划阶段。利用前一阶段定义的技术特性确定的最佳设计方案，通过零件规划矩阵将产品技术要求转换为关键零件的特性，并利用失效模式及影响分析（FMEA）、故障树分析（FTA）等方法对产品潜在故障及质量问题进行分析，以便采取预防措施。

③ 工艺规划阶段。通过工艺规划矩阵，将关键零件特性转化为生产工序要求，确定为保证实现关键产品特征和零部件特征所必须给以保证的关键工艺步骤及其特征，即从产品及其零部件的全部工序中选择和确定出对实现零部件特征具有重要作用或影响的关键工序，并确定其关键程度。

④ 生产控制阶段。通过工艺/质量控制矩阵，将关键零件特性所对应的关键工序及工艺参数转换为具体的工艺/质量控制方法或标准，包括控制参数、控制点、样本容量及检验方法等。

四阶段模式的优点是有助于人们对 QFD 本质以及上游决策对下游活动及资源配置影响的理解，缺点是不适用于复杂系统和产品。但是，由于四阶段模式结构清晰、易于实施，并且能充分反映 QFD 的实质，因而成为实际应用最为广泛的模式。

3. GOAL/QPC 模式

1989 年，劳伦斯成长机会联盟/质量与生产力中心提出了 GOAL/QPC 模式。该模式包括 30 个矩阵，涉及产品开发过程方方面面的信息，对于 QFD 系统中的各种活动提供了良好支持。该模式的优点是比较适合复杂的系统和产品，且比 ASI 模式具有更大的灵活性；缺点是各种活动之间缺乏逻辑关系，难以理解，操作难度大。

三、质量功能展开的基本原理

QFD 的基本原理包括展开的原理、细分化与统合化的原理、变换的原理和面向重点的原理等。

1. 展开的原理

QFD 的展开形式包括树状的纵向细化展开和从用户需求到生产控制的横向全体性展开。纵向细化展开是在质量需求展开表、质量要素展开表及功能展开表中，系统地展开成 1 次、2 次、3 次水平等，越是层次低的抽象度越高，随着展开变得具体化。横向全体性展开是从把握用户质量需求开始，向规划质量、设计质量、功能质量、零部件质量、生产工序管理点方向的展开。

2. 细分化与统合化的原理

全体质量由各个质量要素构成，且消费者对不同质量要素的要求水平不尽相同，因此质量不进行细分化，其实际状态就难以明确。但仅靠细分化，质量整体形象就不清楚，因此须像质量展开一样反向进行 3 次、2 次、1 次水平的统合化，并用展开表进行归纳，以明确各质量要素的层次水平和权重合计，确定整体质量水平。

3. 变换的原理

变换的原理是使膨大的质量集合得以展开。质量表是一种从顾客世界向技术世界变换，并进一步向子系统零部件、生产和质量信息等不同侧面变换的过程。在两种侧面的变换过程中，关系矩阵起着重要的作用。

4. 面向重点的原理

面向重点的原理之所以显得如此重要是因为展开容易变得膨大。质量需求展开表注重网格性，但重点事项并不明确，为此，通过竞争分析矩阵和顾客重要度矩阵，可实现战略性重点项目的选定，并可利用各种展开表将质量信息重点系统地向生产阶段传达。

第三节　质量屋

一、质量屋概述

QFD 的核心内容是需求转换，其中起重要作用的是质量屋（house of quality，HOQ）。质量屋是一种形象直观的二元矩阵展开图表，它提供了在产品开发中具体实现这种需求转换的工具，是 QFD 方法的精髓。

1. 广义的质量屋

广义的质量屋是指 QFD 过程中的一系列矩阵，这些矩阵的一般结构如图 3-2 所示。

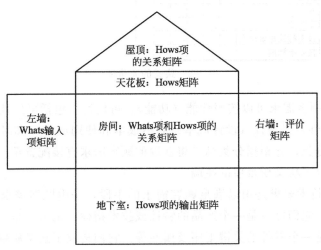

图 3-2　广义的质量屋

由图 3-2 可知，广义的质量屋一般形式由以下六个广义矩阵组成。

① 左墙：由 Whats 输入项矩阵构成，是质量屋的"什么"。

② 天花板：由 Hows 项矩阵构成，它表示针对需求怎样去做，是质量屋的"如何"。

③ 房间：由 Whats 项和 Hows 项之间的相关关系矩阵构成，表示 Whats 项和 Hows 项之间的关联程度。

④ 屋顶：由 Hows 项的关系矩阵构成，表示 Hows 项相互之间的关联程度，即技术特

性的自相关矩阵。

⑤ 右墙：由评价矩阵构成，包括竞争性评估、计划质量以及需求权重等。

⑥ 地下室：由 Hows 的输出项矩阵构成，主要用来确定应优先配置的项目，完成从输入项到输出项的转换，是质量屋的输出，具体包括 Hows 项的重要度、目标值和竞争性评估等内容。

2. 狭义的质量屋

一般情况下，狭义的质量屋是指作为 QFD 过程的第一个质量屋，即产品规划阶段的质量屋。一个完整的狭义质量屋包括 6 个部分，即顾客需求、技术要求、关系矩阵、竞争分析、屋顶和技术评估，如图 3-3 所示。

技术要求 顾客需求重要度C_i	零件特性1	零件特性2	零件特性3	零件特性4	...	零件特性n_p	企业A	企业B	...	本企业U	目标T	改进比例R_i	销售点S_i	绝对权重W_{ai}	相对权重W_i
顾客需求1	r_{11}	r_{12}	r_{13}	r_{14}	...	r_{1n_p}									
顾客需求2	r_{21}	r_{22}	r_{23}	r_{24}	...	r_{2n_p}									
顾客需求3	r_{31}	r_{32}	r_{33}	r_{34}	...	r_{3n_p}									
顾客需求4	r_{41}	r_{42}	r_{43}	r_{44}	...	r_{4n_p}									
...	...	...	...	...		...									
顾客需求n_c	r_{n_c1}	r_{n_c2}	r_{n_c3}	r_{n_c4}	...	$r_{n_cn_p}$									
企业A															
企业B															
...															
本企业															
技术特性重要度T_i															
技术指标值															

图 3-3 狭义的质量屋

① 顾客需求。顾客需求可以按照性能（功能）、可信性（包括可用性、可靠性和维修性等）、安全性、适应性、经济性（设计成本、制造成本和使用成本）和时间性（产品寿命和及时交货）等进行分类，并根据分类结果将获取的顾客需求直接配置至产品规划质量屋中相应的位置，它们构成了狭义质量屋的左墙。

② 技术要求。技术要求是用以满足顾客需求的手段，是由顾客需求推演出的，必须用标准化的形式表述，它们可以是一个产品的特性或技术指标，也可以是产品的零件特性或零件技术指标，或者是一个零件的关键工序及属性等。它们构成了狭义质量屋的天花板。

③ 关系矩阵。这是质量屋的本体部分，用于描述技术要求（产品特性）对各个顾客需求的贡献和影响程度。r_{ij} 是指第 j 个技术要求（产品特性）对第 i 个顾客需求的贡献和影响程度。它们构成了狭义质量屋的房间。

④ 竞争分析。站在顾客的角度，对本企业的产品和市场上其他竞争者的产品在满足顾客需求方面进行的评估分析，包括本企业及竞争企业情况、未来改进目标、改进比例、产品特性点、重要程度、绝对权重和相对权重等内容。它们构成了狭义质量屋的右墙。

⑤ 屋顶。表示技术要求矩阵内各项目之间的关联关系，可作为确定各技术要求具体技

术参数的参考信息。

⑥ 技术评估。指对技术要求进行的竞争性评估，包括技术要求重要度、目标值的确定和技术竞争性评估等。它们构成了狭义质量屋的地下室，是整个质量屋的输出。

二、质量屋构建

下面以狭义质量屋为例，按照顾客需求展开、技术特性展开、相关关系矩阵、竞争分析、技术评估、自相关矩阵六个模块，对质量屋的构建进行详细说明。

1. 顾客需求展开

(1) 步骤一：顾客需求的获取

能否及时地获取顾客需求以及所获取的顾客需求是否全面、详尽、真实，是成功实施和应用 QFD 的基础。因此，必须科学地选择所要调查的对象以及调查和分析方法。在顾客需求获取过程中，一般将顾客对产品或服务的要求以文字形式进行的表述称为原始数据，将顾客的特征（如年龄、性别等）称为属性数据。无论是原始数据还是属性数据的收集，都可以使用调查表、顾客代表座谈会等市场调查方法，也可以通过售后服务、意见卡、媒体及专业杂志等获取信息，无论采用哪一种方法，最重要的都是最忠实地保持顾客声音的原貌。

(2) 步骤二：顾客需求的整理

通过以上调查获取的原始数据，具有要求、意见、抱怨、评价、希望等各种各样的内容和形式。由于需求中不仅有关于质量的要求，有时还会涉及功能、价格等其他要求，甚至许多需求项目的概念范畴也不尽相同。因此，每次调查结束后，应及时对原始数据进行翻译、分解、归并、筛选、整理，实现从原始数据抽出需求项目的目标。

(3) 步骤三：顾客需求的层次化

将顾客需求进行整合时，亲和图（KJ）法是一种常用的分组手段。其过程如下：首先，将整理得到的顾客需求项目逐个记在白色卡片上，并废弃内容重复的卡片（对于从市场收集到的实际信息，废弃的同时须记录它们重复的频度）；然后，将内容相似或相近的卡片汇总在一起，编成一组并找到能代表这一群卡片所代表的顾客需求项目的表述语句，命名并记入蓝色新卡片（无法归入任何一组的卡片，独立地编为一组）；接着，将得到的蓝色卡片按内容相近程度聚堆，归纳更高一级的顾客需求并命名，另写在红色新卡片上，从而得到如图 3-4 所示的 3 次水平的顾客需求。

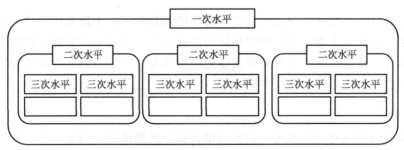

图 3-4 亲和图法示意图

(4) 步骤四：顾客需求重要度 C_i 的确定

顾客需求重要度 C_i 是 QFD 中极其重要的数量指标，对于后续分析至关重要。常用的重要度确定方法有询问调查法、重复频度法、层次分析法等。由于权重的确定直接影响顾客需求重要性的评判，因此无论是哪种方法都必须反映顾客的原声。

① 询问调查法。市场调查是一种直接向顾客获取重要度的方法。顾客需求展开表构造完成之后，可以其为依据对顾客实施询问调查，以分析决定顾客需求的重要度。调查项目数是根据顾客需求展开表确定的，调查对象应同时包括本公司产品的顾客和竞争者产品的顾客。调查一般只针对 2 次水平项目或 1 次水平项目进行，而不用于 3 次及以上水平的顾客需求重要度调查。因为如果项目数过于庞大，回答的人可能会厌烦，其结果准确性令人怀疑。

② 重复频度法。重复频度法是一种间接地获取重要度的方法。这种方法利用从原始数据向顾客需求转换过程中的重复频率来算出重要度。采用这种方法得到的结果也许与顾客原声存在一定的误差，但它能算出 3 次及以上水平顾客需求的重要度，因此可与询问调查法构成有益互补。

③ 层次分析法。在样本量不足或者取样存在偏差的时候，采用询问调查和重复频度方法进行重要度评判往往容易产生偏差并丧失客观性。因此在此种情况下，可采用层次分析法来确定各个顾客需求的绝对重要度。首先，建立评价模型，即将顾客需求按照水平层次建立递阶层次结构；然后，对相同层次元素构造成对比较矩阵；接着，求解每一个比较矩阵最大特征根对应的特征向量并进行一致性检验，将特征向量归一化计算即得到每一层次水平顾客需求相对于所属上一层次水平顾客需求的权重向量；最后，综合各层次权重向量，计算可得各顾客需求的组合权重向量，即重要度。

2. 技术特性展开

技术特性是指成为质量评价对象的特性性能，它是关于顾客真正需求的代用特性。对抽象的顾客需求进行具体的产品化，就是将以顾客语言表达的顾客需求转换成以技术语言表达的技术特性。如果对象产品是硬件产品或专业技术比较成熟的产品，那么抽出的技术特性无论是量还是质一般都比较理想。但现实中有感性方面的特性，特别是对于服务这类产品对象，很难抽出可以计测的技术特性。因此，通常做法是从顾客需求中抽出可作为质量评价尺度的质量要素作为技术特性。在配置技术特性时，一般应满足以下三个条件：

① 针对性，即技术特性是针对相应的顾客需求而确定的；

② 可测性，即为了便于对技术特性进行控制，技术特性应可测定；

③ 宏观性，技术特性只是为以后的产品设计提供指导和评价准则，而不是具体的产品整体方案设计。

上述三个条件中，尤其要注意的是技术特性的宏观性。由于技术特性只是为以后选择设计方案提供了一些评价准则，不牵涉到具体的设计方案，因此要从宏观上以技术性能的形成来描述技术特性，这通常是产品规划质量屋最难的部分。因为当顾客提出某项需求时，产品设计人员想到的往往是具体的设计方案。

3. 关系矩阵

构建质量屋的目的就是把市场上抽象的语言信息转换成公司内部设计产品所需的具体的技术信息。顾客需求与技术要求之间的关系矩阵是整个质量屋的核心部分。根据顾客需求与技术要求之间的相关度计算，可以确定需求的优先级和开发成本。

顾客需求与技术要求两者之间关系的强弱可以用"◎、○、△"符号表示，分别表示强相关、中等相关和弱相关。一般的赋值情况为：强相关◎＝9，可理解成为了满足某种顾客需求必须具备某种产品技术特性要求；中等相关○＝5，可理解成为了满足某种顾客需求可以采用不同的产品技术特性与之对应；弱相关△＝1，表示两项之间的关联关系很弱。

顾客需求与技术特性之间的关系矩阵直观地说明了技术特性是否适当地覆盖了顾客需求。如果关系矩阵中的相关符号很少或者大部分是"弱"相关符号，则表示技术特性没有足够地满足顾客需求，则应对其进行修正。

4. 竞争分析

竞争分析包括市场竞争性评估、质量改进目标设定和计算顾客需求权重三部分。

(1) 步骤一：市场竞争性评估

针对每项顾客需求项目实施市场竞争性评估，即对本公司产品和竞争企业产品在满足顾客该项需求方面的水平进行评估，用来判断市场竞争能力。市场竞争性评估主要有两部分内容：①本公司产品评价，即顾客对本公司当前产品的满意程度；②竞争对手产品评价，即顾客对竞争对手产品的满意程度。竞争性评估反映了本公司现有产品在市场上的表现以及产品需要改进的地方。竞争性评估数据是通过市场调查得到的。一般用数字1～5来表示顾客对产品的某项顾客需求的满意度，其中数字5表示非常满意，数字1则表示非常不满意。

(2) 步骤二：质量改进目标设定

市场竞争性评估之后，要根据顾客需求的重要度以及本公司产品与竞争对手产品的分析结果来设定质量改进目标，即计划质量。质量改进目标是本公司产品改进后（新开发的产品）希望达到的顾客满意程度，目标的设定要有市场竞争力。

根据KANO模型，顾客对产品满意度可以分为三个级别：基本型需求、期望型需求、兴奋型需求。质量改进目标值可以结合KANO模型按照1～5分进行赋值。其中：1代表基本满足需求，3代表满足用户期望，5代表超出用户预期，其他数字在两者之间。

改进比例R_i是计划质量T_i相对于本公司现状U_i评价值之比，即

$$改进比例 R_i = 计划质量 T_i / 本企业现状 U_i \tag{3-1}$$

在众多需求中，并不是每个需求都要领先。合理的做法是突出产品的卖点S_i（即产品的销售重点），对产品进行差异化设计获得市场竞争优势。产品卖点S_i可以简单使用◎＝1.5、○＝1.2、空白＝1进行量化。当取1.5时，代表该顾客需求为重要的销售重点；当取1.2时，代表该顾客需求为一般的销售重点；当取1时，代表该项顾客需求不列为销售重点。

(3) 步骤三：计算顾客需求权重

本步骤包含顾客需求绝对权重W_{ai}和相对权重W_i的计算。对产品卖点给出数值（量化），并乘以重要度及改进比例，就得到了绝对权重，即

$$顾客需求绝对重要度 W_{ai} = 顾客需求重要度 C_i \times 改进比例 R_i \times 卖点 S_i \tag{3-2}$$

将绝对权重进行归一化处理，得到的结果就是顾客需求的相对权重，即

$$W_i = \frac{W_{ai}}{\sum W_{ai}} \times 100\% \tag{3-3}$$

5. 技术评估

技术评估包括技术特性重要度计算、技术竞争性评估以及技术特性目标值设定。

(1) 步骤一：技术特性重要度计算

根据顾客需求和技术特性的相关关系，可以将顾客需求权重变换成技术特性重要度。重要度变换的方法一般有比例分配法、独立配点法、相对权重转换法。

① 比例分配法。在质量屋中，对◎、○、△进行数值化，求行（顾客需求项）的重要度的总和，将总和根据◎、○、△的数值大小，按比例进行分配，然后将纵向合计作为技术特性重要度的方法，称为比例分配法。比例分配法的优点是求得的数值结果直接就是百分比的形式。◎表示强相关；○表示相关；△表示弱相关；空白表示不相关。

② 独立配点法。比例分配法中顾客需求的◎、○、△数目和分布会影响技术特性重要度的计算结果。由于将顾客需求重要度按对应关系的比例进行分配，如果横向的◎、○、△数目多，那么，纵向的重要度就会产生过低评价；相反，当◎、○、△符号只有一个时，顾客需求重要度就会直接变换给某一个技术特性。因此，进行技术特性重要度计算时应该考虑这些因素的影响。

独立配点法能改进这种过大或过小的评价问题。它是将顾客需求重要度直接与◎、○、△的数值相乘，再纵向合计的方法。◎、○、△符号的数值一般用◎：○：△＝5：3：1，有时也用4：2：1或3：2：1。

独立配点法的映射算法如下：设 C_i 为第 i 个顾客需求的重要度；r_{ij} 为第 i 个顾客需求和第 j 个技术特性之间关系符号所对应的数字值（5,3,1）；T_j 为第 j 个技术特性的重要度，则

$$T_j = \sum_{i=1}^{n} C_i \times r_{ij} \quad (j=1,2,\cdots,p) \tag{3-4}$$

③ 相对权重转换法。比例分配法与独立配点法都需要借助顾客需求重要度来完成，与竞争分析得到的结果毫无关系，不够全面。相对权重转换法是利用竞争分析得到的相对权重 W_i 转换为技术特性重要度的一种方法。

相对权重转换法的算法如下：设 W_i 为第 i 个顾客需求的相对权重；r_{ij} 为第 i 个顾客需求和第 j 个技术特性之间关系符号所对应的数字值（5，3，1）；T_j 为第 j 个技术特性的重要度，则

$$T_j = \sum_{i=1}^{n} W_i \times r_{ij} \quad (j=1,2,\cdots,p) \tag{3-5}$$

(2) 步骤二：技术竞争性评估

技术竞争性评估是企业内部人员针对各项技术需求，对产品的提供商所达到的技术水平或能力进行的评估。同市场竞争性评估一样，它包括对本企业技术的评价和对竞争对手企业的技术评价。但市场竞争性评估是以顾客为主做出的，是顾客对产品的满意度的评价；而技术竞争性评估是由企业内部相关人员做出的，是对技术水平的评价。一般用数字1~5来表示某项技术特性的技术水平，数字5表示技术水平达到国际先进水平，数字4表示技术水平达到国内先进水平，数字3表示技术水平达到行业先进水平，数字2表示技术水平一般，数字1表示技术水平低下。

(3) 步骤三：技术特性目标值设定

技术特性目标值也即各项技术特性想要达到的技术水平值，是根据技术特性重要度和对各技术特性竞争对手的现状调查结果，以及本公司与竞争对手的比较情况来设定的，这个目标值就是我们要达到的设计质量。

根据技术特性的重要度来确定新产品质量保证的重点方向,以便将时间、资源集中地用于真正重要的地方。综合考虑技术特性重要度、技术竞争性评估结果、技术实施难度和成本、顾客需求与技术特性的关系矩阵和当前产品的优势和弱点,设定具体的技术特性目标值,使其成为使产品具有市场竞争力而所需达到的规格值等的最低标准。它是质量设计中最复杂也最关键的决策过程。

6. 自相关矩阵

自相关矩阵用来评估各项技术特性之间的相互关系。各技术特性之间可能存在着交互作用,在选择技术特性及其指标时必须考虑交互作用的影响。屋顶中的内容不需要计算,一般只是用"＋"表示正相关,用符号"－"表示负相关,标注到质量屋屋顶的相应项上,作为确定各技术特性具体技术参数的参考信息。

 即学即用

质量屋又名 HOQ,是质量功能展开(QFD)的核心,也是一个经典工具:
① 一个完整的质量屋都由哪些部分组成？试说明各部分的作用和相互间的关系。
② 以纸飞机为例,说明质量屋的操作步骤。质量屋应用的局限性有哪些？

第四节　质量功能展开应用案例

Z市地铁自运行以来,在安全措施、便捷性服务、乘车服务等方面存在一些有待改进的问题,需要进一步提升服务质量水平。

一、Z市地铁服务质量存在的问题

① 安全措施：Z市地铁的安全保障项目存在的问题是：第一,安检人员有时不能检查出危险易爆物品,比如,一部分乘客在乘坐地铁时携带了防晒喷雾之类的易燃物品,然而安检人员却不能很好地识别并制止；第二,列车在行驶过程中不平稳,有患有轻缓性晕动病(俗称晕车)的乘客出现恶心、呼吸不顺畅甚至呕吐等症状；第三,在客流量较大的站点,列车开关门间隔时间略短,多次出现乘客到站无法下车、列车外乘客被车门夹到的现象。这些问题成为Z市地铁服务的安全隐患。

② 便携性服务：第一,地铁的一部分出入站口没有上行或下行的扶梯,这对于拿大件行李的乘客很不方便；第二,行李安检机高度不合理,有的地铁站行李安检机过高,拿大件行李的乘客需要费力气把行李放上行李安检机,而有的站行李安检机过矮,拿小件行李的中老年乘客需弯腰放下行李,这种服务设施的设计给乘客的旅途带来不便；第三,地铁出口的刷卡机标示不清晰,多次出现乘客错放乘车卡导致刷卡机卡顿的现象。

③ 乘车服务：第一,相较于列车首、尾两部分,列车中部乘客比较密集,继而造成了在客流量较大的站点中,部分乘客无法及时乘坐列车；第二,车厢内时常会有推销人员打扰乘客,这给乘客带来了诸多困扰；第三,站内的直梯数量较少,不利于残障人士乘坐地铁；第四,地铁的每个站点都会设置两个以上的自动售票装置,然而大多数站点都会出现购票乘

客聚集在一个购票装置,而其他的机器却无人问津。

二、基于 QFD 的 Z 市地铁服务质量改进

1. 顾客需求展开(左墙)

本案例用调查问卷方法,通过数据分析得到的 Z 市地铁乘客需求主要集中在以下四个方面:安全性需求、经济性需求、便捷性需求、舒适性需求。建立结构层次图,如表 3-1 所示。

表 3-1 乘客需求层次图

一次需求	二次需求	三次需求
乘客总需求 A	舒适性 B_1	温度适宜 B_{11}
		座椅乘坐舒适 B_{12}
		没有推销人员 B_{13}
	便捷性 B_2	信息传送准确 B_{21}
		出入口有上下行电梯 B_{22}
		购票处乘客分布均匀 B_{23}
	经济性 B_3	票价合理 B_{31}
		时有优惠乘车活动 B_{32}
		无乱收费现象 B_{33}
	安全性 B_4	安检严格 B_{41}
		列车停靠时间恰当 B_{42}
		列车行驶平稳 B_{43}

根据乘客需求层次表,分析得到各需求的判别矩阵 A 为:

$$A = \begin{pmatrix} & B_1 & B_2 & B_3 & B_4 \\ 1 & 1/3 & 1/4 & 1/5 \\ 3 & 1 & 1/2 & 1/4 \\ 4 & 2 & 1 & 1/2 \\ 5 & 4 & 2 & 1 \end{pmatrix} \begin{matrix} B_1 \\ B_2 \\ B_3 \\ B_4 \end{matrix}$$

对构成 Z 市地铁服务质量需求总目标评价的准则层 B_1、B_2、B_3、B_4 的判断矩阵 A 按列归一,如表 3-2 所示。

表 3-2 矩阵 A 按列归一表

A'	B_1	B_2	B_3	B_4
B_1	0.077	0.045	0.067	0.103
B_2	0.231	0.136	0.133	0.128
B_3	0.308	0.273	0.267	0.256
B_4	0.384	0.546	0.533	0.513

按行相加并且正规化得表 3-3。

表 3-3 准则层判断矩阵、权重和一致性检验结果

A	B_1	B_2	B_3	B_4	权重	$\lambda_{max}=4.072$
B_1	1	1/3	1/4	1/5	$W_1=0.073$	C.I.$=0.024$
B_2	3	1	1/2	1/4	$W_2=0.157$	R.I.$=0.900$
B_3	4	2	1	1/2	$W_3=0.276$	C.R.$=0.027<0.1$
B_4	5	4	2	1	$W_4=0.494$	—

判断矩阵 A 通过一致性检验。$W=(0.073,0.157,0.276,0.494)$ 的各个分量可以作为准则层次评价指标 B_1、B_2、B_3、B_4 相对于目标层的权重系数。

最后依次计算最底层指标要素相对准则层的权重系数。如表 3-4～表 3-7 所示。

表 3-4 B_1 对应的指标层判断矩阵、权重和一致性检验结果

B_1	B_{11}	B_{12}	B_{13}	权重 W_1	$\lambda_{max}=3.038$
B_{11}	1	3	5	$W_{11}=0.63$	C.I.$=0.019$
B_{12}	1/3	1	3	$W_{12}=0.26$	R.I.$=0.580$
B_{13}	1/5	1/3	1	$W_{13}=0.11$	C.R.$=0.033<0.1$

表 3-5 B_2 对应的指标层判断矩阵、权重和一致性检验结果

B_2	B_{21}	B_{22}	B_{23}	权重 W_1	$\lambda_{max}=3.056$
B_{21}	1	2	3	$W_{11}=0.525$	C.I.$=0.028$
B_{22}	1/2	1	3	$W_{12}=0.334$	R.I.$=0.580$
B_{23}	1/3	1/3	1	$W_{13}=0.141$	C.R.$=0.048<0.1$

表 3-6 B_3 对应的指标层判断矩阵、权重和一致性检验结果

B_3	B_{31}	B_{32}	B_{33}	权重 W_1	$\lambda_{max}=3.010$
B_{31}	1	6	2	$W_{11}=0.59$	C.I.$=0.005$
B_{32}	1/6	1	1/4	$W_{12}=0.088$	R.I.$=0.580$
B_{33}	1/2	4	1	$W_{13}=0.322$	C.R.$=0.01<0.1$

表 3-7 B_4 对应的指标层层判断矩阵、权重和一致性检验结果

B_4	B_{41}	B_{42}	B_{43}	权重 W_1	$\lambda_{max}=3.028$
B_{41}	1	5	3	$W_{11}=0.655$	C.I.$=0.014$
B_{42}	1/5	1	1	$W_{12}=0.158$	R.I.$=0.580$
B_{43}	1/3	1	1	$W_{13}=0.187$	C.R.$=0.024<0.1$

准则层 B_1、B_2、B_3、B_4 的一致性比率 C.R.<0.1，都具有满意的一致性，因此其特征向量 W_{ij} 都可以作为指标对应权重 C_i。

由计算结果可以看出，乘客对 Z 市地铁服务众多的质量需求信息中，关键质量需求主要是：安检严格、温度适宜、信息传送准确、票价合理和每个站点的出入口有上下行电梯等。

2. 技术特性展开与关系矩阵（房间）

技术特性展开结果如表 3-8 所示。顾客需求与实现这一需求的技术需求的关系矩阵的

$R_{i\times j}$ 元素采用数字 0～9 来量化，"0"代表无相关性，"9"代表相关性最强，构建出来的关系矩阵就是质量屋的房间，如表 3-9 所示。

表 3-8 地铁服务技术特性展开

一层技术特性	二层技术特性	三层技术特性
地铁服务技术特性	地铁功能性	行驶稳定性
		操作智能化
		易于维修性
		座椅服务各种人群
		车站导向系统
	车站安全性	监控系统
		防水防火耐高温材料
	管理标准性	车票定价合理
		安检措施完备
		车站卫生标准
		车站布局合理
		购票渠道多样
		规章制度完善
		与银行等机构合作促销

表 3-9 顾客需求与技术特性关联矩阵（房间）

特性	顾客需求重要度 C_i	监控系统	操作智能化	行驶稳定性	车票定价合理	与银行等合作促销	购票渠道多样	车站导向系统	车站布局合理	规章制度完善	车站卫生标准	安检措施完备	座椅服务各种人群
安全性	0.494	7	5	2	0	0	0	0	0	1	1	1	0
经济性	0.276	0	0	0	7	5	3	0	0	0	2	0	3
便携性	0.157	0	4	1	1	0	0	7	4	5	0	3	1
舒适性	0.073	0	1	2	0	0	0	1	2	1	7	3	4

3. 竞争分析（右墙）

本案例中调研小组对 Z 市地铁服务质量进行调研，调研组成员对本企业以及本企业的竞争者进行打分，求得平均值 T_{ij} 之后将结果输入质量屋的右墙，并根据式(3-1)～式(3-3)分别计算出改进比例、绝对权重和相对权重。Z 市地铁服务质量的质量屋右墙如表 3-10 所示。

表 3-10 竞争分析（右墙）

特性	顾客需求重要度 C_i	监控系统	操作智能化	…	座椅服务人群 U_i	本市地铁	A市地铁	B市地铁	计划质量 T_i	改进比例 R_i	销售点 S_i	绝对权重 W_{ai}	相对权重 W_i
安全性	0.494	7	5	…	0	3	3	4	5	1.7	1.5	1.260	67.45%
经济性	0.276	0	0	…	3	4	3	4	4	1	1.2	0.331	17.72%
便携性	0.157	0	4	…	1	3	2	5	4	1.3	1.0	0.204	10.92%
舒适性	0.073	0	1	…	4	4	3	4	4	1	1.0	0.073	3.91%

4. 技术评估（地下室）

依旧选用打分制对本企业及本企业的竞争企业的服务特性要求以及本市的目标进行打分（5分制），求得平均值之后，把结果输入质量屋"地下室"。根据式(3-5)计算重要程度。服务质量的质量屋地下室如表3-11所示。

表3-11 服务质量特性评价（地下室）

特性	顾客需求权重	监控系统	操作智能化	行驶稳定性	车票定价合理	与银行等合作促销	购票渠道多样	车站导向系统	车站布局合理	规章制度完善	车站卫生标准	安检措施完备	座椅服务各种人群
安全性	0.494	7	5	2	0	0	0	0	0	1	1	1	0
经济性	0.276	0	0	0	7	5	3	0	0	0	2	0	3
便携性	0.157	0	4	1	1	0	0	7	4	5	0	3	1
舒适性	0.073	0	1	2	0	0	0	1	2	1	7	3	4
技术特性重要度 T_j		4.722	3.85	1.536	1.35	0.886	0.532	0.8	0.515	1.26	1.3	1.119	0.797
本企业 U		3	3	3	4	5	4	2	3	3	5	2	5
竞争企业 A		3	4	5	4	3	3	4	2	4	4	4	3
竞争企业 B		4	4	3	3	4	5	4	2	4	5	4	5
技术目标值		5	4	5	4	4	4	4	3	4	5	4	5

根据对 Z 市地铁服务质量特性的分析研究，以及其特性指标的重要度排序，从中可以明确得出服务质量改善的方向及重点。

本章小结

【知识图谱】

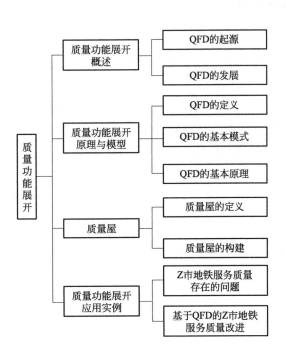

【基本概念】

质量功能展开　quality function deployment, QFD
质量屋　house of quality, HoQ

 学而思之

> 从1994年中国第一次接入互联网，到现在中国的网民规模达到6.68亿，互联网能够更快、更广泛地了解用户的个性化需求，所以在新一轮的科技革命和质量竞争中，互联网结合中国完整的工业体系和产业链条也许就是中国的优势所在。通过互联网平台可以看到每个用户的个性化定制，从而准确地分析顾客的需求。
>
> **思考**：顾客的需求是质量功能展开 QFD 的出发点，它使产品的全部研制活动与满足顾客的要求紧密联系，那么如何更准确、快捷地识别和确定顾客需求，并将顾客需求所反映转化为现实行动的呢？

本章习题

1. 什么是质量功能展开？你认为应如何理解质量功能展开的原理？
2. 质量功能展开包括哪些模式？
3. 一个完整的质量屋包含几部分？试说明各部分的作用和相互间的关系。
4. 质量屋应用的条件有哪些？有哪些局限性？
5. 简述质量屋的应用过程。

第四章
试验设计

学习目标

> 了解试验设计的实施过程

> 理解正交表的构造

> 掌握析因设计方法

> 掌握方差分析的实施过程

> 熟练应用 Minitab 进行试验设计和分析

导入案例

波音 757 整流罩装配过程质量改进

波音 757 罗尔斯-罗伊斯架构的发动机整流罩在装机过程中曾发生很高的拒收率。这是因为它与飞机其他部分的整流罩在组装过程中吻合的情况很差,主要表现在侧后方修整线与机翼的贴合,以及水平修整线与发动机的贴合上。整流罩的主要材料为铝合金,其后部包含一些金属钛。后部和水平修整线为手工加工而成。质量改进团队在解决问题时发现这两部分的质量指标在这种加工过程中出现了很大的波动。为此,他们决定采用试验设计方法来发现并改进问题。主要试验目标有:①找出在手工加工过程中造成质量指标过大波动的原因;②找出在修整线加工过程中的最优参数设定值。

质量改进团队分析发现,加工过程中造成质量指标过大波动的六个可能因素分别为刀具转速、切削深度、刀具直径、润滑、空气冷却、刀具材料,各因素的代码及水平设置见表 4-1。基于上述因素和水平设置,通过试验设计分析发现,刀具转速和切削深度是对质量指标有显著影响的因素,其他各个因素由于水平变化后对响应变量的影响很小,从而不足以被判定为重要因素;进一步分析得到的各因素最优设定结果为 $A_1B_2C_1D_1E_1F_1$。

表 4-1 整流罩试验过程变量的水平设置

因素代码	因素名称	水平 1	水平 2
A	刀具转速/(r/min)	1500	17000
B	刀具直径/in①	0.25	0.375
C	切削深度/in	0.020	0.125
D	刀具材料	钴合金	碳合金
E	润滑	无	有
F	空气冷却	无	有

① 1in=0.0254m。

将试验后重新设定的最佳因素水平得到的质量指标和改进前按基准值设定得到的质量指标进行比较,结果显示应用试验结果可使平均目标偏差由优化前的 0.02in 降低到 0.005in,即平均目标偏差得到大幅降低。

第一节　试验设计概述

试验设计自英国统计学家 R. A. Fisher 于 20 世纪 20 年代提出并在农业领域取得良好应用效果后，经过多年发展，现已广泛应用于工业、农业、医学等领域，成为自然科学研究方法论领域的一个分支学科。在质量工程领域，试验设计是减小和控制波动、提高产品和服务质量的最有效方法之一，是质量研究和工程技术人员必须掌握的技术方法。

一、试验设计的基本内涵

1. 试验设计的定义

试验设计是指提高收集和分析信息效率的一系列方法和技术。它是研究如何合理地安排试验，有效地获得试验数据，然后对试验数据进行综合的科学分析，以尽快达到试验目的的过程。因此，完整意义上的试验设计，实质上是试验的最优化设计。在质量工程的技术体系中，试验设计与其他质量改进工具的显著区别在于，它能够通过设计的试验主动改变过程的运行状态，从而发现影响过程质量因素的关键变量，并找出这些关键变量的最优设定值。

质量设计的思想源于试验设计。因此，把试验设计引入产品的质量设计阶段，是避免产品出现质量问题的最好方法。此外，试验设计也能被用于产品的制造过程，但对于一个糟糕的产品设计方案来说，无论多少制造过程中的质量改进措施都不能弥补它。甚至可以说，所有类型的产品都能从试验设计的质量改进工作中得到好处，甚至对于仅靠组装其他工厂生产零件的公司来说，也能通过试验来改变不同的组装方案和顺序来提高自身产品的质量。

2. 试验设计的适用场合

在质量管理工作中，很多情况都能从试验设计的工作中受益。下面仅列举一些使用试验设计最频繁和重要的情况。

① 需要找出过程中的关键质量特性。对于一个特定的过程或零部件，有时仅靠工程师或制造者经验就能容易地找到关键质量特性。但在大多数情况下，一般很难准确说清楚过程的哪些质量特性或因素对产品的形状、装配、功能或整个生命周期具有关键作用。此时可应用试验设计方法来寻找关键质量特性。不仅如此，试验设计也是优化关键质量特性的最好工具。

② 需要找出过程的稳健区域。由于稳健区域对过程中材料、零部件或环境的变化不敏感，因此它们对于增强过程的稳定性、降低加工制造成本具有重要作用。但是，稳健区域的识别并不是一个简单的过程，往往需要借助试验设计方法来确定。

③ 存在变量交互作用的复杂过程。在具有多变量且变量间具有交互作用的复杂过程，如果没有试验设计的帮助，想在大量的过程变量中找出并理顺它们的各种交互作用关系将会是一个非常困难和耗时的过程。

④ 需要放宽公差的情况。有时候，零部件特定的公差要求非常严格，远远超出了它们在实际使用中的要求，导致设计和加工制造成本大幅增加。此时可利用试验设计方法找出哪些情况下这些公差限制可以放宽，并且放宽后不会影响实际性能的需要。

二、试验设计中的基本术语

1. 响应变量（response variable）或试验指标（experimental index）

为衡量试验结果的好坏或处理效应的高低，在试验中具体测定的性状或观测的项目称为试验指标。由于试验目的不同，选择的试验指标也不相同。常用的试验指标有：日增重、产蛋率、生产率、某些生理生化和体型指标（如血糖含量、体高、体重）等。

2. 过程变量（process variable）或试验因素（experimental factor）

试验中所研究的影响试验指标的因素称为试验因素。当试验中考察的因素只有一个时，称为单因素试验；若同时研究两个或两个以上的因素对试验指标的影响时，则称为两因素或多因素试验。试验因素常用大写字母 A、B、C…表示。

3. 因素水平（level of factor）

试验因素所处的某种特定状态或数量等级称为因素水平，简称水平。因素水平用代表该因素的字母加添下角标 1、2…来表示，例如 A_1、A_2…，B_1、B_2…。

4. 轮次（run）或试验处理（treatment）

事先设计好的实施在试验单位上的具体项目称为轮次或试验处理。在单因素试验中，实施在试验单位上的具体项目就是试验因素的某一水平。进行单因素试验时，试验因素的一个水平就是一个处理。在多因素试验中，实施在试验单位上的具体项目是各因素的某一水平组合，试验因素的一个水平组合就是一个处理。

5. 试验单位（experimental unit）

在试验中能接受不同试验处理的独立的试验载体称为试验单位。试验单位往往也是观测数据的单位。

6. 重复（replication）

在试验中，将一个处理实施在两个或两个以上的试验单位上，称为处理有重复。一个处理实施的试验单位数称为处理的重复数。

若某试验设计方案如图 4-1 所示，则由图可知：整个试验有三个过程变量（试验因素或

轮次	过程变量			响应变量
	A	B	C	
1	1	1	1	6.5
2	2	1	1	6.1
3	1	2	1	5.2
4	2	2	1	3.7
5	1	1	2	9.3
6	2	1	2	5.5
7	1	2	2	8.3
8	2	2	2	10.7

低水平 → A列的1　　高水平 → B列的2　　输出 → C列的2

图 4-1　试验方案示例

输入），分别称作 A、B、C，对于每一个因素都把它分为了两个水平，分别称为高水平和低水平，例如，如果温度是试验因素，那么低水平可以是 100℃，高水平可以是 150℃，水平也可以用 −1 或 +1 来表示；该设计方案一共有 8 个轮次或处理，每个轮次或处理就是一个特定的因素水平的组合；每一个轮次或处理都有一个响应或输出，它是响应变量的度量，反映了对过程或产品感兴趣的一些质量特性，试验的目标就是找出试验的处理是如何影响响应变量的。因此，利用这种方法，可以发现对响应变量最有影响的过程变量及其最优处理组合。在本方案中，每个处理或轮次仅包括响应变量的一次测量，为了更好地估计每个处理的响应变量是如何变化的，通常会对一个试验进行多次重复。

三、试验设计的基本原则

为了确保试验过程和结果的科学性和合理性，试验设计过程一般应遵循以下四个基本原则。

1. 试验控制原则

试验控制原则包括试验人员主动地、系统地对过程变量进行控制，以及试验人员对非受控变化来源进行控制的工作。进行一个试验包括建立一个受控的环境，有组织地按照某种方式进行试验，以很高的概率来识别过程变量和响应变量之间的关系，并尽可能不让试验中未被考虑的因素对试验结果产生影响。有很多方法可以建立并保持试验的受控状态，这在后续内容中会提到。

2. 随机化原则

即使试验处于受控状态，但不是所有可能的外界影响因素都会被去除掉。试验人员可以用随机化试验顺序的方法来避免这些因素的影响。实际上，用来分析试验结果的统计工具已经假定试验的各个部分是随机化顺序了。通常随机化原则的第一个应用就是关于试验（或试验单元）中如何选择零部件或原材料。试验单元应当从正常生产的产品中随机选取。为了更好地使试验免受未知因素的干扰，试验的轮次或处理顺序也应该随机化。

3. 重复性原则

重复性原则是指每个轮次或处理应该测量两次或更多次。重复提供了对因素效应更加精确的估计，并且辅助了试验结果的分析。

4. 理解关系原则

最后，在试验中尽力去理解过程的关系，它包括过程变量之间的关系、响应变量之间的关系、过程变量和响应变量之间的关系。

四、过程试验的典型顺序

过程试验的典型顺序如图 4-2 所示，进行过程系列试验时可以参考这个顺序。

通常，试验团队首先应寻找并确定可能影响响应变量的过程变量。然后，对这些变量进行筛选试验，以识别出对于响应变量有重要影响的所有过程变量的集合。筛选试验之后，试验团队将会面对两类因素：重要因素和非重要因素。重要因素就是那些通过统计分析指出的对于响应变量有显著影响的因素。非重要因素是指那样的一些因素，即当它们的水平改变

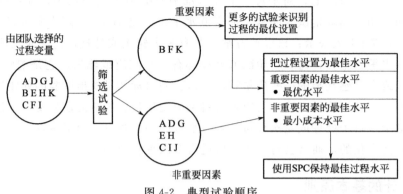

图 4-2 典型试验顺序

时,响应变量只有很少或根本就没有变化。重要因素将通过更多的试验进行进一步的研究,以找出其最优设定值。

接下来,进行试验设计并对试验结果进行分析,以确定过程的最佳水平设置。无论是重要因素还是非重要因素,都应分析确定其最佳水平设置。一般情况下,对于重要因素来说,最佳水平就是使过程达到最优性能的水平;对于非重要因素来说,最佳水平就是使过程达到最低成本的水平。一旦过程在其最佳水平上建立起来,就可以使用控制图进行过程监控,确保其最佳水平能一直保持下去。

需要特别说明的是,每个试验设计都是独一无二的,对于不适于采用图 4-2 的顺序进行的试验,可根据实际情况对图 4-2 进行调整或者重新安排。

第二节 试验的类型和方法

一、正交表

1. 正交的概念

正交来自于希腊语词根,意思是直角,就像通常所见的坐标轴,如平面直角坐标系中的 x 轴和 y 轴就是呈直角相交的,或称独立的,它们之间没有任何关系或关联。当 $x=0$ 时,y 可以是 y 轴上的任意常数,反之亦然。统计设计试验安排所有的因素水平组合满足正交性,这就使得试验者可以单独地评估每个过程变量相对于其他所有变量对于试验结果的影响。这是试验设计的最基本原理之一。正交性赋予了试验者强大的力量——所有因素都可以同时改变但每个因素都能独立地评估其效应。

 链接小知识

正交表知识的来源及应用发展

最初发现正交表方面知识的是一些对数字有强烈好奇心的修道士。这项技术一直静静地躺在这些修道士的笔记里,直到 20 世纪 50 年代才被广泛地重视,并用于统计测试设计。田口玄一是第一个支持把正交表运用到测试设计方面的人。几十年来，他的技术被称为田口方法，已经成为制造业中试验设计的中流砥柱。

2. 正交表举例

正交表是一个二维数字表格，它有一个有趣的特性：即选择表中任何两列成对组合的值的分布是平均分布。某两因素四轮次试验设计的表格（仅作为演示正交概念）如图 4-3 所示，A 轴和 B 轴的交点为因素 A 和因素 B 正常设定的水平，用 -1 表示低水平，用 $+1$ 表示高水平。正如所看见的那样，每一个轮次都同相邻的轮次呈直角（正交）。同样的关系对于任何数量（3 个或 3 个以上）的因素都是同样的，尽管它们很难用图形来表示。正是这种因素间的关系或结构导致了所谓的正交表。正交性的重要特征就是提供了对每个过程变量效应的独立估计。

轮次	过程变量	
	A	B
1	-1	-1
2	$+1$	-1
3	-1	$+1$
4	$+1$	$+1$

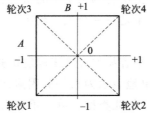

图 4-3　两因素正交表举例

3. 全析因设计用的正交表

数学上正式定义的正交性是指两个因素是正交的，即它们的内积之和为零。例如，AB 列的每一行为相应 A 列和 B 列每一行的乘积，AB 列各行之和为零说明因素 A 和因素 B 是正交的。不过，同样的性质也适用于其他各交互作用。

某全析因试验设计使用的正交表如表 4-2 所示。这是一个三因素八轮次的试验，此设计包括了所有可能的交互作用——三个两因素交互作用和一个三因素交互作用，其中 AB 项表示因素 A 和因素 B 的交互作用，其他的因素类似。

表 4-2　三因素正交表举例

轮次	主效应或过程变量			两因素交互效应			三因素交互效应
	A	B	C	AB	AC	BC	ABC
1	-1	-1	-1	$+1$	$+1$	$+1$	-1
2	$+1$	-1	-1	-1	-1	$+1$	$+1$
3	-1	$+1$	-1	-1	$+1$	-1	$+1$

续表

轮次	主效应或过程变量			两因素交互效应			三因素交互效应
	A	B	C	AB	AC	BC	ABC
4	+1	+1	−1	+1	−1	−1	−1
5	−1	−1	+1	+1	−1	−1	+1
6	+1	−1	+1	−1	+1	−1	−1
7	−1	+1	+1	−1	−1	+1	−1
8	+1	+1	+1	+1	+1	+1	+1
总和				0	0	0	0

二、两水平全析因试验设计

试验设计中有很多种试验类型，大多数试验仅使用所有试验类型中的一些子集就能够完成。在这些试验类型中，本书仅介绍两种试验方法：全析因试验和部分析因试验。在这两种试验中，每个因素的水平数量可以是任意多个。不过为了方便，本节中讨论两水平设计的情况。

1. 全析因方法

全析因试验设计的特征就是包括所有因素水平的组合。在这种设计中，每一个轮次或处理是不同因素水平的组合。响应变量是每一个试验轮次输出的测量结果。通常对于每个轮次至少会测量两次以上。

对于全析因试验来说，有一个很容易的方法来确定试验需要的所有轮次数量（对于单一重复数量），即轮次的数量可以简单地表示为水平的因素次方。例如，三因素试验需要 8 个轮次，四因素试验需要 16 个轮次，依此类推。单一重复数量的轮次数乘以试验重复的次数就得到所有试验的轮次数，如对于一个单重复四因素试验来说需要 16 个轮次，如果重复两次则需要 32 个轮次。

2. 全析因试验的轮次

为什么在本节中只讨论两水平设计？表 4-3 所示的内容会解释这个原因。这个表包括因素数量和水平数量两个轴，正如所看到的那样，即使是两个水平的设计，试验轮次也会随着因素数量的增长快速增加。对于三水平或更高的水平，这种增长速度更是快得惊人。表中阴影部分表示大多数工业生产过程中可行的试验轮次数量。这个区域的趋势是，随着水平数量的增长，因素的数量逐渐增大。因此，对于典型的筛选试验来说，通常都会包括很多数量的因素，所以两个水平的设计是最经济的。这样就使得试验可以不必经过大量且昂贵的试验轮次而很快地判断出重要的过程变量。一旦重要的过程变量找出来后，三水平或更高水平的试验就可以实施了。

表 4-3 全析因试验的轮次数量

因素的数量	水平的数量				
	2	3	4	5	6
2	4	9	16	25	36

续表

因素的数量	水平的数量				
	2	3	4	5	6
3	8	27	64	125	216
4	16	81	256	625	1296
5	32	243	1024	3125	7776
6	64	729	4096	15625	46656
7	128	2187	16384	78125	279936
8	256	6561	65536	390625	1679616
9	512	19683	262144	1953125	10077696
10	1024	59049	1048576	9765625	60466176

3. 全析因试验的性质

现在总结一下两水平全析因试验的性质。全析因设计满足正交性，这使得所有的主效应和交互效应都能够被独立地估计出对响应变量的影响，这是全析因试验的优点。

单次重复的全析因试验轮次数量为水平数的因素数次方，这是计算全析因试验轮次数的主要方法，也是全析因试验主要的缺点之一。随着因素数量的增长，轮次的数量会呈指数增长，事实上，对于大多数公司而言，进行超过六个因素以上的全析因试验来进行质量问题的改进是很不现实的事情。在进行设计方案选择时，能够决定设计方案总轮次数量的主要因素首先为每轮次的试验成本，其次是是否能够做到进行所有因素水平的组合。这两个因素对于试验方案的选择是相互矛盾的，它们会随着考察不同过程及其改进要求而进行平衡和权宜，一般会根据技术要求和管理要求达到一个最佳的平衡点。通常我们在过程质量的改进中会在力所能及的情况下尽力改进过程指标，但一般不苛求其完美。对于过程而言，把它们的优化程度从90%提高到95%所花费的成本要比从70%提高到75%所花费的成本多得多。

4. 全析因设计多因素增加的复杂性

当全析因试验设计的因素数量增长时，一同快速增长的不仅包括试验的轮次数量，还包括试验设计的复杂性。试验设计方案复杂性的增长如表4-4所示。在试验设计的数据分析中，有几种类型的因素效应能够被评估出来，其中的主效应是响应变量在因素从低水平变动到高水平时的效应，另外也包括两因素交互效应、三因素交互效应以及高阶的交互效应，这里的高阶交互效应是指四因素及其以上的交互效应。

表 4-4 全析因试验交互效应的数量

因素数量	主效应	两因素交互效应	三因素交互效应	四因素及其以上交互效应	效应总和
2	2	1	0	0	3
3	3	3	1	0	7
4	4	6	4	1	15

续表

因素数量	主效应	两因素交互效应	三因素交互效应	四因素及其以上交互效应	效应总和
5	5	10	10	6	31
6	6	15	20	22	63
7	7	21	35	64	127
8	8	28	56	163	255
9	9	36	84	382	511
10	10	45	120	848	1023

在选择试验设计的方案中，不同因素数量的每种交互效应的数量如表 4-4 所示。随着因素数量的增长，交互效应的数量也在增长。随着因素数量增长而导致的交互效应数量的增长并不是需要担心的重点，但是这样会导致进行试验及预测试验的复杂程度大大增加。通常情况下，高阶交互效应对于整个试验的效果来说影响是很小的。

5. 两水平全析因设计小结

全析因试验是非常有用的，它能够提供更多的信息来改进过程。如果面对的过程只有相对来说很少几个过程变量，那么全析因试验是非常可取的试验方案。当试验的因素数量变得越来越多时，试验的轮次数量就变得不那么可行了。

通常，试验小组会需要判别 10~20 个对响应变量可能产生影响的过程变量，他们是否必须进行成千上万次的试验轮次？或者是否有更有效的方法来解决这个问题呢？这就是下面要讨论的方法。

三、两水平部分析因试验设计

1. 部分析因方法

当试验的因素数量很多时，全析因试验方案因为轮次数量的快速增长而在实际应用中变得不太现实了。在这里介绍一种对于有大量因素的试验设计比较行之有效的设计方法，这种解决方案包括进行全析因试验设计，并选择其中的一个合适的子集或部分，使之依然保持正交性且能够评估大部分效应。

之所以说选择合适的子集，是因为对于全析因试验来说轮次众多，选取其中若干轮次子集的方案有很多种可能性，但这些子集大部分是不能够满足正交性的。能够通过检验任意轮次子集的内积来判断它们是否满足正交性，如果它们的内积和不为零，则在这种试验设计方案的子集选择中，效应的轮次之间不满足正交性。

顾名思义，部分析因设计的命名来源于从全析因设计方案中选择了其中的一部分轮次进行试验，这些轮次在保持了全析因试验设计方案大部分优点的情况下，大幅度减少了试验的轮次。下面看看部分析因试验的轮次是如何从全析因试验方案中选择出来的。

以一个三因素全析因试验为例来说明，如表 4-5 所示。从这个全析因试验方案中选择部分析因试验方案的方法是：挑选其中三因素交互效应值相同的轮次。例如，选第 2、3、5、8 轮次作为部分析因试验方案，则这种方案的两因素交互效应各列之和为零，即各列单因素之间满足正交性，如表中阴影部分所示。同样地，也可以选择剩余的轮次作为部分析因试验方案，它们具有和前者同样的性质。对于这个例子而言，如果把全析因试验的 8 个轮次比作立方体的 8 个顶点，那么会发现选择的部分析因试验方案是用最小的轮次数量得到了立方体最多的信息或效应，这就是部分析因试验设计最有力的效果。

表 4-5　三因素部分析因试验举例

轮次	主效应或过程变量			两因素交互效应			三因素交互效应
	A	B	C	AB	AC	BC	ABC
1	−1	−1	−1	+1	+1	+1	−1
2	+1	−1	−1	−1	−1	+1	+1
3	−1	+1	−1	−1	+1	−1	+1
4	+1	+1	−1	+1	−1	−1	−1
5	−1	−1	+1	+1	−1	−1	+1
6	+1	−1	+1	−1	+1	−1	−1
7	−1	+1	+1	−1	−1	+1	−1
8	+1	+1	+1	+1	+1	+1	+1
总和				0	0	0	0

因为本例中部分析因试验设计选择了 4 个轮次，正好是全析因试验设计 8 个轮次的一半，所以这种设计方案称为 1/2 部分设计。随着因素数量的增长，会产生更多的部分析因设计方案。从全析因试验设计中选择部分析因设计方案的方法称为设计产生器或生成元，本例中是选择 ABC 三因素交互效应，但在更大的设计方案中，设计产生器可能就是四因素交互效应或者不止需要一个设计产生器了。

上面已经演示了如何从全析因试验设计方案中选择部分析因试验设计方案，这使得试验者在评估所有效应的同时减少了一半试验的轮次，这种方法是否违反了"没有免费的午餐"这句话呢？答案是否定的，下面就来介绍使用部分析因试验所需的成本。

2. 选择 1/2 部分析因设计的影响

部分析因试验设计所带来成本的大量减少并不是没有任何代价的。使用部分析因试验设计可以导致两种结果，如表 4-6 所示。首先，就上例来说，因为选择了 ABC 三因素交互效应都是 +1 的轮次，这很显然，我们无法评估三因素交互效应对于响应变量的影响，这个结果对于无论选用哪种效应作为设计产生器都是同样的。其次，有一些效应产生了混叠或混淆，这意味着在评估这些效应对响应变量的影响时，它们变得不可分辨，或者说不能独立地评估它们对响应变量的影响。混叠效应使得对于试验结果的分析变得很困难，而且根据部分析因试验设计选择方案的不同，因素之间混叠的程度也不一样，这种不同的混叠程度会在下面讨论。能够断言的是，混叠效应大大减少了从试验中得到的有用信息，但在大多数时候，这种方法很值得去做，因为部分析因试验设计方案带来了难以置信的成本减少。

表 4-6　部分析因试验产生的影响

轮次	主效应或过程变量			两因素交互效应			三因素交互效应
	A	B	C	AB	AC	BC	ABC
2	+1	−1	−1	−1	−1	+1	+1
3	−1	+1	−1	−1	+1	−1	+1
5	−1	−1	+1	+1	−1	−1	+1
8	+1	+1	+1	+1	+1	+1	+1

注：$A=BC$(或 $A+BC$)、$B=AC$(或 $B+AC$)、$C=AB$(或 $C+AB$)。

特别需要指出的是，当某些效应的组合是有意安排时（如上例中从三因素全析因试验设计方案中选择部分析因试验设计方案），这种组合称为混叠（aliasing），但当这种组合是由于试验错误或其他原因产生的时候，则称为混淆（confounding）。很多试验者认为这两个概念是可以相互替换使用的，因为它们都是指的同一种现象。

3. 部分析因设计分解方案

大多数全析因试验设计方案可以有很多种部分析因设计方案，表 4-7 总结了工业生产中进行试验设计时最经常使用的典型分解方案特征，表中只包括了主效应、两因素交互效应和三因素交互效应。这三种分解方法被称为分解Ⅲ、分解Ⅳ和分解Ⅴ。表中×表示的意思是，从表中左边列选择感兴趣的因素，然后横着穿过每一列来查询次因素是否和其他因素产生混叠。例如，在分解Ⅲ中，主效应与两因素交互效应和三因素交互效应产生了混叠，两因素交互效应和其他任何效应都产生了混叠。$A+BD+CD$ 表示 A 主效应和 BD 与 CD 两因素交互效应产生混叠，由此可见部分析因试验设计分解Ⅲ的局限性是相当大的，所以分解Ⅲ仅用来进行筛选试验，它要求过程含有大量可能的影响因素并且试验目标为识别其中重要因素，所以在分解Ⅲ中只有主效应能够被独立地估计出来。

表 4-7　部分析因试验设计分解方案

分解Ⅲ			
项目	主效应	两因素交互效应	三因素交互效应
主效应		×	×
两因素交互效应	×	×	×
三因素交互效应	×	×	×
分解Ⅳ			
项目	主效应	两因素交互效应	三因素交互效应
主效应			×
两因素交互效应		×(some)	×
三因素交互效应	×	×	×
分解Ⅴ			
项目	主效应	两因素交互效应	三因素交互效应
主效应			×
两因素交互效应			×
三因素交互效应	×	×	×

分解Ⅳ是工业试验设计中使用得最广泛的一种设计方案。在这种设计方案中，主效应都能够被独立地估计出来，但一些两因素交互效应会产生混叠效应。要注意，在这里说的是"一些"，而不是"全部"的两因素交互效应都会产生混叠。使用分解Ⅳ方案会在试验轮次和成本方面有大量的减少，但因为一些两因素交互效应会产生混叠效应的事实，给我们在分析和预测试验结果方面带来了很大的困难。因为在选择部分析因试验设计方案时能够检验混叠的情况，所以可以确定自己选择的试验方案是否满足改进过程所需要的试验目标。通常情况下，如果进行过程质量改进的试验团队有很强的过程专业基础知识，那么团队中的专家会很确定哪些两因素交互效应是非重要的，这些专业知识能够给我们进行试验并降低试验成本带来巨大的好处，在后面会讨论这些方法。

分解Ⅴ也是十分有力的分解方案，但这种方案通常会比分解Ⅲ和分解Ⅳ需要更多的轮次和试验成本。在分解Ⅴ中，主效应没有和两因素交互效应产生混叠，并且两因素交互效应都能够被独立评估。这些设计是非常有用的，因为它们能够为大多数重要的效应提供不产生混叠的信息。三因素以及更高阶的交互效应一般是非重要的因素，因此在各种方案中失去评价它们的能力并不会对试验结果的分析产生多大的损失。

4. 部分析因设计评价

部分析因试验设计的主要优点是能够大量减少试验所需的轮次。举个例子，一个13因素的试验如果用全析因试验设计的方法，重复一次需要8192个轮次，但是如果这个13因素的试验能够选择一个符合分解Ⅳ的设计方案，一个重复仅需要32个轮次即可，或者说只需要原来全析因试验设计0.4%的轮次数量。假如每个轮次需要的材料和人力成本为250元，全析因设计需要花费2048000元，相对来说分解Ⅳ的部分析因设计只需要花费8000元。很明显，部分析因设计方法十分具有优越性。

部分析因设计的缺点正如前面所讨论的那样，主要缺点在于效应产生了混叠。另外一个缺点是一些三因素交互效应和更高阶的交互效应对于响应变量的影响不能评估了。总之，对于部分析因试验设计所具有的这些优点和缺点，我们应该如何取舍呢？为了正确地回答这个问题，需要讨论在选择使用部分析因试验设计时对我们的判断具有很大影响的三个实际情况。

5. 使部分析因试验设计变实用的三个实际情况

首先，部分析因试验设计的一个缺点就是为了从全析因试验设计中挑选出满足正交性的部分析因设计方案，不得不放弃对高阶交互效应的评价。在一些极少数的情况下，这是一个很严重的问题，例如，三因素交互效应一般在电镀过程中对结果都会产生影响。但是，对于大多数过程来说，三因素交互效应以及更高阶的交互效应很少会是重要因素，通常这些因素都会因为对于结果影响较小而忽略，事实上，解释高阶交互效应对于试验结果的影响非常困难。例如，三因素交互效应ABC可以解释为AB两因素交互效应在C因素处于两个不同水平时是有差别的。这种对于高阶交互作用解释的难度会随着四阶或更高阶交互作用的增加而增加。因此，试验者往往把注意力放在主效应和两因素交互效应上。

其次，对于部分析因试验设计而言，一些两因素交互作用可能会产生混叠效应。但是这也意味着还有一些两因素交互效应没有产生混叠，因此能够利用混叠结构提供的信息来确保能够研究感兴趣的两因素交互效应，也就是说，在进行试验之前，应该对哪些是我们感兴趣的交互效应具有一些基本的了解。事实上，我们应该能够很好地使用工程技术知识来判断和评估哪些因素之间可能产生显著的交互效应。有时候，在探索新的领域时，我们对于哪些因素可能产生交互效应会一无所知，这时就不能够很好地利用混叠结构设计的优点了。

相对于前面两种来说，最后一种情况是比较容易被忽视的，但是它能够经常辅助我们解释试验设计数据分析的结果。经常有这样的情况发生，一些包含在显著交互效应中的因素也是对结果有显著影响的主效应。按照这种情况，能够做一些大胆的假设和猜想，如估计在产生混叠的交互效应中哪些是对结果影响显著的交互效应。例如，假设考虑像 $AB+CD$ 这样产生混叠的交互效应，如果观察到 A 和 B 作为主效应来说是显著的，C 和 D 作为主效应是不显著的，那么就倾向于判断是 AB 交互效应项使得混叠效应变得显著。需要指出的是，在实际中使用这种方法必须十分小心，因为 $AB+CD$ 混叠效应是不可分割的，而且我们的判断也有可能是错误的，但是，如果观察已经判别的部分因素，并发现它们中的很多对响应变量有相同趋势的影响时，我们的估计也许会是正确的。

6. 两水平部分析因试验设计分解方案选择

表 4-8 使用了一种很方便的格式总结了最常用的部分析因设计方案。横轴表示因素数量，纵轴表示试验的轮次数量。使用一种标准的记法来描述部分析因设计方案。正如每个单元格所示的那样，2 表示水平的个数，因为这里仅讨论两水平析因设计，所以每个单元格中都是以 2 为基数。指数项表示因素的个数，为了得到不同分解方案试验的轮次数量，指数必须减去相应的数值。下角标表示这种试验设计方案的分解方法，包括前面没有提到的分解Ⅵ、分解Ⅶ和分解Ⅷ，这些分解方案包含没有产生混叠效应的更高阶的交互效应，就像分解Ⅴ一样，知道这些分解方案的两因素交互效应都是没有产生混叠的。对比相应因素数量的全析因设计方案，部分析因设计方案大大减少了试验轮次的数量。

表 4-8　部分析因试验设计分解方案选择

轮次数量	过程变量或因素数量							
	3	4	5	6	7	8	9	10
4	2^{3-1}_{III}							
8	全析因	2^{4-1}_{IV}	2^{5-2}_{III}	2^{6-3}_{III}	2^{7-4}_{III}			
16		全析因	2^{5-1}_{V}	2^{6-2}_{V}	2^{7-3}_{IV}	2^{8-4}_{IV}	2^{9-5}_{III}	2^{10-6}_{III}
32			全析因	2^{6-1}_{VI}	2^{7-2}_{IV} *15	2^{8-3}_{IV} *13	2^{9-4}_{IV} *8	2^{10-5}_{IV}
64				全析因	2^{7-1}_{VII}	2^{8-2}_{V}	2^{9-3}_{IV} *30	2^{10-4}_{IV} *33
128					全析因	2^{8-1}_{VIII}	2^{9-2}_{VI}	2^{10-3}_{V}

注：加 * 号的设计方案中不是所有的两因素交互作用都产生混叠，* 号后的数字代表未产生混叠的两因素交互作用数。

7. 部分析因试验选择策略

选择部分析因设计方案是需要平衡两个互相矛盾的目标的。一方面，试验团队需要尽可能多地了解过程的信息，这就需要找出更多的过程变量加以试验和分析；另一方面，他们又要尽可能地减少试验的成本，这意味着试验的轮次需要控制在一个可行的范围之内。最佳的策略是在可利用的资源范围之内选择最高的分解方案，同时，质量改进小组也需要不断地为避免感兴趣的交互效应产生混叠而努力。工程师和技术人员通常能够大致估计出哪些交互效应很有可能是重要的因素，哪些可能不是重要的，当然，有时候这些判断和估计会出现失误,所以要做好试验中可能会出现种种不可预测的情况的准备。

8. 设计选择指导方针

在选择试验设计方案的时候,不同的实际过程需要采用不同的分解方法。对于全析因设计来说,仅在因素数量很少时比较实用,如因素数量在2~5个时,包括主效应、两因素交互效应和三因素交互效应在内的所有交互效应都能够被很好地评估出来,所以常常用在过程的优化试验中。对于分解Ⅴ来说,所有的两因素交互效应都能很好地评估,所以也会被用在过程的优化试验中,但因素数量通常为5~10个合适。对于分解Ⅳ来说,如果因素数量为6~16个,那么可以用来进行筛选试验,不过,其中一些两因素交互效应就会产生混叠。对于分解Ⅲ来说,因为所有的两因素交互效应都会产生混叠,所以只有主效应能够被独立地评估,这种分解方案通常用在筛选试验之中,过程因素的数量可以多于15个。

第三节 试验数据的方差分析

通常,数理统计中介绍的 t 检验法适用于样本平均数与总体平均数或两样本平均数间的差异显著性检验,但在生产和科学研究中经常会遇到三个或以上平均数间的差异显著性检验。这时,若仍采用 t 检验法就不适宜了。这是因为:

① 检验过程繁琐。例如,一试验包含5个处理,采用 t 检验法要进行 $C_5^2=10$ 次两两平均数的差异显著性检验;若有 k 个处理,则要作 $k(k-1)/2$ 次类似的检验。

② 无统一的试验误差,误差估计的精确性和检验的灵敏性低。对同一试验的多个处理进行比较时,应该有一个统一的试验误差的估计值。若用 t 检验法作两两比较,由于每次比较需计算一个 $S_{\bar{x}_1-\bar{x}_2}$,故使得各次比较误差的估计值不统一,同时没有充分利用资料所提供的信息而使误差估计的精确性降低,从而降低检验的灵敏性。例如,试验有5个处理,每个处理重复6次,共有30个观测值。进行 t 检验时,每次只能利用两个处理共12个观测值估计试验误差,误差自由度为 $2\times(6-1)=10$;若利用整个试验的30个观测值估计试验误差,显然估计的精确性高,且误差自由度为 $5\times(6-1)=25$。可见,在用 t 检验法进行检验时,由于估计误差的精确性低,误差自由度小,使检验的灵敏性降低,容易掩盖差异的显著性。

③ 推断的可靠性低,检验的Ⅰ型错误率大。即使利用资料所提供的全部信息估计了试验误差,若用 t 检验法进行多个处理平均数间的差异显著性检验,由于没有考虑相互比较的两个平均数的秩次问题,因而会增大犯Ⅰ型错误的概率,降低推断的可靠性。

基于上述原因,多个平均数的差异显著性检验不宜用 t 检验法,须采用方差分析法。方差分析有很多类型,无论简单与否,其基本原理与步骤是相同的。本节将结合单因素试验过程和第二章的方差分析理论,介绍试验数据方差分析的基本原理与步骤。

一、线性模型与基本假定

假设某单因素试验有 k 个轮次,每个轮次有 n 次重复,共有 nk 个观测值。这类试验资料的数据模式如表4-9所示。

表 4-9 k 个轮次且每个轮次有 n 个观测值的数据模式

轮次	观 测 值						合计 $x_{i.}$	平均 $\bar{x}_{i.}$
A_1	x_{11}	x_{12}	...	x_{1j}	...	x_{1n}	$x_{1.}$	$\bar{x}_{1.}$
A_2	x_{21}	x_{22}	...	x_{2j}	...	x_{2n}	$x_{2.}$	$\bar{x}_{2.}$
...	...	...	...	...	...	...	...	...
A_i	x_{i1}	x_{i2}	...	x_{ij}	...	x_{in}	$x_{i.}$	$\bar{x}_{i.}$
...	...	...	...	...	...	...	...	...
A_k	x_{k1}	x_{k2}	...	x_{kj}	...	x_{kn}	$x_{k.}$	$\bar{x}_{k.}$
合计							$x_{..}$	$\bar{x}_{..}$

表 4-9 中 x_{ij} 表示第 i 个轮次的第 j 个观测值（$i=1,2,\cdots,k$；$j=1,2,\cdots,n$）；$x_{i.}=\sum_{j=1}^{n}x_{ij}$ 表示第 i 个轮次 n 个观测值的和；$x_{..}=\sum_{i=1}^{k}\sum_{j=1}^{n}x_{ij}=\sum_{i=1}^{k}x_{i.}$ 表示全部观测值的总和；$\bar{x}_{i.}=\sum_{j=1}^{n}x_{ij}/n=x_{i.}/n$ 表示第 i 个轮次的平均数；$\bar{x}_{..}=\sum_{i=1}^{k}\sum_{j=1}^{n}x_{ij}/(kn)=x_{..}/(kn)$ 表示全部观测值的总平均数；x_{ij} 可以分解为

$$x_{ij}=\mu_i+\varepsilon_{ij} \tag{4-1}$$

μ_i 表示第 i 个轮次观测值总体的平均数。为了看出各轮次的影响大小，将 μ_i 再进行分解，令

$$\mu=\frac{1}{k}\sum_{i=1}^{k}\mu_i \tag{4-2}$$

$$\alpha_i=\mu_i-\mu \tag{4-3}$$

则

$$x_{ij}=\mu+\alpha_i+\varepsilon_{ij} \tag{4-4}$$

其中，μ 表示全试验观测值总体的平均数；α_i 是第 i 个轮次的效应（treatment effects），表示轮次 i 对试验结果产生的影响。显然有

$$\sum_{i=1}^{k}\alpha_i=0 \tag{4-5}$$

ε_{ij} 是试验误差，相互独立，且服从正态分布 $N(0,\sigma^2)$。

式(4-4) 称为单因素试验的线性模型（linear model），亦称数学模型。在这个模型中 x_{ij} 表示为总平均数 μ、轮次效应 α_i、试验误差 ε_{ij} 之和。由 ε_{ij} 相互独立且服从正态分布 $N(0,\sigma^2)$，可知各轮次 $A_i(i=1,2,\cdots,k)$ 所属总体亦应具正态性，即服从正态分布 $N(\mu_i,\sigma^2)$。尽管各总体的平均数 μ_i 可以不等或相等，但 σ^2 必须是相等的。所以，单因素试验的数学模型可归纳为：效应的可加性（additivity）、分布的正态性（normality）、方差的同质性（homogeneity）。这也是进行其他类型方差分析的前提或基本假定。

若将表 4-9 中的观测值 $x_{ij}(i=1,2,\cdots,k;j=1,2,\cdots,n)$ 的数据结构（模型）用样本符号来表示，则

$$x_{ij}=\bar{x}_{..}+(\bar{x}_{i.}-\bar{x}_{..})+(x_{ij}-\bar{x}_{i.})=\bar{x}_{..}+t_i+e_{ij} \tag{4-6}$$

与式(4-4) 比较可知，$\bar{x}_{..}$、$(\bar{x}_{i.}-\bar{x}_{..})=t_i$、$(x_{ij}-\bar{x}_{i.})=e_{ij}$ 分别是 μ、$(\mu_i-\mu)=\alpha_i$、$(x_{ij}-\mu_i)=\varepsilon_{ij}$ 的估计值。

由式(4-4)和式(4-6)可知，每个观测值都包含轮次效应（$\mu_i - \mu$ 或 $\overline{x}_{i.} - \overline{x}_{..}$）与误差（$x_{ij} - \mu_i$ 或 $x_{ij} - \overline{x}_{i.}$），故 kn 个观测值的总变异可分解为轮次间的变异和轮次内的变异两部分。

二、平方和与自由度的剖分

方差与标准差都可以用来度量样本的变异程度。因为方差在统计分析上有许多优点，而且不用开方，所以在方差分析中是用样本方差即均方（mean squares）来度量资料的变异程度的。表 4-9 中全部观测值的总变异可以用总均方来度量。将总变异分解为轮次间变异和轮次内变异，就是要将总均方分解为轮次间均方和轮次内均方。但这种分解是通过将总均方的分子——总离均差平方和（简称为总平方和）剖分成轮次间平方和与轮次内平方和两部分；将总均方的分母——总自由度，剖分成轮次间自由度与轮次内自由度两部分来实现的。

1. 总平方和的剖分

在表 4-9 中，反映全部观测值总变异的总平方和是各观测值 x_{ij} 与总平均数 $\overline{x}_{..}$ 的离均差平方和，记为 SS_T。即

$$SS_T = \sum_{i=1}^{k} \sum_{j=1}^{n} (x_{ij} - \overline{x}_{..})^2$$

因为：

$$\sum_{i=1}^{k} \sum_{j=1}^{n} (x_{ij} - \overline{x}_{..})^2 = \sum_{i=1}^{k} \sum_{j=1}^{n} [(\overline{x}_{i.} - \overline{x}_{..}) + (x_{ij} - \overline{x}_{i.})]^2$$

$$= \sum_{i=1}^{k} \sum_{j=1}^{n} [(\overline{x}_{i.} - \overline{x}_{..})^2 + 2(\overline{x}_{i.} - \overline{x}_{..})(x_{ij} - \overline{x}_{i.}) + (x_{ij} - \overline{x}_{i.})^2]$$

$$= n \sum_{i=1}^{k} (\overline{x}_{i.} - \overline{x}_{..})^2 + 2 \sum_{i=1}^{k} [(\overline{x}_{i.} - \overline{x}_{..}) \sum_{j=1}^{n} (x_{ij} - \overline{x}_{i.})] + \sum_{i=1}^{k} \sum_{j=1}^{n} (x_{ij} - \overline{x}_{i.})^2$$

其中

$$\sum_{j=1}^{n} (x_{ij} - \overline{x}_{i.}) = 0$$

所以

$$\sum_{i=1}^{k} \sum_{j=1}^{n} (x_{ij} - \overline{x}_{..})^2 = n \sum_{i=1}^{k} (\overline{x}_{i.} - \overline{x}_{..})^2 + \sum_{i=1}^{k} \sum_{j=1}^{n} (x_{ij} - \overline{x}_{i.})^2 \tag{4-7}$$

式(4-7)中，$n \sum_{i=1}^{k} (\overline{x}_{i.} - \overline{x}_{..})^2$ 为各轮次平均数 $\overline{x}_{i.}$ 与总平均数 $\overline{x}_{..}$ 的离均差平方和与重复数 n 的乘积，反映了重复 n 次的轮次间变异，称为轮次间平方和，记为 SS_t，即

$$SS_t = n \sum_{i=1}^{k} (\overline{x}_{i.} - \overline{x}_{..})^2$$

式(4-7)中，$\sum_{i=1}^{k} \sum_{j=1}^{n} (x_{ij} - \overline{x}_{i.})^2$ 为各轮次内离均差平方和之和，反映了各轮次内的变异即误差，称为轮次内平方和或误差平方和，记为 SS_e，即

$$SS_e = \sum_{i=1}^{k}\sum_{j=1}^{n}(x_{ij}-\overline{x}_{i.})^2$$

于是有

$$SS_T = SS_t + SS_e \tag{4-8}$$

式(4-7)和式(4-8)是单因素试验结果总平方和、轮次间平方和、轮次内平方和的关系式。这个关系式中三种平方和的简便计算公式为

$$\begin{aligned}SS_T &= \sum_{i=1}^{k}\sum_{j=1}^{n}x_{ij}^2 - C \\ SS_t &= \frac{1}{n}\sum_{i=1}^{k}x_{i.}^2 - C \\ SS_e &= SS_T - SS_t\end{aligned} \tag{4-9}$$

其中，$C = x_{..}^2/(kn)$ 为矫正数。

2. 总自由度的剖分

在计算总平方和时，资料中的各个观测值要受 $\sum_{i=1}^{k}\sum_{j=1}^{n}(x_{ij}-\overline{x}_{..})=0$ 这一条件的约束，故总自由度等于资料中观测值的总个数减1，即 $kn-1$。总自由度记为 df_T，即 $df_T = kn-1$。

在计算轮次间平方和时，各轮次平均数 $\overline{x}_{i.}$ 要受 $\sum_{i=1}^{k}(\overline{x}_{i.}-\overline{x}_{..})=0$ 这一条件的约束，故轮次间自由度为轮次数减1，即 $k-1$。轮次间自由度记为 df_t，即 $df_t = k-1$。

在计算轮次内平方和时，要受 k 个条件的约束，即 $\sum_{j=1}^{n}(x_{ij}-\overline{x}_{i.})=0(i=1,2,\cdots,k)$。故轮次内自由度为资料中观测值的总个数减 k，即 $kn-k$。轮次内自由度记为 df_e，即 $df_e = kn-k = k(n-1)$。

因为

$$nk-1 = (k-1)+(nk-k) = (k-1)+k(n-1)$$

所以

$$df_T = df_t + df_e \tag{4-10}$$

综合以上各式得

$$\begin{aligned}df_T &= kn-1 \\ df_t &= k-1 \\ df_e &= df_T - df_t\end{aligned} \tag{4-11}$$

各部分平方和除以各自的自由度便得到总均方、轮次间均方和轮次内均方，分别记为 MS_T（或 S_T^2）、MS_t（或 S_t^2）和 MS_e（或 S_e^2），即

$$MS_T = S_T^2 = SS_T/df_T \quad MS_t = S_t^2 = SS_t/df_t \quad MS_e = S_e^2 = SS_e/df_e \tag{4-12}$$

总均方一般不等于轮次间均方加轮次内均方。

【例 4-1】 为了比较不同配方的添加剂对材料抗拉强度的影响，分别把不同配方的添加剂分成四组，每组做5次试验，测得各组材料的抗拉强度结果如表4-10所示。

表 4-10 不同添加剂下材料的抗拉强度   单位：kgf（1kgf=9.8N）

添加剂	抗拉强度(x_{ij})					合计 $x_i.$	平均 $\bar{x}_{i.}$
A_1	31.9	27.9	31.8	28.4	35.9	155.9	31.18
A_2	24.8	25.7	26.8	27.9	26.2	131.4	26.28
A_3	22.1	23.6	27.3	24.9	25.8	123.7	24.74
A_4	27.0	30.8	29.0	24.5	28.5	139.8	25.96
合计						550.8	

解： 这是一个单因素试验，轮次数 $k=4$，重复数 $n=5$。各项平方和及自由度计算如下：

矫正数 $C = x_{..}^2/(nk) = 550.8^2/(4\times 5) = 15169.03$

总平方和 $SS_T = \sum_{i=1}^{k}\sum_{j=1}^{n} x_{ij}^2 - C = 31.9^2 + 27.9^2 + \cdots + 28.5^2 - 15169.03$
$= 15368.7 - 15169.03 = 199.67$

轮次间平方和 $SS_t = \dfrac{1}{n}\sum_{i=1}^{k} x_{i.}^2 - C = \dfrac{1}{5}(155.9^2 + 131.4^2 + 123.7^2 + 139.8^2) - 15169.03$
$= 15283.3 - 15169.03 = 114.27$

轮次内平方和 $SS_e = SS_T - SS_t = 199.67 - 114.27 = 85.40$

总自由度 $df_T = nk - 1 = 5\times 4 - 1 = 19$

轮次间自由度 $df_t = k - 1 = 4 - 1 = 3$

轮次内自由度 $df_e = df_T - df_t = 19 - 3 = 16$

用 SS_t、SS_e 分别除以 df_t 和 df_e 便得到轮次间均方 MS_t 及轮次内均方 MS_e 为：

$MS_t = SS_t/df_t = 114.27/3 = 38.09$

$MS_e = SS_e/df_e = 85.40/16 = 5.34$

因为方差分析中不涉及总均方的数值，所以不必计算。

三、期望均方

如前所述，方差分析的一个基本假定是要求各轮次观测值总体的方差相等，即 $\sigma_1^2 = \sigma_2^2 = \cdots = \sigma_k^2 = \sigma^2$，$\sigma_i^2$（$i=1, 2, \cdots, k$）表示第 i 个轮次观测值总体的方差。如果所分析的资料满足这个方差同质性的要求，那么各轮次的样本方差 S_1^2、S_2^2、$\cdots$、S_k^2 都是 σ^2 的无偏估计（unbiased estimate）量。S_i^2（$i=1, 2, \cdots, k$）是由试验资料中第 i 个轮次的 n 个观测值计算得出的方差。

显然，各 S_i^2 的合并方差 S_e^2（以各轮次内的自由度 $n-1$ 为权的加权平均数）也是 σ^2 的无偏估计量，且估计的精确度更高。很容易推证轮次内均方 MS_e 就是各 S_i^2 的合并。

$$MS_e = \dfrac{SS_e}{df_e} = \dfrac{\sum_{i=1}^{k}\sum_{j=1}^{n}(x_{ij} - \bar{x}_{i.})^2}{k(n-1)} = \dfrac{\sum_{i=1}^{k} SS_i}{k(n-1)} = \dfrac{SS_1 + SS_2 + \cdots + SS_k}{df_1 + df_2 + \cdots + df_k}$$

$$= \dfrac{df_1 S_1^2 + df_2 S_2^2 + \cdots + df_k S_k^2}{df_1 + df_2 + \cdots + df_k} = S_e^2 \xrightarrow{\text{估计}} \sigma^2$$

其中，SS_i、df_i（$i=1,2,\cdots,k$）分别表示由试验资料中第 i 个轮次的 n 个观测值算得的平方和与自由度。这就是说，轮次内均方 MS_e 是误差方差 σ^2 的无偏估计量。

试验中各轮次所属总体的本质差异体现在轮次效应 α_i 的差异上。

把 $\sum_{i=1}^{k}\alpha_i^2/(k-1)=\sum_{i=1}^{k}(\mu_i-\mu)^2/(k-1)$ 称为效应方差，它也反映了各轮次观测值总体平均数 μ_i 的变异程度，记为 σ_α^2。

$$\sigma_\alpha^2=\frac{\sum_{i=1}^{k}\alpha_i^2}{k-1} \tag{4-13}$$

因为各 μ_i 未知，所以无法求得 σ_α^2 的确切值，只能通过试验结果中各轮次平均数的差异去估计。然而，$\sum_{i=1}^{k}(\overline{x}_{i.}-\overline{x}_{..})^2/(k-1)$ 并非 σ_α^2 的无偏估计量。这是因为轮次观测值的平均数间的差异实际上包含了两方面的内容：一是各轮次本质上的差异即 α_i（或 μ_i）间的差异，二是本身的抽样误差。统计学上已经证明，$\sum_{i=1}^{k}(\overline{x}_{i.}-\overline{x}_{..})^2/(k-1)$ 是 $\sigma_\alpha^2+\sigma^2/n$ 的无偏估计量。因而，前面所计算的轮次间均方 MS_t 实际上是 $n\sigma_\alpha^2+\sigma^2$ 的无偏估计量。

因为 MS_e 是 σ^2 的无偏估计量，MS_t 是 $n\sigma_\alpha^2+\sigma^2$ 的无偏估计量，所以 σ^2 为 MS_e 的数学期望（mathematical expectation），$n\sigma_\alpha^2+\sigma^2$ 为 MS_t 的数学期望。又因为它们是均方的期望值（expected value），故又称期望均方，简记为 EMS（expected mean squares）。

当轮次效应的方差 $\sigma_\alpha^2=0$，亦即各轮次观测值总体平均数 μ_i（$i=1,2,\cdots,k$）相等时，轮次间均方 MS_t 与轮次内均方 MS_e 一样，也是误差方差 σ^2 的估计值，方差分析就是通过 MS_t 与 MS_e 的比较来推断 σ_α^2 是否为零即 μ_i 是否相等的。

四、结果检验

1. F 分布

设想做这样的抽样试验，即在一正态总体 $N(\mu,\sigma^2)$ 中随机抽取样本含量为 n 的样本 k 个，将各样本观测值整理成表 4-9 的形式。此时所谓的各轮次没有真实差异，各轮次只是随机分的组。因此，由式（4-12）计算出的 S_t^2 和 S_e^2 都是误差方差 σ^2 的估计量。以 S_e^2 为分母，S_t^2 为分子，求其比值。由第二章的 F 分布原理可知，这两个均方的比值为 F 值。即

$$F=S_t^2/S_e^2 \tag{4-14}$$

F 具有两个自由度：$df_1=df_t=k-1$，$df_2=df_e=k(n-1)$。

若在给定的 k 和 n 的条件下，继续从该总体进行一系列抽样，则可获得一系列的 F 值。这些 F 值所具有的概率分布称为 F 分布（F distribution）。F 分布密度曲线是随自由度 df_1、df_2 的变化而变化的一簇偏态曲线，其形态随着 df_1、df_2 的增大逐渐趋于对称，如图 4-4 所示。

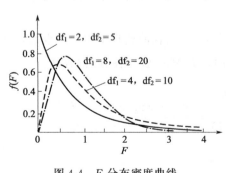

图 4-4 F 分布密度曲线

F 分布的取值范围是 $(0, +\infty)$，其平均值 $\mu_F = 1$。

用 $f(F)$ 表示 F 分布的概率密度函数，则其分布函数 $F(F_\alpha)$ 为

$$F(F_\alpha) = P(F < F_\alpha) = \int_0^{F_\alpha} f(F) dF \tag{4-15}$$

因而，F 分布右尾从 F_α 到 $+\infty$ 的概率为

$$P(F \geqslant F_\alpha) = 1 - F(F_\alpha) = \int_{F_\alpha}^{+\infty} f(F) dF \tag{4-16}$$

F 值表列出的是不同 df_1 和 df_2 下，$P(F \geqslant F_\alpha) = 0.05$ 和 $P(F \geqslant F_\alpha) = 0.01$ 时的 F 值，即右尾概率 $\alpha = 0.05$ 和 $\alpha = 0.01$ 时的临界 F 值，一般记作 $F_{0.05(df_1, df_2)}$，$F_{0.01(df_1, df_2)}$。如查 F 值表，当 $df_1 = 3$，$df_2 = 18$ 时，$F_{0.05(3,18)} = 3.16$，$F_{0.01(3,18)} = 5.09$，表示如以 $df_1 = df_t = 3$，$df_2 = df_e = 18$ 在同一正态总体中连续抽样，则所得 F 值大于 3.16 的仅为 5%，而大于 5.09 的仅为 1%。

2. F 检验

F 分布表是专门为检验 S_t^2 代表的总体方差是否比 S_e^2 代表的总体方差大而设计的。若实际计算的 F 值大于 $F_{0.05(df_1, df_2)}$，则 F 值在 $\alpha = 0.05$ 的水平上显著，以 95% 的可靠性（即冒 5% 的风险）推断 S_t^2 代表的总体方差大于 S_e^2 代表的总体方差。这种用 F 值出现概率的大小推断两个总体方差是否相等的方法，称为 F 检验（F-test）。

在方差分析中所进行的 F 检验，其目的在于推断轮次间的差异是否存在，检验某项变异因素的效应方差是否为零。因此，在计算 F 值时总是以被检验因素的均方作分子，以误差均方作分母。应当注意，分母项的正确选择是由方差分析的模型和各项变异原因的期望均方决定的。

在单因素试验结果的方差分析中，无效假设为 $H_0: \mu_1 = \mu_2 = \cdots = \mu_k$，备择假设为 H_A：各 μ_i 不全相等，或 $H_0: \sigma_\alpha^2 = 0$，$H_A: \sigma_\alpha^2 \neq 0$；$F = MS_t / MS_e$，也就是要判断轮次间均方是否显著大于轮次内（误差）均方。如果结论是肯定的，将否定 H_0；反之，不否定 H_0。反过来理解：如果 H_0 是正确的，那么 MS_t 与 MS_e 都是总体误差 σ^2 的估计值，理论上讲 F 值等于 1；如果 H_0 是不正确的，那么 MS_t 的期望均方中的 σ_α^2 就不等于零，理论上讲 F 值就必大于 1。但是由于抽样的原因，即使 H_0 正确，F 值也会出现大于 1 的情况。所以，只有 F 值大于 1 达到一定程度时，才有理由否定 H_0。

实际进行 F 检验时，是将由试验资料所算得的 F 值与根据 $df_1 = df_t$（大均方，即分子均方的自由度）、$df_2 = df_e$（小均方，即分母均方的自由度）查 F 分布表所得的临界 F 值 $F_{0.05(df_1, df_2)}$、$F_{0.01(df_1, df_2)}$ 相比较作出统计推断的。

若 $F < F_{0.05(df_1, df_2)}$，即 $P > 0.05$，不能否定 H_0，统计学上把这一检验结果表述为：各轮次间差异不显著，在 F 值的右上方标记 "ns"，或不标记符号；若 $F_{0.05(df_1, df_2)} \leqslant F < F_{0.01(df_1, df_2)}$，即 $0.01 < P \leqslant 0.05$，否定 H_0，接受 H_A，统计学上把这一检验结果表述为：各轮次间差异显著，在 F 值的右上方标记 "*"；若 $F \geqslant F_{0.01(df_1, df_2)}$，即 $P \leqslant 0.01$，否定 H_0，接受 H_A，统计学上把这一检验结果表述为：各轮次间差异极显著，在 F 值的右上方标记 "**"。

对于例 4-1，因为 $F = MS_t / MS_e = 38.09/5.34 = 7.13$；根据 $df_1 = df_t = 3$，$df_2 = df_e = 16$ 查 F 值表，得 $F > F_{0.01(3,16)} = 5.29$，$P < 0.01$，表明四种不同添加剂对材料抗拉强度的影响效果差异极显著，用不同的添加剂得到的影响是不同的。

在方差分析中，通常将变异来源、平方和、自由度、均方和 F 值归纳成一张方差分析表，如表 4-11 所示为例 4-1 的方差分析表。

表 4-11 方差分析表

变异来源	平方和	自由度	均方	F 值
轮次间	114.27	3	38.09	7.13**
轮次内	85.40	16	5.34	
总变异	199.67	19		

表 4-11 中的 F 值应与相应的被检验因素齐行。因为经 F 检验差异极显著，故在 F 值 7.13 右上方标记"**"。

在实际进行方差分析时，只需计算出各项平方和与自由度，各项均方的计算及 F 值检验可在方差分析表上进行。

第四节 单因素和两因素试验的方差分析

在方差分析中，根据所研究试验因素的多少，可分为单因素、两因素和多因素试验的方差分析。单因素试验的方差分析是其中最简单的一种，目的在于正确判断该试验因素各水平的优劣。

一、单因素试验的方差分析

【例 4-2】 抽测五种不同生产工艺的若干只灯泡的寿命，结果见表 4-12，试检验不同生产工艺的灯泡寿命差异是否显著。

表 4-12 五种不同工艺灯泡的寿命

工艺	观察值 x_{ij}/kh					$x_{i.}$	$\overline{x}_{i.}$
1	8	13	12	9	9	51	10.2
2	7	8	10	9	7	41	8.2
3	13	14	10	11	12	60	12
4	13	9	8	8	10	48	9.6
5	12	11	15	14	13	65	13
合计						$x_{..}=265$	

解： 这是一个单因素试验，$k=5$，$n=5$。现对此试验结果进行方差分析如下：

① 计算各项平方和与自由度。

计算结果为：

$$C = x_{..}^2/(kn) = 265^2/(5 \times 5) = 2809.00$$

$$SS_T = \sum_{i=1}^{k} \sum_{j=1}^{n} x_{ij}^2 - C = (8^2 + 13^2 + \cdots + 14^2 + 13^2) - 2809.00$$
$$= 2945.00 - 2809.00 = 136.00$$

$$SS_t = \frac{1}{n}\sum_{i=1}^{k} x_{i.}^2 - C = \frac{1}{5}(51^2 + 41^2 + 60^2 + 48^2 + 65^2) - 2809.00$$
$$= 2882.20 - 2809.00 = 73.20$$
$$SS_e = SS_T - SS_t = 136.00 - 73.20 = 62.80$$
$$df_T = kn - 1 = 5 \times 5 - 1 = 24, \quad df_t = k - 1 = 5 - 1 = 4, \quad df_e = df_T - df_t = 24 - 4 = 20$$

② 列出方差分析表（如表 4-13 所示），进行 F 检验。

表 4-13 不同工艺灯泡寿命的方差分析表

变异来源	平方和	自由度	均方	F 值
工艺间	73.20	4	18.30	5.83**
误差	62.80	20	3.14	
总变异	136.00	24		

根据 $df_1 = df_t = 4$，$df_2 = df_e = 20$ 查临界 F 值得：$F_{0.05(4,20)} = 2.87$，$F_{0.01(4,20)} = 4.43$，因为 $F > F_{0.01(4,20)}$，即 $P < 0.01$，表明工艺间寿命的差异达到 1% 极显著水平。

二、两因素试验的方差分析

两因素试验的方差分析是指对试验指标同时受到两个试验因素作用的试验资料的方差分析。设试验考察 A、B 两个因素，A 因素分 a 个水平，B 因素分 b 个水平。所谓交叉分组是指 A 因素每个水平与 B 因素的每个水平都要遇到，两者交叉搭配形成 ab 个水平组合即轮次，试验因素 A、B 在试验中处于平等地位，试验单位分成 ab 个组，每组随机接受一种轮次，因而试验数据也按两因素两方向分组。这种试验以各轮次是单独观测值还是有重复观测值又分为两种类型。

1. 两因素单独观测值试验的方差分析

对于 A、B 两个试验因素的全部 ab 个水平组合，每个水平组合只有一个观测值，全试验共有 ab 个观测值，其数据模式如表 4-14 所示。

表 4-14 两因素单独观测值试验数据模式

A 因素	B 因素						合计 $x_{i.}$	平均 $\bar{x}_{i.}$
	B_1	B_2	…	B_j	…	B_b		
A_1	x_{11}	x_{12}	…	x_{1j}	…	x_{1b}	$x_{1.}$	$\bar{x}_{1.}$
A_2	x_{21}	x_{22}	…	x_{2j}	…	x_{2b}	$x_{2.}$	$\bar{x}_{2.}$
…	…	…	…	…	…	…	…	…
A_i	x_{i1}	x_{i2}	…	x_{ij}	…	x_{ib}	$x_{i.}$	$\bar{x}_{i.}$
…	…	…	…	…	…	…	…	…
A_a	x_{a1}	x_{a2}	…	x_{aj}	…	x_{ab}	$x_{a.}$	$\bar{x}_{a.}$
合计 $x_{.j}$	$x_{.1}$	$x_{.2}$	…	$x_{.j}$	…	$x_{.b}$	$x_{..}$	$\bar{x}_{..}$
平均 $\bar{x}_{.j}$	$\bar{x}_{.1}$	$\bar{x}_{.2}$	…	$\bar{x}_{.j}$	…	$\bar{x}_{.b}$		

由表 4-14 可知

$$x_{i.} = \sum_{j=1}^{b} x_{ij}, \overline{x}_{i.} = \frac{1}{b}\sum_{j=1}^{b} x_{ij}, x_{.j} = \sum_{i=1}^{a} x_{ij}, \overline{x}_{.j} = \frac{1}{a}\sum_{i=1}^{a} x_{ij},$$

$$x_{..} = \sum_{i=1}^{a}\sum_{j=1}^{b} x_{ij}, \overline{x}_{..} = \sum_{i=1}^{a}\sum_{j=1}^{b} x_{ij}/(ab)$$

两因素单独观测值试验的数学模型为

$$x_{ijl} = \mu + \alpha_i + \beta_j + \varepsilon_{ijl} \quad (i=1,2,\cdots,a; j=1,2,\cdots,b) \tag{4-17}$$

式中，μ 为总平均数；α_i、β_j 分别为 A_i、B_j 的效应，$\alpha_i = \mu_i - \mu$，$\beta_j = \mu_j - \mu$，μ_i、μ_j 分别为 A_i、B_j 观测值的总体平均数，且 $\sum \alpha_i = 0$，$\sum \beta_j = 0$；ε_{ijl} 为随机误差，相互独立，且服从 $N(0, \sigma^2)$。

交叉分组两因素单独观测值的试验，A 因素的每个水平有 b 次重复，B 因素的每个水平有 a 次重复，每个观测值同时受到 A、B 两因素及随机误差的作用。因此，全部 ab 个观测值的总变异可以剖分为 A 因素水平间变异、B 因素水平间变异及试验误差三部分；自由度也相应剖分。平方和与自由度的剖分式为

$$\begin{aligned} SS_T &= SS_A + SS_B + SS_e \\ df_T &= df_A + df_B + df_e \end{aligned} \tag{4-18}$$

各项平方和与自由度的计算公式为：

矫正数 $\quad C = x_{..}^2/(ab)$

总平方和 $\quad SS_T = \sum_{i=1}^{a}\sum_{j=1}^{b}(x_{ij} - \overline{x}_{..})^2 = \sum_{i=1}^{a}\sum_{j=1}^{b} x_{ij}^2 - C$

A 因素平方和 $\quad SS_A = b\sum_{i=1}^{a}(\overline{x}_{i.} - \overline{x}_{..})^2 = \frac{1}{b}\sum_{i=1}^{a} x_{i.}^2 - C$

B 因素平方和 $\quad SS_B = a\sum_{j=1}^{b}(\overline{x}_{.j} - \overline{x}_{..})^2 = \frac{1}{a}\sum_{j=1}^{b} x_{.j}^2 - C \tag{4-19}$

误差平方和 $\quad SS_e = SS_T - SS_A - SS_B$

总自由度 $\quad df_T = ab - 1$

A 因素自由度 $\quad df_A = a - 1$

B 因素自由度 $\quad df_B = b - 1$

误差自由度 $\quad df_e = df_T - df_A - df_B = (a-1)(b-1)$

相应均方为 $\quad MS_A = SS_A/df_A$，$MS_B = SS_B/df_B$，$MS_e = SS_e/df_e$

【例 4-3】 为研究某种添加剂对材料抗拉强度的影响，现有 4 种不同类型的材料，每种 3 个样本，随机分别添加不同剂量的添加剂，然后在相同条件下试验，并测得它们的抗拉强度，如表 4-15 所示，试作方差分析。

表 4-15 各材料不同剂量添加剂的抗拉强度   单位：kgf

材料(A)	添加剂量/(mg/100g)(B)			合计 $x_{i.}$	平均 $\overline{x}_{i.}$
	B_1(0.2)	B_2(0.4)	B_3(0.8)		
A_1	106	116	145	367	122.3
A_2	42	68	115	225	75.0
A_3	70	111	133	314	104.7

续表

材料(A)	添加剂量/(mg/100g)(B)			合计 $x_{i.}$	平均 $\bar{x}_{i.}$
	$B_1(0.2)$	$B_2(0.4)$	$B_3(0.8)$		
A_4	42	63	87	192	64.0
合计 $x_{.j}$	260	358	480	1098	91.5
平均 $\bar{x}_{.j}$	65.0	89.5	120.0		

解：这是一个两因素单独观测值试验结果。A 因素（材料）有 4 个水平，即 $a=4$；B 因素（添加量）有 3 个水平，即 $b=3$，共有 $a \times b = 3 \times 4 = 12$ 个观测值。方差分析过程如下。

① 计算各项平方和与自由度。

根据式(4-19) 有

$$C = x_{..}^2 /(ab) = 1098^2/(4 \times 3) = 100467.0000$$

$$SS_T = \sum_{i=1}^{a}\sum_{j=1}^{b} x_{ij}^2 - C = (106^2 + 116^2 + \cdots + 63^2 + 87^2) - 100467.0000$$

$$= 113542 - 100467.0000 = 13075.0000$$

$$SS_A = \frac{1}{b}\sum_{i=1}^{a} x_{i.}^2 - C = \frac{1}{3}(367^2 + 225^2 + 314^2 + 192^2) - 100467.0000$$

$$= 106924.6667 - 100467.0000 = 6457.6667$$

$$SS_B = \frac{1}{a}\sum_{j=1}^{b} x_{.j}^2 - C = \frac{1}{4}(260^2 + 358^2 + 480^2) - 100467.0000$$

$$= 106541.0000 - 100467.0000 = 6074.0000$$

$$SS_e = SS_T - SS_A - SS_B = 13075.0000 - 6457.6667 - 6074.000 = 543.3333$$

$$df_T = ab - 1 = 4 \times 3 - 1 = 11, df_A = a - 1 = 4 - 1 = 3$$

$$df_B = b - 1 = 3 - 1 = 2, df_e = df_T - df_A - df_B = 11 - 3 - 2 = 6$$

② 列出方差分析表（如表 4-16 所示），进行 F 检验。

表 4-16　方差分析表

变异来源	平方和	自由度	均方	F 值
A 因素（材料）	6457.6667	3	2151.8889	23.76**
B 因素（剂量）	6074.0000	2	3037.0000	33.54**
误差	543.3333	6	90.5556	
总变异	13075.0000	11		

注：F 值标 ** 表示高度显著，标 * 表示显著。

根据 $df_1 = df_A = 3$，$df_2 = df_e = 6$ 查临界 F 值，$F_{0.01(3,6)} = 9.78$；根据 $df_1 = df_B = 2$，$df_2 = df_e = 6$ 查临界 F 值，$F_{0.01(2,6)} = 10.92$。

因为 A 因素的 F 值 $23.76 > F_{0.01(3,6)}$，$P < 0.01$，差异极显著；B 因素的 F 值 $33.54 > F_{0.01(2,6)}$，$P < 0.01$，差异极显著。说明不同材料和不同添加量对抗拉强度均有极显著影响。

2. 两因素有重复观测值试验的方差分析

对两因素和多因素有重复观测值试验结果的分析，能研究因素的简单效应、主效应和因素间的交互作用（互作）效应。现介绍这三种效应的意义。

① 简单效应。在某因素同一水平上，另一因素不同水平对试验指标的影响称为简单效

应。如在表 4-17 中，在 A_1（不加 A 添加剂）上，$B_2-B_1=480-470=10$；在 A_2（加 A 添加剂）上，$B_2-B_1=512-472=40$；在 B_1（不加 B 添加剂）上，$A_2-A_1=472-470=2$；在 B_2（加 B 添加剂）上，$A_2-A_1=512-480=32$ 等就是简单效应。简单效应实际上是特殊水平组合间的差数。

表 4-17　加与不加添加剂的增重　　　　　　　　　　　单位：g

项目	A_1	A_2	A_2-A_1	平　　均
B_1	470	472	2	471
B_2	480	512	32	496
B_2-B_1	10	40	—	25
平均	475	492	17	—

② 主效应。由于因素水平的改变而引起的平均数的改变量称为主效应。如在表 4-17 中，当 A 因素由 A_1 水平变到 A_2 水平时，A 因素的主效应为 A_2 水平的平均数减去 A_1 水平的平均数，即

$$A \text{ 因素的主效应}=492-475=17$$

同理
$$B \text{ 因素的主效应}=496-471=25$$

主效应也就是简单效应的平均，如 $(32+2)/2=17$，$(40+10)/2=25$。

③ 交互作用（互作）效应。在多因素试验中，一个因素的作用要受到另一个因素的影响，表现为某一因素在另一因素的不同水平上所产生的效应不同，这种现象称为该两因素存在交互作用。由表 4-17 可知

$$A \text{ 在 } B_1 \text{ 水平上的效应}=472-470=2$$
$$A \text{ 在 } B_2 \text{ 水平上的效应}=512-480=32$$
$$B \text{ 在 } A_1 \text{ 水平上的效应}=480-470=10$$
$$B \text{ 在 } A_2 \text{ 水平上的效应}=512-472=40$$

显而易见，A 的效应随着 B 因素水平的不同而不同，反之亦然。我们说 A、B 两因素间存在交互作用，记为 $A \times B$，或者说，某一因素的简单效应随着另一因素水平的变化而变化时，则称该两因素存在交互作用。互作效应可由 $(A_1B_1+A_2B_2-A_1B_2-A_2B_1)/2$ 来估计。表 4-17 中的互作效应为 $(470+512-480-472)/2=15$。

所谓互作效应实际指的是由于两个或两个以上试验因素的相互作用而产生的效应。如在表 4-17 中，$A_2B_1-A_1B_1=472-470=2$，这是添加 A 添加剂单独作用的效应，$A_1B_2-A_1B_1=480-470=10$，这是添加 B 添加剂单独作用的效应。两者单独作用的效应总和是 $2+10=12$，但是，$A_2B_2-A_1B_1=512-470=42$，而不是 12，这就是说，同时添加 A 添加剂、B 添加剂产生的效应不是单独添加一种添加剂所产生效应的和，而另外多增加了 30，这个 30 是两种添加剂共同作用的结果。若将其平均分到每种添加剂头上，则各为 15，即估计的互作效应。

把具有正效应的互作称为正的交互作用；把具有负效应的互作称为负的交互作用；互作效应为零则称无交互作用。没有交互作用的因素是相互独立的因素，此时，不论在某一因素哪个水平上，另一因素的简单效应是相等的。

关于无互作和负互作的直观理解，将表 4-17 中 A_2B_2 位置上的数值改为 482 和任一小于 482 的数后，具体计算一下即可明白。

下面介绍两因素有重复观测值试验结果的方差分析方法。

设 A 与 B 两因素分别具有 a 与 b 个水平，共有 ab 个水平组合，每个水平组合有 n 次重复，则全试验共有 abn 个观测值。这类试验结果方差分析的数据模式如表 4-18 所示。

表 4-18　两因素有重复观测值试验数据模式

A 因素		B 因素				A_i 合计 $x_{i..}$	A_i 平均 $\overline{x}_{i..}$
		B_1	B_2	$\cdots$	B_b		
A_1	x_{1jl}	x_{111}	x_{121}	$\cdots$	x_{1b1}	$x_{1..}$	$\overline{x}_{1..}$
		x_{112}	x_{122}	$\cdots$	x_{1b2}		
		$\cdots$	$\cdots$	$\cdots$	$\cdots$		
		x_{11n}	x_{12n}	$\cdots$	x_{1bn}		
	$x_{1j.}$	$x_{11.}$	$x_{12.}$	$\cdots$	$x_{1b.}$		
	$\overline{x}_{1j.}$	$\overline{x}_{11.}$	$\overline{x}_{12.}$	$\cdots$	$\overline{x}_{1b.}$		
A_2	x_{2jl}	x_{211}	x_{221}	$\cdots$	x_{2b1}	$x_{2..}$	$\overline{x}_{2..}$
		x_{212}	x_{222}	$\cdots$	x_{2b2}		
		$\cdots$	$\cdots$	$\cdots$	$\cdots$		
		x_{21n}	x_{22n}	$\cdots$	x_{2bn}		
	$x_{2j.}$	$x_{21.}$	$x_{22.}$	$\cdots$	$x_{2b.}$		
	$\overline{x}_{2j.}$	$\overline{x}_{21.}$	$\overline{x}_{22.}$	$\cdots$	$\overline{x}_{2b.}$		
$\cdots$	$\cdots$	$\cdots$	$\cdots$	$\cdots$	$\cdots$	$\cdots$	$\cdots$
A_a	x_{ajl}	x_{a11}	x_{a21}	$\cdots$	x_{ab1}	$x_{a..}$	$\overline{x}_{a..}$
		x_{a12}	x_{a22}	$\cdots$	x_{ab2}		
		$\cdots$	$\cdots$	$\cdots$	$\cdots$		
		x_{a1n}	x_{a2n}	$\cdots$	x_{abn}		
	$x_{aj.}$	$x_{a1.}$	$x_{a2.}$	$\cdots$	$x_{ab.}$		
	$\overline{x}_{aj.}$	$\overline{x}_{a1.}$	$\overline{x}_{a2.}$	$\cdots$	$\overline{x}_{ab.}$		
B_j 合计 $x_{.j.}$		$x_{.1.}$	$x_{.2.}$	$\cdots$	$x_{.b.}$	$x_{...}$	
B_j 平均 $\overline{x}_{.j.}$		$\overline{x}_{.1.}$	$\overline{x}_{.2.}$	$\cdots$	$\overline{x}_{.b.}$		$\overline{x}_{...}$

由表 4-18 可知

$$x_{ij.} = \sum_{l=1}^{n} x_{ijl} \qquad \overline{x}_{ij.} = \sum_{l=1}^{n} x_{ijl}/n$$

$$x_{i..} = \sum_{j=1}^{b}\sum_{l=1}^{n} x_{ijl} \qquad \overline{x}_{i..} = \sum_{j=1}^{b}\sum_{l=1}^{n} x_{ijl}/(bn)$$

$$x_{.j.} = \sum_{i=1}^{a}\sum_{l=1}^{n} x_{ijl} \qquad \overline{x}_{.j.} = \sum_{i=1}^{a}\sum_{l=1}^{n} x_{ijl}/(an)$$

$$x_{...} = \sum_{i=1}^{a}\sum_{j=1}^{b}\sum_{l=1}^{n} x_{ijl} \qquad \overline{x}_{...} = \sum_{i=1}^{a}\sum_{j=1}^{b}\sum_{l=1}^{n} x_{ijl}/(abn)$$

两因素有重复观测值试验的数学模型为

$$x_{ijl} = \mu + \alpha_i + \beta_j + (\alpha\beta)_{ij} + \varepsilon_{ijl}$$
$$(i=1,2,\cdots,a;j=1,2,\cdots,b;l=1,2,\cdots,n)$$
(4-20)

其中，μ 为总平均数；α_i 为 A_i 的效应；β_j 为 B_j 的效应；$(\alpha\beta)_{ij}$ 为 A_i 与 B_j 的互作效应，$\alpha_i = \mu_{i.} - \mu$，$\beta_j = \mu_{.j} - \mu$，$(\alpha\beta)_{ij} = \mu_{ij} - \mu_{i.} - \mu_{.j} + \mu$，$\mu_{i.}$、$\mu_{.j}$、$\mu_{ij}$ 分别为 A_i、B_j、A_iB_j 观测值总体平均数，$\sum_{i=1}^{a}\alpha_i = 0$，$\sum_{j=1}^{b}\beta_j = 0$，$\sum_{i=1}^{a}(\alpha\beta)_{ij} = \sum_{j=1}^{b}(\alpha\beta)_{ij} = \sum_{i=1}^{a}\sum_{j=1}^{b}(\alpha\beta)_{ij} = 0$；$\varepsilon_{ijl}$ 为随机误差，相互独立，且都服从 $N(0,\sigma^2)$。

两因素有重复观测值试验结果方差分析平方和与自由度的剖分式为

$$SS_T = SS_A + SS_B + SS_{A\times B} + SS_e$$
$$df_T = df_A + df_B + df_{A\times B} + df_e$$
(4-21)

其中，$SS_{A\times B}$、$df_{A\times B}$ 为 A 因素与 B 因素交互作用平方和与自由度。

若用 SS_{AB}、df_{AB} 表示 A、B 水平组合间的平方和与自由度，即轮次间平方和与自由度，则因轮次变异可剖分为 A 因素、B 因素及 A、B 交互作用变异三部分，于是 SS_{AB}、df_{AB} 可剖分为

$$SS_{AB} = SS_A + SS_B + SS_{A\times B}$$
$$df_{AB} = df_A + df_B + df_{A\times B}$$
(4-22)

各项平方和、自由度及均方的计算公式如下：

矫正数 $\qquad\qquad C = x_{...}^2/(abn)$

总平方和与自由度 $\quad SS_T = \sum_{i=1}^{a}\sum_{j=1}^{b}\sum_{l=1}^{n} x_{ijl}^2 - C, df_T = abn - 1$

水平组合平方和与自由度 $\quad SS_{AB} = \frac{1}{n}\sum x_{ij.}^2 - C, df_{AB} = ab - 1$ (4-23)

A 因素平方和与自由度 $\quad SS_A = \frac{1}{bn}\sum_{i=1}^{a} x_{i..}^2 - C, df_A = a - 1$

B 因素平方和与自由度 $\quad SS_B = \frac{1}{an}\sum_{j=1}^{b} x_{.j.}^2 - C, df_B = b - 1$

交互作用平方和与自由度 $\quad SS_{A\times B} = SS_{AB} - SS_A - SS_B, df_{A\times B} = (a-1)(b-1)$

误差平方和与自由度 $\quad SS_e = SS_T - SS_{AB}, df_e = ab(n-1)$

相应均方 $\quad MS_A = SS_A/df_A, MS_B = SS_B/df_B, MS_{A\times B} = SS_{A\times B}/df_{A\times B}, MS_e = SS_e/df_e$

【例 4-4】 为了研究添加剂中钙、磷含量对材料抗拉强度的影响，将钙（A）、磷（B）在添加剂中的含量各分 4 个水平进行交叉分组试验。先用基本一致的材料 48 个样本，随机分成 16 组，每组 3 个，用添加剂在不同钙、磷用量搭配下各添加一组材料，经试验，材料抗拉强度结果列于表 4-19 中，试分析钙、磷对材料抗拉强度的影响。

解： 本例 A 因素钙的含量分为 4 个水平，即 $a=4$；B 因素磷的含量分为 4 个水平，即 $b=4$；共有 $ab=4\times 4=16$ 个水平组合；每个组合重复数 $n=3$；全试验共有 $abn=4\times 4\times 3=48$ 个观测值。现对本例资料进行方差分析如下。

表 4-19 不同钙、磷用量（%）的试验结果　　　　　　　　单位：kgf

因素		$B_1(0.8)$	$B_2(0.6)$	$B_3(0.4)$	$B_4(0.2)$	A_i 合计 $x_{i..}$	A_i 平均 $\bar{x}_{i..}$
$A_1(1.0)$	x_{1jl}	22.0	30.0	32.4	30.5	324.9	27.1
		26.5	27.5	26.5	27.0		
		24.4	26.0	27.0	25.1		
	$x_{1j.}$	72.9	83.5	85.9	82.6		
	$\bar{x}_{1j.}$	24.3	27.8	28.6	27.5		
$A_2(0.8)$	x_{2jl}	23.5	33.2	38.0	26.5	350.1	29.2
		25.8	28.5	35.5	24.0		
		27.0	30.1	33.0	25.0		
	$x_{2j.}$	76.3	91.8	106.5	75.5		
	$\bar{x}_{2j.}$	25.4	30.6	35.5	25.2		
$A_3(0.6)$	x_{3jl}	30.5	36.5	28.0	20.5	332.4	27.7
		26.8	34.0	30.5	22.5		
		25.5	33.5	24.6	19.5		
	$x_{3j.}$	82.8	104.0	83.1	62.5		
	$\bar{x}_{3j.}$	27.6	34.7	27.7	20.8		
$A_4(0.4)$	x_{4jl}	34.5	29.0	27.5	18.5	319.5	26.6
		31.4	27.5	26.3	20.0		
		29.3	28.0	28.5	19.0		
	$x_{4j.}$	95.2	84.5	82.3	57.5		
	$\bar{x}_{4j.}$	31.7	28.2	27.4	19.2		
B_j 合计 $x_{.j.}$		327.2	363.8	357.8	278.1	1326.9	
B_j 平均 $\bar{x}_{.j.}$		27.3	30.3	29.8	23.2		27.6

① 计算各项平方和与自由度。

计算结果如下：

$$C = x_{...}^2/(abn) = 1326.9^2/(4 \times 4 \times 3) = 36680.4919$$

$$SS_T = \sum\sum\sum x_{ijl}^2 - C = (22.0^2 + 26.5^2 + \cdots + 20.0^2 + 19.0^2) - 36680.4919$$

$$= 37662.8100 - 36680.4919 = 982.3181$$

$$SS_{AB} = \frac{1}{n}\sum x_{ij.}^2 - C = \frac{1}{3}(72.9^2 + 83.5^2 + \cdots + 57.5^2) - 36680.4919$$

$$= 37515.3967 - 36680.4919 = 834.9048$$

$$SS_A = \frac{1}{bn}\sum x_{i..}^2 - C = \frac{1}{4 \times 3}(324.9^2 + 350.1^2 + 332.4^2 + 319.5^2) - 36680.4919$$

$$= 36725.0025 - 36680.4919 = 44.5106$$

$$SS_B = \frac{1}{an}\sum x_{\cdot j \cdot}^2 - C = \frac{1}{4\times 3}(327.2^2 + 363.8^2 + 357.8^2 + 278.1^2) - 36680.4919$$
$$= 37064.2275 - 36680.4919 = 383.7356$$
$$SS_{A\times B} = SS_{AB} - SS_A - SS_B = 834.9048 - 44.5106 - 383.7356 = 406.6586$$
$$SS_e = SS_T - SS_{AB} = 982.3181 - 834.9048 = 147.4133$$
$$df_T = abn - 1 = 4\times 4\times 3 - 1 = 47$$
$$df_{AB} = ab - 1 = 4\times 4 - 1 = 15$$
$$df_A = a - 1 = 4 - 1 = 3$$
$$df_B = b - 1 = 4 - 1 = 3$$
$$df_{A\times B} = (a-1)(b-1) = (4-1)\times(4-1) = 9$$
$$df_e = ab(n-1) = 4\times 4\times(3-1) = 32$$

② 列出方差分析表（如表 4-20 所示），进行 F 检验。

表 4-20　不同钙、磷用量方差分析表

变异来源	平方和	自由度	均方	F 值
钙(A)	44.5106	3	14.8369	3.22*
磷(B)	383.7356	3	127.9119	27.77**
互作($A\times B$)	406.6586	9	45.1843	9.81**
误差	147.4133	32	4.6067	
总变异	982.3181	47		

查临界 F 值：$F_{0.05(3,32)} = 2.90$，$F_{0.01(3,32)} = 4.47$，$F_{0.01(9,32)} = 3.02$。因为，$F_A > F_{0.05(3,32)}$，$F_B > F_{0.01(3,32)}$，$F_{A\times B} > F_{0.01(9,32)}$，表明钙、磷及其互作对材料的抗拉强度均有显著或极显著影响。

第五节　试验设计应用案例

本节重点以两因素试验设计为例来演示 Minitab 如何做 DOE 及其分析的过程。

一、基础信息和数据

考察高温合金中碳的含量（因子 A）和锑与铝的含量之和（因子 B）对合金强度的影响。因子 A 取三个水平 0.03、0.04、0.05（表示碳的含量占合金总量的质量分数，%），因子 B 取四个水平 3.3、3.4、3.5、3.6（上述数字的意义同上）。在每个水平组合下各做一个试验，采集的数据如表 4-21 所示。

表 4-21　两因素试验数据

因子 A（碳的含量）	因子 B（锑与铝的含量之和）			
	3.3	3.4	3.5	3.6
0.03	63.1	63.9	65.6	66.8
0.04	65.1	66.4	67.8	69.0
0.05	67.2	71.0	71.9	73.5

二、试验工作表设计

利用 Minitab 对上面的算例进行分析说明，首先利用软件设计两因子多水平的实验顺序，如图 4-5 所示。在出现的 Create Factorial Design 对话框中输入因素的数量，并选中通用全析因试验，如图 4-6 所示。

图 4-5　设计两因子多水平的实验顺序

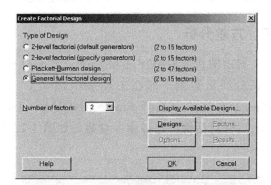

图 4-6　Create Factorial Design 对话框

单击 Designs 按钮，在 Designs 对话框中输入如图 4-7 所示的信息。单击 OK 按钮后再选择 Factor 选项，输入因子 A 为"碳的含量"，因子 B 为"锑和铝的含量和"，如图 4-8 所示。

图 4-7　Designs 对话框

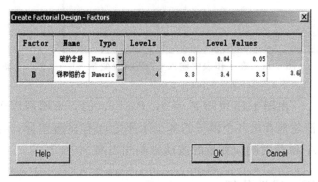

图 4-8　输入因子信息

单击 OK 按钮后得到试验工作表设计方案，如图 4-9 所示。根据此工作表得到任务输出表，如图 4-10 所示。

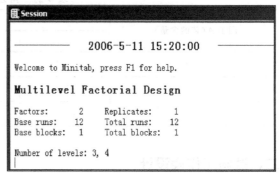

图 4-9　试验工作表设计方案　　　　　　图 4-10　任务输出表

从图 4-10 中可以看出该实验是两因子、3 和 4 水平、1 重复、12 轮次实验,软件给出了随机的实验顺序,在实际中,可以依据此顺序进行实验操作。

三、方差分析

得出随机实验顺序表后,进行方差分析。首先,按照设计方案进行试验,采集并输入试验结果数据,即在工作表中输入 C7 列响应变量的值,如图 4-11 所示。然后,在 Minitab 主菜单中选择 Stat→ANOVA→Two way 命令,在出现的 Two-Way Analysis of Variance 对话框中选择输入参数,如图 4-12 所示。单击 OK 按钮后得到的任务栏如图 4-13 所示。

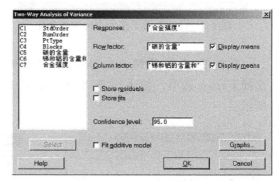

图 4-11　在工作表中输入 C7 列响应变量　　　图 4-12　Two-Way Analysis of Variance 对话框

由图 4-13 可知 $P_1=0$,$P_2=0.001$,说明两因子对合金强度的影响都非常显著,可以清楚地看出各个因子的各个水平之间有显著差异,并且从 $R-Sq_{(adj)}=94.81\%$ 可看出因子 A 和 B 对响应变量的波动影响相当高。

四、线性分析

在对实验数据进行回归分析,来寻找两输入变量和输出变量之间的变化规律时,首先检查因子 A、B 和响应变量(Y)之间的关系是线性还是非线性的,采用交互作用图进行分析,在主菜单中选择 Stat→ANOVA→Interactions Plot 命令,在出现的 Interactions Plot 对话框中输入如图 4-14 所示的信息,得到的交互作用结果如图 4-15 所示。

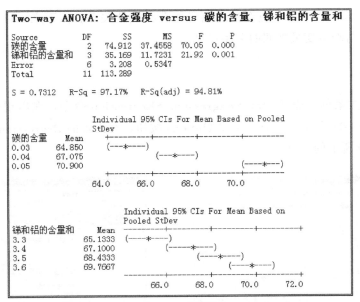

图 4-13 任务栏

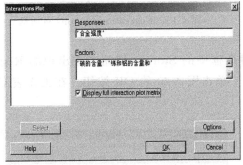

图 4-14 Interactions Plot 对话框

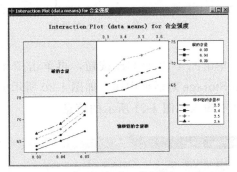

图 4-15 交互作用图

由图 4-15 可知,各水平线并没有相交(也可能因为实验样本过少),说明响应变量与因子的交互作用不存在或者很小,并且可能是线性相关的。

此外,也可用主效应图来检查因子 A、B 和响应变量（Y）之间是线性还是非线性关系。在主菜单中选择 Stat→ANOVA→Main Effects Plot 命令,在出现的 Main Effects Plot 对话框中输入如图 4-16 所示的信息,单击 OK 按钮,得到主效应图如图 4-17 所示。

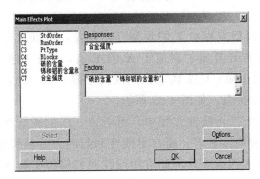

图 4-16 Main Effects Plot 对话框

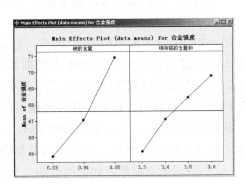

图 4-17 主效应图

由图 4-17 可知，因子与响应变量之间可能存在线性关系。接下来，可尝试用线性回归方程模拟两因子与响应变量之间的关系模型。

五、回归分析

在 Minitab 主菜单中选择 Stat→Regression→Regression 命令，在出现的 Regression 对话框中输入如图 4-18 所示的信息。单击 Options 按钮，在出现的 Regression-Options 对话框中输入如图 4-19 所示的信息。

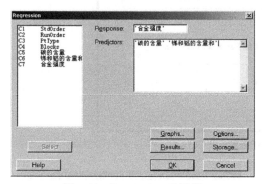

图 4-18　Regression 对话框

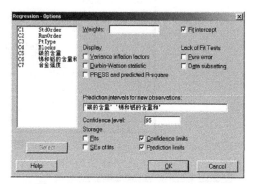

图 4-19　Regression-Options 对话框

单击图 4-19 的 OK 按钮，再单击图 4-18 对话框中的 Storage 按钮，在出现的 Regression-Storage 对话框中输入如图 4-20 所示的信息。单击图 4-20 的 OK 按钮，在工作表 C8～C13 中输入如图 4-21 所示的信息。

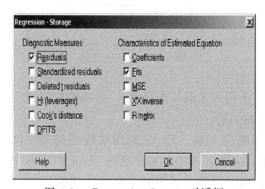

图 4-20　Regression-Storage 对话框　　　　图 4-21　在工作表 C8～C13 中输入信息

图 4-21 中，C8 的 RESI1 为误差，它说明回归方程对 Y 的预测存在误差，可以看出残差最大不超过 1.2；C9 的 FITS1 为根据回归方程计算出的对应于 X 的 Y 值，即 Y 的拟合值；C10 代表置信区间下限；C11 代表置信区间上限；C12 代表预测区间下限，C13 代表预测区间上限。在回归分析的任务栏中输出回归分析表，如图 4-22 所示。

从图 4-22 所示的回归分析输出可知，在这个二元线性方程中，因子 A、B 的系数都比较大，为显著因子，交互作用及随机误差的影响均不显著；而在对线性回归的方差分析中，$P=0$ 说明两因子与结果之间的线性相关关系确实很显著，因此应用线性回归模拟实验才有意义；$R-Sq_{(adj)}=94.3\%$ 说明该方程拟合程度也相当高。从分析输出可知回归方程简化为：

```
The regression equation is
合金强度 = 2.95 + 303 A碳的含量 + 15.2 B锑与铝的含量之和

Predictor              Coef   SE Coef      T      P
Constant              2.953     6.909   0.43  0.679
A碳的含量            302.50     27.07  11.17  0.000
B锑与铝的含量之和    15.233     1.977   7.71  0.000

S = 0.765652   R-Sq = 95.3%   R-Sq(adj) = 94.3%

Analysis of Variance

Source          DF       SS      MS      F      P
Regression       2  108.013  54.007  92.13  0.000
Residual Error   9    5.276   0.586
Total           11  113.289

Source              DF  Seq SS
A碳的含量            1  73.205
B锑与铝的含量之和    1  34.808

Predicted Values for New Observations
NewObs    Fit  SE Fit        95% CI              95% PI
   1   66.847   0.242  (66.299, 67.394)  (65.030, 68.663)
   2   69.893   0.370  (69.057, 70.730)  (67.970, 71.817)
   3   65.345   0.363  (64.523, 66.167)  (63.428, 67.262)
   4   68.370   0.242  (67.822, 68.918)  (66.553, 70.187)
   5   72.918   0.458  (71.882, 73.955)  (70.900, 74.937)
   6   71.395   0.363  (70.573, 72.217)  (69.478, 73.312)
   7   62.298   0.458  (61.262, 63.335)  (60.280, 64.317)
   8   68.348   0.458  (67.312, 69.385)  (66.330, 70.367)
   9   63.822   0.363  (63.000, 64.643)  (61.905, 65.739)
  10   69.872   0.363  (69.050, 70.693)  (67.955, 71.789)
  11   66.868   0.458  (65.832, 67.905)  (64.850, 68.887)
  12   65.323   0.370  (64.487, 66.160)  (63.400, 67.247)

Values of Predictors for New Observations
NewObs  A碳的含量  B锑与铝的含量之和
   1     0.0400          3.40
   2     0.0400          3.60
   3     0.0300          3.50
   4     0.0400          3.50
   5     0.0500          3.60
   6     0.0500          3.50
   7     0.0300          3.30
   8     0.0500          3.30
   9     0.0300          3.40
  10     0.0500          3.40
  11     0.0300          3.60
  12     0.0400          3.30
```

图 4-22 回归分析表

$Y=2.953+302.50A+15.233B$，因为对于合金强度而言，强度越高越好，所以在分析表中可看出，第五组所得效果最好，即 $A=0.05$，$B=3.6$，$\hat{y}=72.918$。

下面用轮廓图更直观地显示出 A、B 因子的最佳设置：在 Minitab 主菜单中选择 Graph→Contour Plot 命令，在出现的 Contour Plot 对话框中输入如图 4-23 所示信息。单击 Data View 按钮，在出现的 Contour Plot-Data View 对话框中选择如图 4-24 所示信息。单击 OK 按钮，得到如图 4-25 所示的轮廓图形。

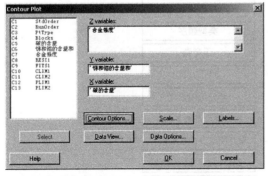

图 4-23 Contour Plot 对话框

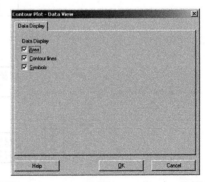

图 4-24 Contour Plot-Data View 对话框

由图 4-25 可知响应变量的 6 个很直观取值范围，还有 12 次实验的各个位置，单击每个点可以显示该点的信息，可以明显看出 A 因子取最高值、B 因子取最高值可使合金强度最大，将 $A=0.05$、$B=3.60$ 代入线性方程得

$$Y=2.953+302.50A+15.233B=2.953+302.5\times0.05+15.233\times3.60=72.918$$

即为了使合金强度最高，最好是 $A=0.05$、$B=3.60$。

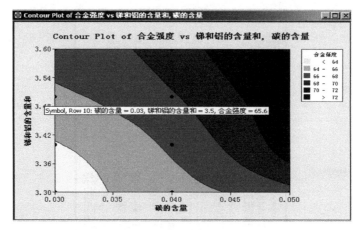

图 4-25 轮廓图

六、试验设计结论

在以上分析中可以清楚理解,两个因子对响应变量的波动影响非常大,在质量改进的过程中,有很大的改进余地,并且因子和响应变量之间有很强的线性关系,但因为实验数据不太充分,不能说 A 和 B 越高越好,这要与企业的成本和技术要求相联系,但在本实验中将因子 A(碳的含量)设置为 0.05,因子 B(锑与铝的含量之和)设置为 3.60,可以得最大的合金强度。

本章小结

【知识图谱】

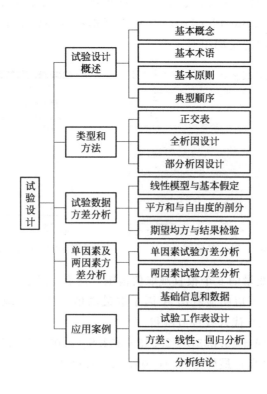

【基本概念】
试验设计　design of experiments，DOE
方差分析　analysis of variance，ANOVA
轮次　run
试验处理　treatment

 学而思之

《中国制造企业质量管理蓝皮书(2016年)》指出，仅5.2%的企业能够应用量化统计工具，如试验设计进行参数优化。《制造强国战略研究·综合卷》给出了提升制造质量的战略对策，将试验设计技术列为提升产品设计质量的创新方法之一。

思考：试验设计方法为何难以在企业大范围推广？如何才能有效地推广该技术？

本章习题

1. 什么是试验设计？试验设计能够解决什么质量问题？
2. 简要概述试验设计的实施过程。
3. 正交表的特点有哪些？
4. 全析因设计的优缺点有哪些？
5. 部分析因设计的优缺点有哪些？
6. 简要介绍方差分析的实施过程。
7. Minitab软件在DOE分析中有哪些模块？

第五章
田口方法

第五章 田口方法

学习目标

- 理解与田口质量相关的一些概念
- 理解三次设计的思想
- 掌握信噪比和灵敏度的计算方法
- 掌握质量损失函数的计算方法
- 掌握参数设计和容差设计的方法

导入案例

稳健设计在飞行器设计中的应用

产品的稳健性是指产品的质量对干扰因素变差的不敏感性，目前产品的稳健性已经成为产品质量的一个重要指标。20 世纪 80 年代田口玄一以试验设计和信噪比为基本工具，创立了以提高和改进产品质量为目的的田口稳健设计方法。

稳健设计常出现于飞行器设计中。飞行器在其全寿命过程中，其飞行性能会受到多种因素的干扰，其中绝大部分因素是没办法控制的。比如飞机在飞行过程中遇到突风，将使飞机气动特性发生变化，造成飞机飞行性能的恶化。通过田口方法，在飞行器设计之初就考虑飞行中复杂的不可控的噪声因素的影响，使飞行器的飞行性能对噪声因素不敏感，从而使飞行器在复杂环境下依然能够正常地工作。同样飞行器的结构特性也因为零部件的误差，结构的老化、损伤，以及不可控的飞行状态的变化（突风）引起的受载状态的变化而受到影响，可以采用田口稳健设计的方法使飞行器的结构特性对不可控的噪声因素不敏感，提高结构的抗干扰能力，从而提高结构的可靠性。田口稳健设计是提高飞行器结构可靠性的一个有效手段。

第一节 田口方法基本理论

一、田口方法的基本思想

田口方法是田口玄一创立的一种聚焦于最小化过程变异或使产品、过程对环境变异最不敏感的低成本、高效益的质量工程方法。其基本思想是从经济性角度考察质量问题，强调把产品的稳健性设计到产品和制造过程中，即通过系统设计、参数设计和容差设计等过程，把顾客的质量要求分解转化为设计参数，形成预期目标值，最终生产出性能稳定且成本低廉的产品。田口方法的两个主要工具是正交表和信噪比，强调的重点是降低产品绩效的变异，即以成本效益的观念找出最佳的设计水平组合。

 链接小知识

田口玄一的质量观点

田口质量观是整个田口方法论的基础。田口玄一除了对质量下了一个总的定义（见第一章）外，还提出了以下四个基本的质量观点。

① 质量是在最初即被设计到产品中的，而不是靠检验和审查出来的。在产品或工序的设计阶段就应该开始质量改进工作，并且在整个生产阶段持续下去。这就是通常所说的"离线"质量阶段。依靠传统的检验和审查（在生产线上）工序并不能使低劣质量得以改善。再多的检验也不能把质量拉回到产品中去，而只能起到治疗症状的作用。

② 质量是通过最大限度地减少对目标值的偏离得到的最佳值，而不是对规格进一步确证的失败值。产品是要设计的，也就是稳健性设计或排除非可控环境因素的影响，比如，噪声、温度和湿度。这个概念主要是与影响质量的实际方法相联系的。减少变化是改进质量的关键。通过设定目标值的关键参数，确保生产时与目标值的偏离最小，从而使质量得到极大的提高。

③ 质量并非基于产品的外观特征或特性。增加产品的某种特性不是提高质量的良方，而仅仅是引起价格和市场变化的因素而已。产品的特征和特性虽与质量相关，但不是质量的根基。特征只是对产品性能的一种衡量。

④ 质量成本可用作为产品特征变化以及测算全系统损失的一种功能来加以测量。从给出设计参数开始，就可用产品的整个生命周期成本的方法对质量成本加以测量。这种方法包括了成本或返工、检验、担保服务、退货和产品替换带来的花费。实际上，这些成本对于我们发现哪种重要的参数需要控制起到了一些指导作用。

问题： 田口玄一的质量观具有哪些特点？与其他质量学家的质量观有何异同？

二、田口方法的显著特点

1. "源流"管理理论

田口方法认为，开发设计阶段是保证产品质量的源流，是上游，制造和检验阶段是下游。在质量管理中，抓好上游管理，下游管理就很容易，若设计质量水平上不去，生产制造中就很难造出高质量的产品。

2. 产品开发的三次设计法

产品开发设计（包括生产工艺设计）可以分为三个阶段进行，即系统设计、参数设计、容差设计。参数设计是核心，传统的多数设计是先追求目标值，通过筛选元器件来减少波动，这样做的结果是，尽管都是一级品的器件，但整机由于参数搭配不佳而性能不稳定。田口方法则先追求产品的稳定性，强调为了使产品对各种非控制因素不敏感可以使用低级品元件。通过分析质量特性与元部件之间的非线性关系找出使稳定性达到最佳水平的组合。产品的三次设计方法能从根本上解决内外干扰引起的质量波动问题，利用三次设计这一有效工具，设计出的产品质量好、价格便宜、性能稳定。

3. 质量与成本的平衡性

引入质量损失函数这个工具使工程技术人员可以从技术和经济两个方面分析产品的设计、制造、使用、报废等过程，使产品在整个寿命周期内社会总损失最小。在产品设计中，采用容差设计技术，使得质量和成本达到平衡，设计和生产出价廉物美的产品，提高产品的竞争力。

4. 新颖、实用的正交试验设计技术

使用综合误差因素法、动态特性设计等先进技术，用误差因素模拟各种干扰（如杂讯），使得试验设计更具有工程特色，大大提高试验效率，增加试验设计的科学性，其试验设计出的最优结果在加工过程和顾客环境下都达到最优。采用这种技术可大大节约试验费用。

三、田口方法的目的和作用

田口方法的目的是使所设计的产品质量稳定、波动性小，使生产过程对各种杂讯不敏感。在产品设计过程中，利用质量、成本、效益的函数关系，在低成本的条件下开发出高质量的产品。田口方法认为，产品开发的效益可用企业内部效益和社会损失来衡量。企业内部效益体现在功能相同条件下的低成本，社会效益则以产品进入消费领域后给人们带来的影响作为衡量指标。假如，由于一个产品功能波动偏离了理想目标，给社会带来了损失，我们就认为它的稳健性设计不好，而田口的稳健性设计恰能在降低成本、减少产品波动上发挥作用。

田口方法是一门实用性很强的技术，在生产实践中特别是产品开发设计中显示出强大的生命力，其魅力主要表现为：

① 提高产品科技含量，促进技术创新。采用田口方法可改变企业一味引进先进设备的状况，增强二次创新能力，进而提高产品开发能力。

② 可缩短产品开发周期，加速产品更新换代。应用田口方法可在质量管理中提高生产率，收到事半功倍的效果。

③ 应用田口方法创名牌。使用田口方法的三次设计方法设计生产出来的产品稳健性好，抵御外界干扰的能力强、波动小、质量可靠，易于创出知名产品，占领市场，打出自己的品牌。

④ 应用田口方法创效益。田口方法用廉价的三等品零件组装一等品整机，真正做到了价廉物美，使企业的经济效益更上一个台阶。

 链接小知识

田口方法与 SPC、EPC 的关系

田口方法与统计过程控制（statistical process control，SPC）同属质量控制领域改进质量的方法，田口方法属于产品设计阶段的设计质量方法，而 SPC 是在产品制造阶段的监控质量方法。产品质量首先是设计出来的，其次才是制造出来的，田口方法保证了设计产品质量的稳健性，而 SPC 使产品质量在制造过程中保持在设计水平上，并通过控制图监测波动的大小，提供进一步改进设计质量的信息。因此，二者配合在产品的不同阶段改进质量，以

增强企业的质量竞争力。

田口方法与工程过程控制（engineering process control，EPC）同属于质量优化方法，EPC 通过反馈补偿原理最小化过程的波动，而田口方法通过利用正交实验进行稳健的参数设计，以最小化产品设计参数的波动。传统上，田口方法大多应用在产品设计阶段，但在现代复杂且动态的过程状态下，如果要用 EPC 对过程进行调整，就要在众多的变数中选择关键变数作为控制变数来设计调整控制器，而田口方法可以作为选择关键变数的有效工具应用于制造阶段。因此，为了有效地调整过程，可以首先应用田口方法选择影响输出的关键过程变数，然后基于所选择的关键变数设计调整控制器，二者整合同样具有互补的作用。

问题：田口方法与 SPC、EPC 有哪些区别和联系？田口方法有哪些局限性？

四、田口方法的相关概念

1. 质量特性

产品质量特性是产品满足用户要求的属性，包括产品性能、寿命、可靠性、安全性、经济性、可维修性和环境适应性等。输出质量特性即指选用什么样的特性值来度量产品的质量。对于具体的某一种产品设计，选用什么特性值来度量质量，是一个非常专业的问题。在此主要介绍质量特性的类型（图 5-1）。

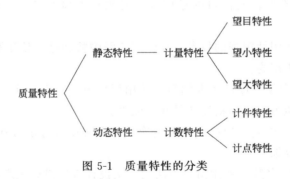

图 5-1 质量特性的分类

① 望目特性。设目标值为 m，质量特性 y 围绕目标值 m 波动，希望波动越小越好，则 y 就被称为望目特性。例如，加工某一轴件，图纸规定 $\phi 10\text{mm} \pm 0.05\text{mm}$，加工的轴件的实际直径尺寸 y 就是望目特性，其目标值 $m=10\text{mm}$。

② 望小特性。不取负值，希望质量特性 y 越小越好，波动越小越好，则 y 被称为望小特性。比如策略误差、合金所含杂质、轴件的不圆度等就属于望小特性。

③ 望大特性。不取负值，希望质量特性 y 越大越好，波动越小越好，则 y 被称为望大特性。比如零件的强度、灯泡的寿命等均为望大特性。

一般而言，任何一个质量特性值 y 在生产过程中均受很多因素的影响，田口玄一将影响质量特性的因素分为输入变量 w、可控变量 x 和不可控变量 z，如图 5-2 所示。输入变量是非设计参数，可控变量是田口方法的设计对象，所谓可控变量，即可以调整和控制的参数，这种变量通常称为信号因子。不可控变量 z，顾名思义，即不可控制的变量，也称为噪声因子（noise factors），就是使质量特性偏离目标值的因素。田口玄一将噪声因子分为三类：外部噪声，如温度、湿度、灰尘等；内部噪声，如劣化等；产品间噪声，如制造缺失等。

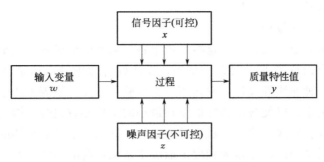

图 5-2　影响质量特性的关键因素

如果说可控因素的作用是规定系统或产品的特性值,那么噪声因素的作用就是定量表征围绕目标值产生的波动。稳健设计是以降低产品对噪声因素的敏感性来提高产品质量的。因此在稳健设计中判明影响产品质量的噪声因素非常重要。

解决的对策有生产线外(off line)质量控制与线内(on line)质量控制两种。所谓线内质量控制,是实际生产阶段的质量控制活动。对于线内质量控制则以稳定制造过程为目标;所谓线外控制,即产品设计阶段和制造设计阶段的质量控制活动,通过试验设计,保证产品最佳化和制造过程最佳化(主要是工艺参数的最佳化设计)。线外质量管理的中心内容是质量评价法和为此而用的试验设计法。线外质量管理的中心是试验设计法,但是它并不是试验设计法本身的解释,而是以把试验设计这种处理多变量的方法应用到质量管理时特性值如何确定以及结论如何得出为其中心的内容。田口式质量工程主要关心线外质量控制,以降低成本、提供最佳质量为目标。线外质量控制可以应用正交表、信噪比(S/N)和损失函数来达成,强调有效率的试验和仿真,以减少变异。

2. 三次设计

田口提出的产品系统化设计思路的核心是在产品设计阶段就进行质量控制,力图用最低的制造成本生产出满足顾客要求且对社会造成最小损失的产品。与传统的产品设计概念不同,田口将产品设计过程划分为三个阶段,三次设计的重点在参数设计,国外称为健壮性设计或鲁棒设计。这一理念已被愈来愈多国家的工程师和统计学家接受,并在产品设计中产生了良好的效果。

田口质量理论的三次设计紧密地把专业技术与数理统计方法结合起来,充分利用各设计参数与输出质量特性之间一般具有非线性关系的特点,采用系统设计、参数设计、容差设计的三阶段优化设计方法,从设计上控制输出质量特性值的波动,以提高产品固有质量水平。这是一种可以在原材料、零部件的质量参数波动较大,或出于经济性考虑,在不宜压缩原材料和零部件波动幅值的情况下,仍能保证产品最终输出特性的一种稳定性优化设计方法。

(1) 系统设计(一次设计)

系统设计即传统的设计。它是依据技术文件进行的。例如:化工生产过程选择什么样的原材料和工艺路线;生产电机选用何种导线;采用什么加工工艺等。系统设计的质量取决于专业技术的高低,但对于某些结构复杂、多参数、多特性值的产品,要全面考虑各种参数组合的综合效应,单凭专业技术往往无法定量地确定经济合理的最佳参数组合。尽管系统设计有这个不足,有时甚至由于时间限制,不可能对所有系统进行研究,只能根据直觉或预测,从各个系统中挑选几个重要的系统进行研究,但系统设计是整个设计的基础,它为选择需要考察的因素和待定的水平提供了依据。

(2) 参数设计（二次设计）

在系统设计的基础上，就该决定这些系统中各参数值的最优水平及最佳组合。但系统设计是凭专业知识推定出待考察的因素和水平，无法综合考虑减小质量波动、降低成本等因素。而参数设计是一种非线性设计，它运用正交试验、方差分析等方法来研究各种参数组合与输出特性之间的关系，以便找出特性值波动最小的最佳参数组合。因此，参数设计也称参数组合的中心值设计。实践表明，整机质量的好坏，既取决于产品整体的设计，又取决于零部件的质量。一个系统功能好坏很大程度上取决于系统本身的结构。好的参数组合不一定是以每个零部件最优为条件的，而是一种不同档次、不同质量水平的低成本的组合，从而实现低成本高质量的设计要求。产品设计中的波动情况是复杂的，很多产品的输出特性与因素组合之间并不是线性关系。

(3) 容差设计（三次设计）

系统要素的中心值确定后，便进入决定这些因素波动范围的容差设计。由于某些输出特性的波动范围仍然较大，若想进一步控制波动范围，就得考虑选择较好的原材料、配件，但这样自然会提高成本。因此有必要将产品的质量和成本进行综合平衡。容差是从经济角度考虑允许质量特性值的波动范围。容差设计通过研究容差范围与质量成本之间的关系，对质量和成本进行综合平衡。容差设计是在决定了最佳参数组合的中心值后，根据质量损失函数，在综合平衡用户与制造厂质量费用的情况下，选定合理的公差范围。

(4) 三次设计在质量形成过程中的作用

系统设计、参数设计和容差设计在设计质量形成过程中的作用及主要内容如图 5-3 所示。

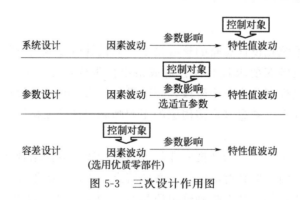

图 5-3　三次设计作用图

三次设计中，系统设计是基础，参数设计是核心，容差设计是对系统设计和参数设计的完善与提高。只有搞好了参数设计，才有条件搞好容差设计。通过参数设计能得到最优组合条件；通过容差设计可以知道如何实现这种最优条件，同时也可以进一步修正系统设计。可见，三次设计是相互促进的。

系统设计、参数设计、容差设计三方面的内容构成田口方法的"线外质量控制"，田口线外质量控制、质量损失函数和田口线内质量控制就构成了田口质量控制体系，如图 5-4 所示。

一般所讲田口参数设计是指田口线外质量控制。在田口线外质量控制中，参数设计是获得高质量产品的关键，也是田口方法的中心内容。系统设计是线外质量控制的基础和前提，

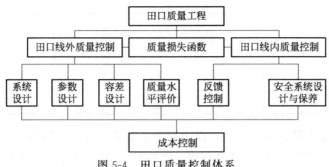

图 5-4 田口质量控制体系

容差设计是对系统设计和参数设计的完善与提高,质量水平评价是对田口线外质量控制的效果评价与分析。

 即学即用

试说明田口方法线外质量控制和线内质量控制的含义?

3. 正交试验设计

田口方法在应用过程中,要求试验安排必须进行正交试验设计,使用的基本工具是正交表(试验设计和正交表的基本原理详见第四章相关内容)。

(1) 正交表设计

田口方法中,正交表的形式一般记为 $L_n(t^q)$。其中,L 是正交表的代号;t 是正交表中的数码数,即因素的水平数;q 是正交表的列数,表示最多能安排 q 个因素;n 是正交表的行数,表示最多能做 n 次试验。两水平和三水平因素试验的两种常用正交表设计分别如表 5-1 和表 5-2 所示。

表 5-1 正交表 $L_8(2^7)$

试验号	1	2	3	4	5	6	7
1	1	1	1	1	1	1	1
2	1	1	1	2	2	2	2
3	1	2	2	1	1	2	2
4	1	2	2	2	2	1	1
5	2	1	2	1	2	1	2
6	2	1	2	2	1	2	1
7	2	2	1	1	2	2	1
8	2	2	1	2	1	1	2

表 5-2 正交表 $L_9(3^4)$

试验号	1	2	3	4
1	1	1	1	1
2	1	2	2	2
3	1	3	3	3
4	2	1	2	3

续表

试验号	1	2	3	4
5	2	2	3	1
6	2	3	1	2
7	3	1	3	2
8	3	2	1	3
9	3	3	2	1

由正交表的正交性设计原理可知，以上两个正交表具有以下特点：

① 表中各列出现的水平数字的次数相同。例如表 $L_8(2^7)$ 中的任一列出现水平 "1" 和 "2" 的次数都是 4。同样表 $L_9(3^4)$ 中的任何一列出现水平 "1" "2" "3" 的次数都是相同的三次。

② 表中任意两列并在一起形成若干数字对，不同数字对的个数相同。$L_8(2^7)$ 中列并在一起形成 8 个数字对，分别为 (1, 1)、(1, 2)、(2, 1)、(2, 2) 共四种，每种的个数都是 2。而表 $L_9(3^4)$ 中任两列并在一起形成了 9 个数字对，分别为 (1, 1)、(1, 2)、(1, 3)、(2, 1)、(2, 2)、(2, 3)、(3, 1)、(3, 2)、(3, 3)，每对出现一次。

正是由于正交性的存在，正交表安排的试验具有均衡、分散、整齐、可比性。比如对于三因素三水平的试验，如果全面试验需要 3^3（27）次，而如果采用表 5-2 的正交表 $L_9(3^4)$ 的前三列安排试验因素 A, B, C 来进行试验，只需要 9 次试验，见图 5-5。从图中可知正交试验设计的 9 个试验点在长方体的每个面上都恰好有三个试验点，而且长方体的每条棱上都恰好有一个点，9 个试验点均匀地分布于整个长方体内，每个试验点都有很强的代表性，能够比较全面地反映试验域内的大致情况。而对试验结果分析是在两个因素水平变动的情况下，比较第三个因素的水平，例如在比较因素 A 的三个水平的效应时，让因素 B 和 C 有规律地变化，从而 B, C 的影响大致相同，因此试验结果的不同主要是由于因素 A 的三个水平不同引起的。对于 B, C 情况也是一样，这就是正交试验设计的整齐可比性。

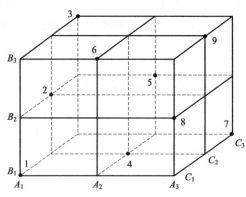

图 5-5 正交试验示意图

(2) 正交试验安排

田口方法进行正交试验安排的步骤如下：①确定试验因素及每个因素的试验水平；②分析各因素间是否存在交互作用；③确定大概试验次数，选择合适的正交表，安排试验；④试验结果分析，确定最优参数组合。

确定试验因素、每个因素的水平，以及分析各因素间的交互作用都需要很强的专业知识，以上任务完成时才可以选择合适的正交表安排试验。在不考虑交互作用时可以把因素逐个安排在正交表的任意列上。例如 4 因素 3 水平的试验,可以选择正交表 $L_9(3^4)$。在需要考虑交互作用时,因素不能任意安排,需要进行相应的表头设计来安排试验。此时选择正交表时必须考虑有足够的自由度,即要求表的行数大于试验因素的个数。例如安排 4 个试验因素 A、B、C、D 的两水平试验时,必须考虑交互作用 $A \times B$ 和 $A \times C$ 时,可以采用正交表 $L_9(2^7)$。

在正交试验设计时,每个因素水平的选择主要根据试验目的,如果要详细观察各因素的影响则每个因素应多取几个水平,如果试验仅仅是考虑因素影响的趋势,则因素的水平数就可以少取一些。有些问题当通过一次正交试验达不到要求时,或是当试验因素的最佳水平组合位置大致确定而又想获得它的最优点位置时,就需将试验因素的变动范围缩小,水平值距划细,进行下一轮的正交试验。

(3) 正交试验结果分析

通过对正交试验结果的直观分析和方差分析,可以得到每个因素对试验结果影响的重要程度,并进一步确定出参数值的最佳组合。

① 正交试验结果的直观分析。以 4 因素 3 水平的正交试验为例 [用正交表 $L_9(3^4)$],其直观分析表见表 5-3。

表 5-3 正交表的直观分析

试验		1(A)	2(B)	3(C)	4(D)	结果
1		1	1	1	1	Y_1
2		1	2	2	2	Y_2
3		1	3	3	3	Y_3
4		2	1	2	3	Y_4
5		2	2	3	1	Y_5
6		2	3	1	2	Y_6
7		3	1	3	2	Y_7
8		3	2	1	3	Y_8
9		3	3	2	1	Y_9
直观分析	T_1	T_{1A}	T_{1B}	T_{1C}	T_{1D}	
	T_2	T_{2A}	T_{2B}	T_{2C}	T_{2D}	
	T_3	T_{3A}	T_{3B}	T_{3C}	T_{3D}	
	R_1	R_{1A}	R_{1B}	R_{1C}	R_{1D}	—
	R_2	R_{2A}	R_{2B}	R_{2C}	R_{2D}	
	R_3	R_{3A}	R_{3B}	R_{3C}	R_{3D}	
	极差 R	R_A	R_B	R_C	R_D	

首先计算出试验结果 $Y_1, Y_2, Y_3, \cdots, Y_n$ 的水平和及水平均值,水平和即为每个因素不同水平的试验结果之和,如

$$T_{1A} = Y_1 + Y_2 + Y_3 \tag{5-1}$$

$$T_{2A} = Y_4 + Y_5 + Y_6 \tag{5-2}$$

$$T_{3A} = Y_7 + Y_8 + Y_9 \tag{5-3}$$

水平均值即为同水平的试验结果和的均值,如

$$R_{1A} = \frac{T_{1A}}{3} \tag{5-4}$$

$$R_{2A} = \frac{T_{2A}}{3} \tag{5-5}$$

$$R_{1B} = \frac{T_{1B}}{3} \tag{5-6}$$

极差

$$R_A = \max(R_{1A}, R_{2A}, R_{3A}) - \min(R_{1A}, R_{2A}, R_{3A}) \tag{5-7}$$

然后，评定试验因素的重要顺序，即依照极差的大小排序，极差越大说明该因素对试验结果值的影响越大，该因素越重要。最后，确定最佳参数组合，当不需要考虑因素间交互作用时，只需要考虑试验目的便可以确定每个因素的最佳水平，从而得到因素的最佳组合。当需要考虑因素间的交互作用时，应根据试验结果把对应于该两因素所有不同水平组合的试验结果进行比较，选出该两因素的最佳水平组合，最后再综合考虑其他因素确定最佳参数组合。

② 正交试验结果的方差分析。设试验因素数为 n，试验次数为 N，正交试验结果的方差分析步骤为：

第一步，计算总平方和 S_T 及其自由度 f_T

$$S_T = \sum_{i=1}^{N}(Y_i - \overline{Y})^2 = \sum_{i=1}^{N} Y_i^2 - \frac{1}{N}(\sum_{i=1}^{N} Y_i)^2 = \sum_{i=1}^{N} Y_i^2 - \mathrm{CT} \tag{5-8}$$

其中，$\mathrm{CT} = \frac{1}{N}(\sum_{i=1}^{N} Y_i)^2$ 称为修正项，$f_T = N - 1$。

第二步，计算每个因素的平方和及其自由度，以因素 A 为例

$$S_A = \frac{1}{3}\sum_{i=1}^{3} T_{1A}^2 - \mathrm{CT} \text{ 和 } f_A = \text{水平数} - 1 \tag{5-9}$$

第三步，计算误差平方和 S_e 及其自由度 f_e

$$S_e = \sum S_{空列} \tag{5-10}$$

$$f_e = \sum f_{空列} \tag{5-11}$$

最后，整理计算结果，汇总得正交表的方差分析表（表5-4）。

表5-4 正交试验结果的方差分析表

误差来源	平方和	自由度	均方	统计量	贡献率/%	统计推断
A	S_A	f_A	$V_A = \frac{S_A}{f_A}$	$F_A = \frac{V_A}{V_e}$	$\rho_A = \frac{(S_A - f_A V_e)}{S_r}$	
B	S_B	f_B	$V_B = \frac{S_B}{f_B}$	$F_B = \frac{V_B}{V_e}$	$\rho_B = \frac{(S_B - f_B V_e)}{S_r}$	当 $F_A > F(f_A, f_e, \alpha)$ 时认为因素 A 影响显著，其余类推
…	…	…	…	…	…	
e	S_e	f_e	$V_e = \frac{S_e}{f_e}$			
$\tilde{e}$	$S_{\tilde{e}}$	$f_{\tilde{e}}$	$V_{\tilde{e}}$			
总平方和	S_r	f_r			100%	

注：$S_{\tilde{e}}$ 为不显著因素的平方和；$f_{\tilde{e}}$ 为不显著因素的自由度和；$V_{\tilde{e}} = \frac{S_{\tilde{e}}}{f_{\tilde{e}}}$。

根据正交试验结果的方差分析，可以定量地给出因素的主次关系。此时，参数的最佳组合可以考虑重要因素及其相应的水平值，次要因素的水平值可以由其他条件确定。

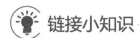

链接小知识

田口方法的发展

田口方法自建立及实施以来,共经历了 3 个发展阶段:

第一阶段:方法建立阶段。在 20 世纪 50~70 年代,田口提出正交试验设计和信噪比,建立了田口理论,成功地对丰田、松下等知名企业进行了近百万个项目的试验;美国三大汽车巨头通用、福特和克莱斯勒公司使用田口方法作为操作指南。

第二阶段:理论完善阶段。在该阶段,田口方法得到了拓展并与其他理论结合使用,使得最优值更加精确也更接近预期值。首先,田口在 20 世纪末期提出了一种研究多维系统的方法——马田系统(MTS),该方法在田口方法中加入了马氏距离,并被广泛应用于疾病诊断、数据分类、模式识别以及样本的诊断和预测分析。其次,双曲面响应(DRSM)法是 20 世纪 90 年代初兴起的结合田口参数设计思想和统计回归模型发展起来的实验统计方法。在之后的研究中,很多学者通过将田口方法与其他方法相结合,对田口方法进行改进和创新,以获得更加精确的结果。

第三阶段:方法应用阶段。近年来,随着田口理论的不断发展和完善,田口方法的应用也在同步扩展。复杂产品、工艺加工、数据挖掘等高新制造业领域的许多问题都利用改进的田口方法得到了很好的解决。

问题:我国对田口方法的发展和应用情况如何?

第二节 田口参数设计

田口参数设计是产品设计的核心,它在系统设计确定了产品或系统的目的功能及结构之后进行。参数设计是通过选择系统中所有参数(包括原材料、零件等)的最优水平组合,使产品对环境条件和其他噪声因素的敏感性降低,从而尽量减少各种干扰的影响,使所设计的产品质量特性波动小,稳定性好。最终效果是在不提高产品成本甚至降低成本的基础上使产品质量损失最小。

一、参数设计的基本原理

参数设计是一种线性与非线性设计,它主要是利用非线性效应,通过合理地选择参数在非线性曲线上的工作点或中心点,使质量特性值的波动缩小;同时利用与输出特性有线性关系的参数,把平均值调整到目标值,如图 5-6 所示。

若某产品的输出特性 y 与某一参数 x 的关系如图 5-6(a)所示。当参数 x 取为 x_1 时,其波动范围是 Δx_1,由此引起 y 的波动范围为 Δy_1;通过参数设计,将 x_1 移到 x_2,此时对于同样的波动范围 Δx_1,输出特性值 y 的波动范围变为 Δy_2,它大大小于 Δy_1。与此同时,却产生了一个新的矛盾,即 y 从目标值 y_0 移到了 y_0',偏移量 $\Delta y = y_0' - y_0$。为了校正这个偏移量,使输出特性值既围绕目标值散布,又波动小,可设法找一个与产品输出特性 y 呈线性关系,且便于调节的该产品的参数 z,即 $y = \phi(z) = a + bz$ [见图 5-6(b)]。只要把 z 从 z_1 调到 z_2,即可补偿上述偏移量 Δy。若不进行参数设计,只是把参数 x 的波动范围缩

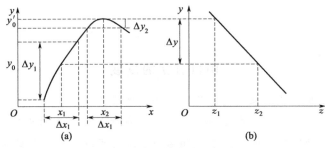

图 5-6 非线性效应的一般原理

小,此时产品质量特性 y 的波动也会变小,但变化的幅度不大,而且缩小参数的波动范围需要付出成本代价,由此可看出参数设计对于改进产品质量的重要意义。

从上述基本原理可以看出,参数设计很好地解决了三次设计所追求的主目标,它可以在不增加成本的状况下,通过对影响输出质量特性的因素水平的合理取值,设计出稳健的产品。

田口参数设计的主要工具就是正交试验设计和信噪比。产品参数设计之初,首先应该将影响产品质量的因素划分为可控因素和不可控因素,并根据专业知识选取各因素合理的水平值,为合理地选取正交设计表作准备。

二、内外表

参数设计一般都需要用到两个正交表,即用于安排可控因子(可控因子是指人们可以控制其水平变化的因子)的正交表,称为"内表"或"设计变量矩阵";用于安排噪声因子(噪声因子是指不能控制的因子,如环境的温度、产品的老化以及操作者的水平等)的正交表称为"外表"或"不可控因素矩阵"。

例如用 $L_{27}(3^{13})$ 作为内表,用 $L_9(3^4)$ 作为外表。把它们安排在同一张表上(如表 5-5),外表旋转了 90°放置。在该表中,A、B、C、D 为可控因素,E、F、G 为不可控因素或噪声因素,根据表的安排进行试验。因此内表的每次试验对应外表的九次试验。把这样的安排理解为对内表进行重复试验,相当于在噪声变差范围内实施了一个系统的伪 Monte Carlo 试验。之后计算信噪比(用 η 表示),对比进行方差分析之后可以给可控因素选择稳健的参数。

表 5-5 田口方法的正交表安排

正交表类型	内表 $L_{27}(3^{13})$				外表 $L_9(3^4)$		信噪比 η
试验因素	可控因子安排及行数				噪声因子安排		
					试验次序 1,2,3,…,9	噪声因素	
可控因素	1 A	2 B	3 C	4 D	噪声水平安排	E	
						F	
						G	
试验次序 1 2 3 … 27	可控因素水平的安排				试验结果 Y_{ij}		η_1 η_2 η_3 … η_{27}

三、信噪比

三次设计法中应用的另一个重要概念就是"信噪比"。信噪比最初应用于电子通信工程，是作为通信效率的一种测度。田口于1957年在著作《试验设计法》中首次提出将信噪比的概念应用到正交试验中来，用以模拟噪声因素对质量特性的影响，即把信噪比作为衡量产品质量的输出质量特性，信噪比越大，那么该参数水平下的产品功能越稳定，社会损失就越小。在质量管理中，所谓信噪比，一般是指主效应（相当于信号）与误差效应（相当于噪声）之比值，记为

$$\eta = S/N \tag{5-12}$$

式中，S指因素的主效应（效果）；N指误差效应（效果）。

通常，产品的质量特征值y服从正态分布$N(\mu,\sigma^2)$，以望目特性为例，人们一方面希望y的均值$\mu=m$，另一方面则希望方差σ^2越小越好。于是，人们用变异系数$V=\sigma/\mu$度量质量特征值的欠佳性，因而，可以用$1/V$来度量质量特征值的优良性。田口将其等效地以$\eta=\mu^2/\sigma^2$来度量y的优良性，并将其称为"信噪比"。

设测得望目特性质量特征值y的n个数据y_1，y_2，$\cdots$，y_n，根据数理统计知识可知μ，σ^2，μ^2的无偏估计分别为

$$\hat{\mu} = \overline{y} = \frac{1}{n}\sum_{i=1}^{n} y_i \tag{5-13}$$

$$\hat{\sigma}^2 = V_e = \frac{1}{n-1}\sum_{i=1}^{n}(y_i - \overline{y})^2 \tag{5-14}$$

$$\hat{\mu}^2 = (\overline{y})^2 - \frac{V_e}{n} = \frac{1}{n}(S_m - V_e) \tag{5-15}$$

其中，$S_m = n(\overline{y})^2 = \frac{1}{n}\left(\sum_{i=1}^{n} y_i\right)^2$，则信噪比$\eta$的估计公式为

$$\eta = \frac{\frac{1}{n}(S_m - V_e)}{V_e} \tag{5-16}$$

在实际计算中，将η取常用对数再乘以10，化为分贝（dB）值。在不致引起混淆的情况下，将化为分贝值的信噪比仍记为η，其计算公式为

$$\eta = 10\lg \frac{\frac{1}{n}(S_m - V_e)}{V_e} \text{（dB）} \tag{5-17}$$

以分贝值表示的信噪比不仅计算方便，而且可使经过对数变换的η更接近于正态分布，可采用方差分析进行统计分析；同时，因子的效应也大多具有可加性，忽略交互作用的影响。望小特性质量特征值y的信噪比

$$\eta = -10\lg \frac{1}{n}\sum_{i=1}^{n} y_i^2 \tag{5-18}$$

望大特性质量特征值 y 的信噪比

$$\eta = -10\lg \frac{1}{n}\sum_{i=1}^{n}\frac{1}{y_i^2} \quad (5\text{-}19)$$

上述信噪比均属于静态信噪比,静态特性的信噪比用于改进产品在一个确定的输出点上的功能稳健性,而动态特性的信噪比用于一定输出范围上改进产品功能的稳健性。当无法测定输入和输出特性时,动态特性无法使用,只能采用静态特性方法来进行研究。

动态特性是按既定的意志或目标,通过一定的条件与信号因素的水平,改变输入值,希望系统的输出特性随着信号的变化而相应地变化,且波动越小越好的质量特性。望目特性的目标值是固定不变的,但动态特性的目标值却随信号因素水平的改变而改变。例如:汽车方向盘的转向角是信号因素,而汽车的实际转弯半径就是动态特性。一般系统的动态特性如图 5-7 所示。

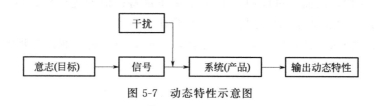

图 5-7 动态特性示意图

衡量一个产品动态特性的好坏,一般从以下三个方面考察:①对输入信号是否具有较高的灵敏度;②输出特性是否便于调整和核正,对此,最理想的输出特性 y 与信号因素应具有较强的线性关系;③要求输出特性的波动要小,这样可使产品具有较强的抗噪声的能力。

四、灵敏度

灵敏度是评价产品质量特性平均值的指标,设产品的质量特性 y 为随机变量,其期望值为 μ,则 μ^2 称为 y 的灵敏度。

μ^2 通常用它的估计 $\hat{\mu}^2$ 来计算。$\hat{\mu}^2$ 的计算公式见式(5-14)、式(5-15)。

在实际计算中,常把灵敏度用对数化为分贝值

$$S = 10\lg \frac{1}{n}(S_m - V_e)(\text{dB}) \quad (5\text{-}20)$$

五、田口参数设计流程

参数设计的具体流程主要是借鉴正交试验设计,首先确定影响输出质量特性的因素及其水平,然后对因素进行分类,利用内外正交表安排试验并计算结果,最后通过信噪比和灵敏度这两个指标确定因素的最佳水平。具体的流程如图 5-8 所示。

对于望目特性的产品质量,最大化信噪比之后还需要调节质量均值使其达到或接近目标值,而对望大或望小特性的产品,无需再调节产品质量的均值,信噪比最大就是质量损失最小的设计。田口参数设计以正交表和信噪比为工具得到产品质量对噪声因素不敏感的设计,如果产品质量仍达不到要求,需要进行容差设计,通过提高元件的精度或品级以提高产品质

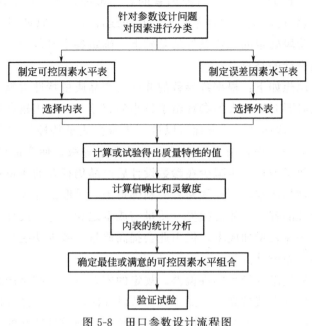

图 5-8　田口参数设计流程图

量，但是这是以提高产品成本为代价的提高产品质量的设计。

六、参数设计最佳方案的判定准则

按传统方式，设计工程师为提高设计质量通常会利用以下手段：首先是追求目标值，然后是采用高质量的原材料或零部件。而参数设计是一种不首先追求目标值的新方法，它的第一步是减小波动，提高稳健性，然后才是调整目标值。通常，参数设计最佳方案的判定是通过两个指标来衡量的，即信噪比和灵敏度。因为这两个指标分别代表稳健性和平均值，所以可以通过两步优化法得出最佳参数组合。

第一步优化，选定使信噪比最大的可控因素水平。通常把这种因素称为稳定因素，稳定因素决定了输出质量特性的波动大小，只有首先按非线性原理缩小波动，才能制造出稳健的产品。

第二步优化，选定不影响信噪比而影响灵敏度的可控因素水平。用这些可控因素把灵敏度调整到期望的水平。因为灵敏度是代表平均值的指标，因此通过调整这种因素（也称为调整因素）的水平就可以使质量特性的中心值的偏离缩小。

因此，通过以上两种指标，进行两步优化，就可以得出参数设计的最佳方案。

第三节　田口容差设计

一、容差设计的基本原理

容差是从经济角度考虑的允许质量特性值的波动范围。容差设计通过研究容差范围与质量成本之间的关系，对质量和成本进行综合平衡。容差设计是在参数设计得到的最优试验方案的基础上,通过非线性效应,调整可控因素的容差范围,通过正交试验设计(也可以不用),利用质量损失函数得出最佳的容差水平。其非线性效应的原理同参数设计。容差设计的目的是在参数设计阶段确定的最佳条件的基础上,确定各个参数合适的容差。因此,容差设计可以认为是参数设计的补充。

容差设计的基本思想如下:根据各参数的波动对产品质量特性贡献(影响)的大小,从经济性角度考虑有无必要对影响大的参数给予较小的容差(例如用较高质量等级的元件替代较低质量等级的元件)。这样做,一方面可以进一步减少质量特性的波动,提高产品的稳定性,减少质量损失;另一方面,由于提高了元件的质量等级,使产品的成本有所提高。因此,容差设计阶段既要考虑进一步减少在参数设计后产品仍存在的质量损失,又要考虑缩小一些元件的容差将会增加成本,要权衡两者的利弊得失,采取最佳决策。总之,通过容差设计来确定各参数最合理的容差,使总损失(质量与成本之和)达到最佳(最小)。我们知道,使若干参数的容差减小需要增加成本,但由此会提高质量,减少功能波动的损失。因此,要寻找使总损失最小的容差设计方案。

容差就是设计中所规定的最大容许偏差。规定的容差越小,则该产品某尺寸的可制造性就越差,制造费用或成本也就越高。为此,在参数设计阶段,出于经济性的考虑,一般选择波动范围较宽的零部件尺寸。若经参数设计后,产品能达到质量特性的要求,一般就不再进行容差设计,否则就必须调整各个参数的容差。用于容差设计的主要工具是质量损失函数和正交多项式回归。

二、质量损失函数

一般地,产品或零件的质量特征值的分布服从正态分布,其中落在上、下控制限外的值判定为不合格。通常我们并不考虑其在经济上造成的损失。而田口的独到之处恰是把这种波动与经济损失联系起来,提出了损失函数的概念。在稳健性工程中,我们用损失函数来确定产品的规格限。损失函数的形式因质量特性的不同而有所差异。

(1) 望目特性的损失函数

对于望目特性,当产品的质量特征值 y 的目标值为 m 时,若 $y \neq m$,则造成损失,且 $|y-m|$ 越大,损失越大。y 偏离目标值 m 时的损失函数为

$$L(y)=L(m+y-m) \tag{5-21}$$

我们将损失函数按泰勒公式展开为

$$L(y)=L(m)+\left[\frac{L'(m)}{1!}\right](y-m)+\left[\frac{L''(m)}{2!}\right](y-m)^2+\cdots \tag{5-22}$$

当 y 为目标值 m 时 $L(y)$ 取最小值,从而有 $L(m)=0$,此时损失函数的导数也为零 $L'(m)=0$。由于上式常数项与一次项取为零,因此损失函数的第一项其实是与目标值偏差的平方项。假设三次以上的微分项可以略去,且记平方项的比例常数为 k,则损失函数 $L(y)$ 可表示为

$$L(y)=k(y-m)^2 \tag{5-23}$$

若记自中心值开始的容差为 Δ,当 m 的偏差增大时,损失随之增加,当偏差大于等于容差时,才成为不合格品。因此,恰好等于容差时的损失应该等于称为不合格品时的损失。当为不合格品时损失为 A,则

$$k=\frac{A}{\Delta^2} \text{或} k=\frac{A_0}{\Delta_0^2} \quad (5\text{-}24)$$

式中，k 为比例系数，由容差 Δ 和不合格品损失 A 或功能界限 Δ_0 和丧失功能的损失 A_0 求得。功能界限 Δ_0 是指判断产品能否正常发挥功能的界限值。

（2）望大特性的损失函数

对于望大特性，目标趋于无穷大，其损失函数为

$$L(y)=k\left(\frac{1}{y^2}\right) \quad (5\text{-}25)$$

式中，$k=A_0 y_0^2$，A_0 为顾客损失，y_0 为顾客容差。

（3）望小特性的损失函数

对于望小特性，目标为零，其损失函数为

$$L(y)=ky^2 \quad (5\text{-}26)$$

式中，$k=A_0/y_0^2$，A_0 为顾客损失，y_0 为顾客容差。

三、容差设计的实施框架

容差设计中的正交试验设计过程与参数设计相似，但评价的指标不同，容差设计需要用质量损失函数来确定质量水平，即综合衡量最优的容差组合。其基本框架如图 5-9 所示。

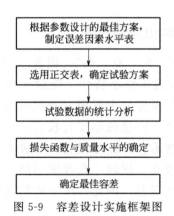

图 5-9 容差设计实施框架图

四、容差设计最佳方案的判定准则

在此，只对利用质量损失函数来论证不同容差设计方案优劣的过程展开论述。按质量损失函数计算原方案（参数设计所得最佳方案）的质量损失，记为 $L(y)$；然后再计算新方案的质量损失 $L'(y)$，由于新方案用容差范围比较小的一级品、二级品代替容差比较大的三级品，这样就增加了一定的成本 C。

当 $L(y)>L'(y)+C$，新的容差设计最佳，方案可取。

当 $L(y)\leqslant L'(y)+C$，新的方案不可取。

以上判断准则是以用户质量损失的最小化为依据，站在顾客的角度考虑设计问题的。当

然,这可能会遭到一定的非议,因为按照零缺陷的观点,追求完美是每个企业不断的目标。质量是"免费"的含义是,当改进质量而增加的有形成本很高时,它有可能减少了大量无形质量损失;当第一次就把事情做对,即使增加了成本,也会节省很多质量控制、质量检验、产品返修等方面的费用。因此,综合起来,质量改进仍是"免费"的。

第四节 田口方法应用案例

为说明田口方法在工程中的应用情况,本小节采用田口方法对吸波涂层进行优化设计。以 3 层结构的吸波涂层为例,以误差因素模拟干扰、以信噪比为指标度量产品质量特性;采用 $L_9(3^4)$ 正交表安排可控因素,$L_{36}(2^3 \times 3^{13})$ 安排误差因素,采用田口方法和内外表直积法进行优化设计研究。

吸波涂层已在部分主战装备上应用,其质量可靠性日益受到重视。吸波涂层质量可靠性是指涂层性能对生产人员、原材料、时间和环境等因素波动的抵制能力。这种能力越强,涂层的可靠性越高。田口方法是以误差因素模拟干扰、以信噪比为指标度量产品质量特性,并采用正交表来安排误差因素的一种优化方法。采用田口方法对涂层进行优化设计,模拟人员、原材料、时间和环境等因素对涂层的影响,是提高涂层可靠性的有效设计方法之一。3 层结构的吸波涂层设计自由度大,容易实现"薄、轻、宽、强",但对厚度精度要求高、涂装控制难度大,导致吸波性能波动大,影响在武器装备上的工程化应用。

一、吸波涂层的质量目标特性和因素分析

吸波涂层的发展方向是"薄、轻、宽、强",因此吸波涂层的反射率和合格带宽属于望大特性,涂层的厚度和面密度属于望小特性。反射率和合格带宽直接反映涂层的吸波性能。影响涂层的反射率、合格带宽的主要因素有吸波剂的电磁参数和涂层的厚度。目前,吸波涂层大多采用手工喷涂,涂层的厚度有较大的波动;吸波涂层在装备作训使用过程中,会面临高低温交变、盐雾、湿热等侵害,其吸波剂,特别是羰基铁类吸波剂会逐渐被氧化,导致电磁参数的波动;同时,在吸波剂的生产过程中,其电磁参数的实际值均围绕其名义值波动,即存在误差。因此,涂层的厚度和吸波剂的电磁参数既是可控因素,也是误差因素。

二、3 层吸波材料的反射率优化设计

(1) 3 层材料的反射率计算

根据信号流图法,3 层材料的雷达波反射率为

$$R = 20\lg \left| \frac{R_{K3} + R_{32} e^{-2\gamma_3 d_3}}{1 + R_{K3} R_{32} e^{-2\gamma_3 d_3}} + \frac{(1-R_{K3}^2) e^{-2\gamma_3 d_3}}{1 + R_{K3} R_{32} e^{-2\gamma_3 d_3}} \times \frac{(1-R_{32}^2) e^{-2\gamma_2 d_2}}{1 + R_{32} R_{21} e^{-2\gamma_2 d_2}} \times \frac{R_{21} - e^{-2\gamma_1 d_1}}{1 - R_{21} e^{-2\gamma_1 d_1}} \right|$$

其中,

$$\gamma_i = j \frac{2\pi c}{f} (\varepsilon_{r,j} \mu_{r,i})^{0.5}$$

$$R_{(i+1)i} = \frac{\left(\frac{\mu_i}{\varepsilon_i}\right)^{0.5} - \left(\frac{\mu_{i+1}}{\varepsilon_{i+1}}\right)^{0.5}}{\left(\frac{\mu_i}{\varepsilon_i}\right)^{0.5} + \left(\frac{\mu_{i+1}}{\varepsilon_{i+1}}\right)^{0.5}}$$

$$i = 1, 2, 3$$

因此，3层吸波涂层的雷达波反射率为可计算性的参数设计问题。

(2) 3层材料的因素和水平分析

涂层中各层的厚度和电磁参数既是可控因素，也是误差因素。作为可控因素时，以 D 表示涂层各层厚度组合，以 E 表示电磁参数的排列。确定各可控因素分别为 3 个水平，水平因素见表5-6（以羰基铁、六角铁氧体和复合吸波剂为吸波剂，总厚度为 1.2mm 的 3 层材料在 10GHz 的反射率为例）。

表5-6 可控因素水平

因素		水平		
		1	2	3
D	底层	0.4mm	0.3mm	0.3mm
	中间层	0.4mm	0.3mm	0.7mm
	面层	0.4mm	0.6mm	0.2mm
E	底层	$\varepsilon = 22.18 - j1.82$ $\mu = 1.09 - j1.81$	$\varepsilon = 22.18 - j1.82$ $\mu = 1.09 - j1.81$	$\varepsilon = 10.77 - j1.15$ $\mu = 1.67 - j1.23$
	中间层	$\varepsilon = 6.7 - j0.64$ $\mu = 0.54 - j0.31$	$\varepsilon = 10.77 - j1.15$ $\mu = 1.67 - j1.23$	$\varepsilon = 6.7 - j0.64$ $\mu = 0.54 - j0.31$
	面层	$\varepsilon = 10.77 - j1.15$ $\mu = 1.67 - j1.23$	$\varepsilon = 6.7 - j0.64$ $\mu = 0.54 - j0.31$	$\varepsilon = 22.18 - j1.82$ $\mu = 1.09 - j1.81$

根据研究经验，手工喷涂时，涂层的厚度波动范围为 10%，分别以 d_1、d_2 和 d_3 表示涂层底层、中间层和面层的厚度；国内吸波剂的电磁参数的波动为 5%，分别以 $\varepsilon_{11}\varepsilon_{12}$、$\mu_{11}$、$\mu_{12}$ 表示涂层底层的相对介电常数实部、虚部，相对磁导率实部和虚部；以 $\varepsilon_{21}\varepsilon_{22}$、$\mu_{21}$、$\mu_{22}$ 表示涂层中间层的相对介电常数实部、虚部，相对磁导率实部和虚部；以 $\varepsilon_{31}\varepsilon_{32}$、$\mu_{31}$、$\mu_{32}$ 表示涂层面层的相对介电常数实部、虚部，相对磁导率实部和虚部，相对磁导率实部和虚部厚度误差因素取两个水平，电磁参数误差因素水平取 3 个水平。误差因素水平表见表5-7。

表5-7 误差因素水平表

因素	水平		
	1	2	3
d_1	$0.9d_1$	$1.1d_1$	—
d_2	$0.9d_2$	$1.1d_2$	—

续表

因素	水平		
	1	2	3
d_3	$0.9d_3$	$1.1d_3$	—
ε_{11}	$0.95\varepsilon_{11}$	$1.0\varepsilon_{11}$	$1.05\varepsilon_{11}$
μ_{11}	$0.95\mu_{11}$	$1.0\mu_{11}$	$1.05\mu_{11}$
ε_{12}	$0.95\varepsilon_{12}$	$1.0\varepsilon_{12}$	$1.05\varepsilon_{12}$
μ_{12}	$0.95\mu_{12}$	$1.0\mu_{12}$	$1.05\mu_{12}$
ε_{21}	$0.95\varepsilon_{21}$	$1.0\varepsilon_{21}$	$1.05\varepsilon_{21}$
μ_{21}	$0.95\mu_{21}$	$1.0\mu_{21}$	$1.05\mu_{21}$
ε_{22}	$0.95\varepsilon_{22}$	$1.0\varepsilon_{22}$	$1.05\varepsilon_{22}$
μ_{22}	$0.95\mu_{22}$	$1.0\mu_{22}$	$1.05\mu_{22}$
ε_{31}	$0.95\varepsilon_{31}$	$1.0\varepsilon_{31}$	$1.05\varepsilon_{31}$
μ_{31}	$0.95\mu_{31}$	$1.0\mu_{31}$	$1.05\mu_{31}$
ε_{32}	$0.95\varepsilon_{32}$	$1.0\varepsilon_{32}$	$1.05\varepsilon_{32}$
μ_{32}	$0.95\mu_{32}$	$1.0\mu_{32}$	$1.05\mu_{32}$

(3) 优化设计

根据可控因素和水平，内表选择 $L_9(3^4)$ 正交表内表，如表 5-8 所示。

表 5-8 中第 3、4 列为空列，可用于分析计算误差。内表中的 9 种设计条件即为 9 个备选的设计方案。

表 5-8 内表及信噪比分析

序号 i		D	E	(e)	(e)	η_i/dB
		1	2	3	4	
1		1	1	1	1	19.356
2		1	2	2	2	−4.188
3		1	3	3	3	14.022
4		2	1	2	3	19.727
5		2	2	3	1	−4.800
6		2	3	1	2	14.704
7		3	1	3	2	20.156
8		3	2	1	3	−5.621
9		3	3	2	1	13.804
η 分析	T_{1j}	29.19	59.239			$T=87.16$
	T_{2j}	29.631	−14.609	—	—	$CT=844.1$
	T_{3j}	28.339	42.53			$S_T=999.4$

根据误差因素水平分析，9 个设计方案的误差因素如表 5-9 所示。

表 5-9 9 个设计方案的误差因素表

内表方案号	水平号	误差因素														
		d_1	d_2	d_3	ε_{11}	μ_{11}	ε_{12}	μ_{12}	ε_{21}	μ_{21}	ε_{22}	μ_{22}	ε_{31}	μ_{31}	ε_{32}	μ_{32}
1	1	0.36	0.36	0.36	21.07	1.036	1.73	1.72	6.4	0.51	0.61	0.29	10.23	1.59	1.09	1.16
	2	0.44	0.44	0.44	22.18	1.09	1.82	1.81	6.7	0.54	0.64	0.31	10.77	1.67	1.15	1.23
	3				23.29	1.14	1.91	1.90	7.04	0.57	0.67	0.33	11.31	1.75	1.20	1.29
2	1	0.36	0.36	0.36	21.07	1.036	1.73	1.72	10.23	1.59	1.09	1.16	6.4	0.51	0.61	0.29
	2	0.44	0.44	0.44	22.18	1.09	1.82	1.81	10.77	1.67	1.15	1.23	6.7	0.54	0.64	0.31
	3				23.29	1.14	1.91	1.90	11.31	1.75	1.20	1.29	7.04	0.57	0.67	0.33
3	1	0.36	0.36	0.36	6.4	0.51	0.61	0.29	6.4	0.51	0.61	0.29	21.07	1.036	1.73	1.72
	2	0.44	0.44	0.44	6.7	0.54	0.64	0.31	6.7	0.54	0.64	0.31	22.18	1.09	1.82	1.81
	3				7.04	0.57	0.67	0.33	7.04	0.57	0.67	0.33	23.29	1.14	1.91	1.90
4	1	0.27	0.27	0.54	21.07	1.036	1.73	1.72	6.4	0.51	0.61	0.29	10.23	1.59	1.09	1.16
	2	0.33	0.33	0.66	22.18	1.09	1.82	1.81	6.7	0.54	0.64	0.31	10.77	1.67	1.15	1.23
	3	0.3	0.3	0.6	23.29	1.14	1.91	1.90	7.04	0.57	0.67	0.33	11.31	1.75	1.20	1.29
5	1	0.27	0.27	0.54	21.07	1.036	1.73	1.72	10.23	1.59	1.09	1.16	6.4	0.51	0.61	0.29
	2	0.33	0.33	0.66	22.18	1.09	1.82	1.81	10.77	1.67	1.15	1.23	6.7	0.54	0.64	0.31
	3	0.3	0.3	0.6	23.29	1.14	1.91	1.90	11.31	1.75	1.20	1.29	7.04	0.57	0.67	0.33
6	1	0.27	0.27	0.54	6.4	0.51	0.61	0.29	6.4	0.51	0.61	0.29	21.07	1.036	1.73	1.72
	2	0.33	0.33	0.66	6.7	0.54	0.64	0.31	6.7	0.54	0.64	0.31	22.18	1.09	1.82	1.81
	3	0.3	0.3	0.6	7.04	0.57	0.67	0.33	7.04	0.57	0.67	0.33	23.29	1.14	1.91	1.90
7	1	0.27	0.63	0.18	21.07	1.036	1.73	1.72	6.4	0.51	0.61	0.29	10.23	1.59	1.09	1.16
	2	0.33	0.77	0.22	22.18	1.09	1.82	1.81	6.7	0.54	0.64	0.31	10.77	1.67	1.15	1.23
	3				23.29	1.14	1.91	1.90	7.04	0.57	0.67	0.33	11.31	1.75	1.20	1.29
8	1	0.27	0.63	0.18	21.07	1.036	1.73	1.72	10.23	1.59	1.09	1.16	6.4	0.51	0.61	0.29
	2	0.33	0.77	0.22	22.18	1.09	1.82	1.81	10.77	1.67	1.15	1.23	6.7	0.54	0.64	0.31
	3				23.29	1.14	1.91	1.90	11.31	1.75	1.20	1.29	7.04	0.57	0.67	0.33
9	1	0.27	0.63	0.18	6.4	0.51	0.61	0.29	6.4	0.51	0.61	0.29	21.07	1.036	1.73	1.72
	2	0.33	0.77	0.22	6.7	0.54	0.64	0.31	6.7	0.54	0.64	0.31	22.18	1.09	1.82	1.81
	3				7.04	0.57	0.67	0.33	7.04	0.57	0.67	0.33	23.29	1.14	1.91	1.90

本优化方法采用内外表直积法，即用正交表安排和模拟误差因素不同水平的搭配。内表每种设计方案对应一个误差因素表，采用 $L_{36}(2^3 \times 3^{13})$ 正交表安排设计。采用计算机辅助设计程序，对输出特性值进行计算。雷达波反射率属于望大特性，其信噪比 η 为

$$\eta = -10\lg\left(\frac{1}{n}\sum_{i=1}^{n}\frac{1}{y_i^2}\right) = -10\lg\left[\frac{1}{36}\left(\frac{1}{6.506^2} + \frac{1}{6.887^2} + \cdots + \frac{1}{12.721^2}\right)\right] = 19.356$$

（4）最佳方案和验证

由表 5-8 可知，在总厚度一定且远远小于波长时，电磁参数的排列方式对反射率有重要影响，采用"陷阱式"的排列制备的涂层反射率最小。

由表 5-8 可知，采用方案 7 时雷达波反射率的信噪比最高，反射率最低为 $-12.27\mathrm{dB}$，最大为 $-7.93\mathrm{dB}$，平均反射率 $<-10\mathrm{dB}$，具有良好的抗厚度和电磁参数波动的能力。因此，选择方案 7 为最佳方案。

由方案 7 可知，喷涂了 3 块吸波涂层试板，雷达波反射率测试结果分别为 $-11.2\mathrm{dB}$、

−12.3dB 和 −11.5dB，与设计基本一致。

采用田口方法进行优化设计，能有效降低吸波涂层的性能波动，可较大幅度地提高装备隐身性能的可靠性，对吸波涂料的工程应用具有重要的技术参考价值。

案例资料来源：邱华，唐继海，杨骐，等. 吸波涂层优化设计研究 [J]. 功能材料，2012，43（S2）：242-244.

本章小结

【知识图谱】

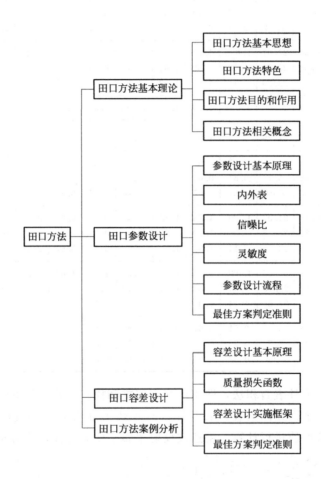

【基本概念】

　　　正交试验　orthogonal experiment
　　　田口方法　Taguchi method
　　　质量损失函数　quality loss function
　　　参数设计　parameter design
　　　容差设计　tolerance design
　　　信噪比　signal-to-noise ratio

学而思之

> 田口方法在二战后日本经济的恢复和崛起中扮演了重要的角色，日本对田口方法的推广使其经济在短期内快速发展实现腾飞，并使产品深入美国市场并打开全球的销路。田口方法应用于产品的设计开发和工艺参数的优化实践效果可观，众多田口方法的成功实例表明了低成本、高质量及短开发周期的设计优化和工艺优化是可能的和极有成效的，这也证明田口方法具有高度适用性和优越性。但田口方法仍有一定局限，需要与其他方法结合使用发挥其优势特征，解决实际中出现的复杂问题。但田口方法的理论和思想为更多领域的设计和工艺优化提供了思路。当前加速发展的国际竞争使得各国创新进程不断加快，创新是国家战略的重要环节，掌握产品设计阶段质量创新的先进技术成为在竞争中取得成功的关键。
>
> 思考：在设计优化和工艺优化方面，田口方法具有哪些优势和局限？可以与哪些方法结合使用？在我国由制造大国向制造强国转变过程中具有什么积极作用？

本章习题

1. 简述正交表的格式和特征。
2. 简述正交试验设计的基本步骤。
3. 田口方法有哪些基本的观念和主要策略？
4. 什么是质量损失函数？试比较质量特性的三种评价指标的不同点。
5. 简述三次设计的相互关系和作用。
6. 简述参数设计的基本原理和实施流程。
7. 简述容差设计的基本原理和实施流程。

第六章
变异源分析

第六章 变异源分析

学习目标

> 熟悉过程变异的相关术语
> 理解变异源分析和方差分析的关系
> 掌握变异源分析的图形和数值分析方法
> 了解变异源分析的主成分分析和状态空间模型方法

导入案例

谁家的产品质量好

某电器开关公司在进行一批稳压电源产品的采购工作，A 和 B 两个品牌进入了最终采购环节，技术部门要求稳压电源输出电压为 220V±5V，A 和 B 两品牌产品均符合技术部门的要求，输出电压均值偏移小于 1V，唯一的区别是 A 品牌生产的产品输出电压标准差为 1V，而 B 品牌生产的产品输出电压标准差为 2V。度量产品性能优劣的关键指标是产品特性的波动性或变异性，其统计指标就是标准差，因此 A 品牌生产出来的产品质量要强于 B 品牌生产出来的产品。

减少产品特性的变异性并不是一件简单的事，它涉及生产过程中的人、机、料、法、环和测等诸多因素。在生产过程中，对造成过程变异的异常因素进行识别，计算不同异常因素对过程变异的贡献度，进而收集过程数据，进行统计分析，制定相应的管理举措消除过程变异，是本章的学习目的。通过本章的学习，需要掌握利用变异源分析方法对实际过程中出现的异常状态进行分析和计算。

第一节 变异源分析概述

一、变异源分析基本概念

1. 变异源分析定义

在质量过程管理中，实施统计过程控制的主要目的是减少过程波动，消除产品特性的差异。生产出来的产品特性变异越小，则表明产品性能越好。例如在芯片加工制造过程中，A 企业可以做到"晶圆制造面积为 400nm^2 时，制造精度达到 1nm^2"，而 B 企业则仅做到"晶圆制造面积 400nm^2 时，制造精度达到 10nm^2"，显然 A 企业具有比 B 企业更强的过程控制能力和竞争力。通常来讲，评判企业竞争力强弱的关键指标是企业对产品特征性能波动性或变异性的控制能力，实施统计过程控制的目的就是使生产出来的产品差异性尽可能地小。

正如前述案例中所言，减少产品差异性或者是减少产品特性的统计指标（标准差），并不是一件容易的事情。为了减少产品差异性和提高过程控制能力，需要找出在生产过程中引发变异的"罪魁祸首",识别出造成过程变异的各种因素,并且按照定量计算出的"贡献度"大小将异常因素排成队,列出一个急需解决的问题的优先级清单,为后续质量改进项目提供必要的参考依据,这样一个过程就是变异源分析(source of variation,SOV)。通常来讲,进行变异源分析采用的统计工具包括方差分析(analysis of variance,ANOVA)和有关方差分量的计算等。

2. 变异源分析相关基本概念

变异源分析关注重点是分析问题而非解决问题,即如何在不改变目前生产状况的情况下,对影响过程变异的诸多因素进行分析,找到影响过程的关键因素,因此在正式解决问题前,首先需要搞清楚过程变异产生的机理。为了搞清楚过程变异的原因,需要对变异源分析中的一些基本概念进行定义。

通常把在分析过程中最能代表过程特性的变量称为因变量(或响应变量),把可能对质量特性造成影响的因素称为因子,同时将分析过程中因子的所有取值可能称为水平。举个生产机制螺钉的例子,螺钉长度是我们关注的过程特性即为因变量,编号 A、B、C 三台生产机床即为因子,而 A、B、C 即为机床这个因子可以取的三个水平。

3. 变异源分析基本思路

在变异源分析中,因子通常是以离散型变量的形式出现的,偶尔出现因子是连续型变量的情况也可以通过取若干固定值的方式将连续性变量转换成离散型变量进行处理。当然,根据因变量和因子类型不同,进行变异源分析的工具也会有变化。通常来讲,当因变量和因子都是连续型变量时,会采用回归分析的方法进行处理;当因变量和因子都是离散型变量时,会利用列联表的卡方检验进行分析;当因变量是离散型变量,因子是连续型变量时,则会采用 Logistic 回归方法进行处理;如果因变量是连续型数据,因子是离散型数据时,我们可以利用方差分析进行处理。然而,在实际处理数据过程中,由于每个因子的性质不尽相同,各因子间还会存在相关性形成不同结构关系,因此也需要进一步细分数据的类型,选择恰当的数据处理工具。

在了解了变异源分析的基本方法后,下面举例说明变异源分析的基本思路。例如机制螺钉直径的变异问题,如果我们直接在生产线上随机收集 100 颗螺钉,测量螺钉直径进行方差分析,若发现测量样本的波动情况大得超出想象,这表明产品特性的总体波动情况很大,但是这并不能告诉我们到底是什么原因造成了这么大波动。螺钉直径是关键特性,减少关键特性的波动对于生产质量控制来讲非常重要,但是我们希望通过数据分析获取进一步信息,即到底是什么因素导致了波动的产生。为此,我们必须放弃随机抽样的方式进行数据收集,转而采用另外一种分层抽样方式,即按照不同因子的不同水平有计划地进行抽样。需要注意的是,抽样必须在不改变现有工作条件的前提下进行,也就是说抽样工作只是对现有生产方式进行有计划的观察,这与试验设计的研究内容是不同的。更具体地讲,为了进行变异源分析而开展的抽样工作,只是对现实状况作出最真实详尽的客观记录,在此基础上进行分析,进而得到不同因子对因变量变异的贡献率,最终找到减少过程变异的主要因子。形象些说,这就好像从不同角度对过程的细节进行"拍照",我们希望是在"照片"中找到尽可能详细又准确的生产过程的全部真实状况,而不希望过程本身发生任何变化。

二、变异的类型

为了使大家能够理解变异源分析的基本方法,下面以机制螺钉的例子进行变异源分析。

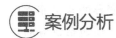

机制螺钉的变异源分析

为了改善车工车间在生产标准螺钉时产品直径波动过大问题,采用变异源分析方法进行质量改善。从生产线上随机抽取 3 名工人,让他们使用同一根钢条做原材料进行生产。每名工人都使用自己平时所用的车床和工具,按照随机顺序各自分别加工出 4 颗螺钉,然后在每颗螺钉根部随机选取两个相互垂直的方向分别测量产品直径,共得到 24 个数据(表 6-1)。要求:分析螺钉直径变异产生的原因。

通过观察可以发现,螺钉直径是存在波动的。螺钉直径在三名工人间可能存在变异,在每名工人自己生产的产品间也可能存在变异。当然,车床生产过程本身也会存在固有的变异,这种固有变异的产生几乎是不可控制的,通常可以把这种变异当做随机误差来处理。在实际生产工作中,螺钉直径可能还存在测量误差,但是当完成测量系统分析后,通常可以假定测量误差已经减小到可以忽略的程度。值得注意的是,随机误差并不是测量误差,它是完全随机形成的,不能算作待考察的因子。在这个产品直径的波动问题中,存在"工人""螺钉"两个因子和随机误差三个方面,那么在三名工人中和每人生产的 4 颗螺钉间以及螺钉内部的变异中,究竟哪个变异最大,哪个变异最小?它们的贡献率又是多少呢?

表 6-1 机制螺钉直径数据　　　　　　　　　　　　　　　mm

螺钉	工人 A		工人 B		工人 C	
	测量 1	测量 2	测量 1	测量 2	测量 1	测量 2
1	8.2	8.4	8.8	8.9	8.1	8.2
2	8.6	8.4	8.9	8.6	8.3	8.2
3	8.4	8.5	8.7	8.6	8.1	8.2
4	8.2	8.4	8.6	8.7	8.2	8.3

资料来源:何桢. 六西格玛管理 [M], 2007.

将上述问题进行一般化处理,就是进行 SOV 时的基本方法。通常来讲,可以把变异的来源分为三类:产品内变异(within piece variations)、产品间变异(piece to piece variation)和时间变异(time to time variation)。

1. 产品内变异

产品内变异是指生产出的单位产品,其质量特性在不同位置所存在的变异。如上例中测量螺钉的不同位置,其直径会有差异,这种差异是最基本的、不可避免且不可或不需要追究其原因的随机变异,也被称为组内变异,这一变异往往是被当做随机误差进行处理的,因此产品内变异并不是因子。

2. 产品间变异

产品间变异是指生产出的单位产品，其质量特性在不同产品之间存在的变异。例如上述案例中，如果对每个螺钉直径测量三次，取其平均值作为螺钉的直径，连续抽样若干产品，这些产品的直径也存在变异。产品间变异也被称为组间变异，这种产品间变异的含义非常广泛，不仅包括部件之间的差异、人员之间的差异、原材料批次之间的差异，还包括供应商之间的差异、设备之间的差异、生产工艺之间的差异和环境条件之间的差异等。

3. 时间变异

时间变异是指不同的时间点分别抽取样本，产品质量特性值也存在变异。常见的时间变异有早中晚三班之间的差异，每周五个工作日之间的差异，每周、每月、每季度、每年之间的差异等。

三、变异的度量

SOV 的最终目的就是把产品总体变异的统计指标（方差）分解成若干个有实际意义的分量。如果将因子用 A、B、$\cdots$、K 来表示，同时用 E 表示随机误差，则有变异源分析的基本公式

$$\sigma_{\text{总}}^2 = \sigma_A^2 + \sigma_B^2 + \cdots + \sigma_K^2 + \sigma_E^2 \tag{6-1}$$

式(6-1)中，$\sigma_{\text{总}}^2$ 表示总变异，σ_i^2（$i = A$，B，$\cdots$，K）表示各变异分量。变异源分析的最终结果就是得到上式的数值结果，并且把各项变异分量在总变异中的占比计算出来，从而确认对于总变异贡献最大的因子。进行变异源分析有两个基本步骤，第一步是通过统计作图法，提供图形工具直观地显示这些变异的组成状况；第二步是给出精确的数值计算结果，对变异分量给出定量的分析和解释。

第二节 变异源分析方法

本节主要介绍变异源分析方法，包括图形分析方法、单因子数值分析方法、多因子数值分析方法、主成分分析方法和状态空间模型。

一、图形分析方法

在变异源分析过程中，采用图形分析方法可以将测量数据间的结构关系直观地表示出来，并且通过观察可以对变异分布情况进行简单判断。通常来讲，利用图形分析方法可以进行变异源的初步分析，而主要采用的图形分析方法包括多变异图分析法和鱼骨图分析法。

1. 多变异图分析

在应用统计方法解决实际问题时，可以采用图形显示方法给出直观的判断。在变异源分析中，图形分析方法也是非常重要的手段，通常采用多变异图（multi-vari chart）来阐明因子间的结构关系。为了用多变异图描述出因子的结构关系，需要画出因子间的树状图（tree diagram），每个因子画一行，将各水平的数值从左至右列出来，然后对每个因子都自上而下画出。此时，由于随机误差总会放在最底层，这行不能算是"因子"，如图 6-1 所示。

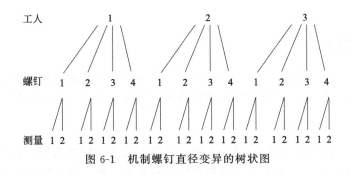

图 6-1　机制螺钉直径变异的树状图

按照上述树状图，进行数据收集，绘制出多变异图如图 6-2 所示。

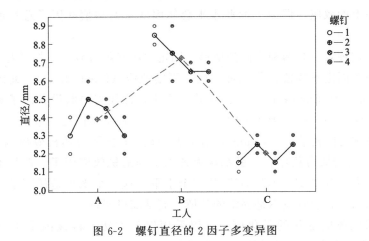

图 6-2　螺钉直径的 2 因子多变异图

在图 6-2 中，横轴指 A，B，C 三名工人；4 颗螺钉分别用 1，2，3，4 表示；图中竖线方向的点表示在每个时刻测量每颗螺钉的根部随机选取两个相互垂直的方向的两个点值；折线连接的是每个工人生产的 4 颗螺钉的直径均值。

从图 6-2 中可以发现，不同工人生产的螺钉直径之间存在很大差异，即因子"工人"对螺钉直径的影响很大，同一工人生产的螺钉直径间和同一产品的两次测量值间也存在差别，不过比工人造成的螺钉直径间差异要小。因此，通过图形分析方法可以得到初步的分析结论为：螺钉直径间的主要差异是由不同的工人造成的。例如，工人 B 生产出来的产品直径要明显大于另外两名工人。此外，虽然通过多变异图可以确定主要变异的来源，也为进一步寻找影响变异的原因指明了方向，但是，图形分析方法对于更复杂的不易确定变异成因主次的情况，很难直接得到有效的结论。此时，针对较难确定变异成因主次的情况，就必须采用更精确的方差分析方法，给出精确的方差分量的计算方法，定量地给出每种变异的贡献大小。

2. 鱼骨图法

鱼骨图（fishbone diagram）又称特性因素图，是日本东京大学的石川馨教授设计的一种能直观找出问题原因，面向问题的质量解决方法，因形如鱼骨而得名。鱼骨图以结果为终点，将原因要素散布在结果附近，用直线进行串联。清楚指明问题发生的关键要素以及各要素之间的关系。在进行变异源分析时，我们可以采用鱼骨图法识别出造成过程变异的各种因素，为后续进行定量计算方差贡献率做准备，特别是当过程相对较为复杂时，可以通过鱼骨图初步筛选出重要因素，并将各种可能因素更加直观清晰地通过图表展现出来，便于让决策者对全局进行把控。

二、数值分析方法

图形分析方法只能对变异源进行初步分析。当变异情况复杂时,仅使用图形分析方法难以取得理想的结果。因此,对于变异复杂的情况,需要采用定量的数值分析方法进行处理。

1. 单因子数值分析方法

通过前面章节的学习,我们知道一个因子可以取若干不同的数值,这些数值称为该因子的水平,对于该因子在每个水平下因变量均值的算数平均数,称为因子的总均值。如果对于该因子所取的各个水平,因变量在各水平的均值与因子的总均值存在差别,则称这个差别为该因子在该水平上的效应,即因子取此水平会使因变量的均值在因子总均值上产生多大的变化。

一般来讲,这种效应有两种不同的情形:固定效应和随机效应。如果对于每个特定的水平,其效应是一个固定的数值,称此种效应为固定效应(fixed effect),此因子被称为固定效应因子(factor with fixed effect)。在方差分析中,往往需要假设各因子效应只有固定效应,但是在实际生活中,各因子在不同水平上的效应往往不是固定的数值,而是一个随机变量,这种效应被称为随机效应(random effect),该因子被称为随机效应因子(factor with random effect)。变异源分析中,一般都认为各因子为随机效应因子。例如上述机制螺钉案例中,因子"工人"有"A""B""C"共三个水平,这三个水平是从因子所有可能取值的集合中随机抽取的,它的效应不是固定的数值,而是随机变量。

计算上述随机效应变化的量化值,可以采用以下方法:将该因子所有水平(总计为N_a)的效应值看成总体,而因子第i个水平的效应α_i是来自总体的一个抽样($i=1,2,3,\cdots,N_a$)。显然,该总体的均值为0,方差为σ_A^2,其总体方差与i无关,仅与该因子有关,称为该因子的方差分量(variance component),则有$\alpha_i \sim N(0,\sigma_A^2)$,$i=1,2,3,\cdots,N_a$其中,$\sigma_A^2$未知。

在变异源分析中,最主要的任务就是估计出参数σ_A^2,这与普通的方差分析方法存在很大不同。若用$SS_{Ei}=\sum_{j=1}^{r}(Y_{ij}-\overline{Y}_i)^2$来表示水平内数据间的随机误差大小,对其求和可以得到总随机误差SS_E。同时,不同因子之间的误差用SS_A来表示,进而得到所有观测值的总误差平方和SS_T,并可以推导出$SS_T=SS_E+SS_A$。在得到各分量的误差平方和后,加之相应的自由度df,可以计算出各分量的平均平方和MS(简称均方),包括组间均方MS_A和组内均方MS_E。对于仅存在固定效应因子的情况,通过观测得到上述误差平方和就足够了,但是对于随机效应因子,各水平下观测值的误差平方和既包含因子方差的影响,也包含随机误差的影响,为了求出单纯的因子的方差,就必须消除随机误差的干扰。因此,方差分量的估计还要以MS为基础,进一步计算才能够得到。

通过分析可知,各方差分量的均方期望为

$$\begin{cases} E(MS_A)=r\sigma_A^2+\sigma^2 \\ E(MS_E)=\sigma^2 \end{cases} \tag{6-2}$$

通过观测值对相应均方的期望值进行估计可得

$$\begin{cases} MS_A = r\tilde{\sigma}_A^2 + \tilde{\sigma}^2 \\ MS_E = \tilde{\sigma}^2 \end{cases} \tag{6-3}$$

把式(6-3)当做二元一次方程组进行求解,可得方差分量的估计为

$$\begin{cases} \tilde{\sigma}_A^2 = (MS_A - MS_E)/r \\ \tilde{\sigma}^2 = MS_E \end{cases} \tag{6-4}$$

2. 多因子数值分析方法

在进行变异源分析时,通常不仅要解决单因子的情况,更多地是要处理多因子的状况,而多因子数值分析方法比单因子的处理方式要更为复杂。进行多因子数值分析,首先要弄清楚因子间的内在关系。多因子间通常是分层的,对于相邻层的两个因子,可以分为嵌套和交叉两种关系。对于多因子数值分析而言,这两种关系的计算方式很不一样,必须区分清楚。

以本节前面提到的机制螺钉案例为例来比较分析嵌套和交叉两种关系。在分析机制螺钉直径波动问题时,随机选取3名工人,各自分别加工4颗螺钉,然后分别随机测量两次螺钉根部两个垂直方向的直径,得到共24组数据。如果将"工人"记作因子A,将"螺钉"记作因子B,那么A和B两个因子间是什么样的关系呢?由于各工人生产的4颗螺钉分别附属于相应的工人,即使将这些螺钉都编号为1,2,3,4,但是工人A和工人B名下编号皆为1的两颗螺钉并不是同一件产品,这就认为因子B"螺钉"是被因子A"工人"所嵌套着的,此时因子A和因子B所处的地位是不能被颠倒过来的。然而,在实际生产中还有另外一种方式:3名工人轮流使用共同的4台编了号的车床,每个工人都是用车床1,2,3,4进行生产加工,此时,工人A和工人B名下编号1的两台车床就成为了同一个东西,我们称因子B"车床"与因子A"工人"相交叉,也可以叫做因子A与因子B相交叉,因子A和因子B的位置是可以相互交换的。值得注意的是,从图形分析方法上是不能区分两个因子的关系是交叉还是嵌套,只能从实际意义上来作出相应的判断。

在弄清楚交叉和嵌套两种情况后,下面首先介绍双因子交叉型方差分量的计算。设Y_{ijk}为在因子A_i和因子B_j水平情况下得到的第k个观测值。将因子A_i的随机效应记为α_i,因子B_j的随机效应记为β_j,因子A_i和因子B_j的随机交互效应记为δ_{ij},ε_{ijk}为随机误差,则有如下模型

$$\begin{cases} Y_{ijk} = \mu + \alpha_i + \beta_j + \delta_{ij} + \varepsilon_{ijk} \\ Var(\alpha_i) = \sigma_A^2, i=1,2,\cdots,N_a \\ Var(\beta_j) = \sigma_B^2, j=1,2,\cdots,N_b \\ Var(\delta_{ij}) = \sigma_{AB}^2, i=1,2,\cdots,N_a; j=1,2,\cdots,N_b \\ E(\varepsilon_{ijk}) = 0, Var(\varepsilon_{ijk}) = \sigma^2, i=1,2,\cdots,N_a; j=1,2,\cdots,N_b; k=1,2,\cdots,r \end{cases} \tag{6-5}$$

其中,随机误差ε_{ijk}与α_i、β_j及δ_{ij}均不相关,模型中的σ_A^2、σ_B^2、σ_{AB}^2及σ^2均为方差分量,该模型也被称为交叉二因子方差分量模型。同时,不难证明存在下列公式

$$\begin{cases} E(MS_A) = rN_b\sigma_A^2 + r\sigma_{AB}^2 + \sigma^2 \\ E(MS_B) = rN_a\sigma_A^2 + r\sigma_{AB}^2 + \sigma^2 \\ E(MS_{AB}) = r\sigma_{AB}^2 + \sigma^2 \\ E(MS_E) = \sigma^2 \end{cases} \tag{6-6}$$

式(6-6)中各项方差分量均可以通过方差分析表得到,这些方差分量的期望值可以用对应的方差分量观测值进行估计,进而构成相应方程组,可以得到方差分量的估计为

$$\begin{cases} \tilde{\sigma}_A^2 = (MS_A - MS_{AB})/(rN_b) \\ \tilde{\sigma}_B^2 = (MS_B - MS_{AB})/(rN_a) \\ \tilde{\sigma}_{AB}^2 = (MS_{AB} - MS_{AE})/r \\ \tilde{\sigma}^2 = MS_E \end{cases} \quad (6-7)$$

嵌套型的方差分量计算方法和交叉型方差分量计算方法略有不同。同样地,设 Y_{ijk} 为在因子 A_i 和因子 B_j 水平情况下得到的第 k 个观测值。将因子 A_i 的随机效应记为 α_i,因子 B_j 的随机效应记为 β_j,ε_{ijk} 为随机误差,则有如下模型

$$\begin{cases} Y_{ijk} = \mu + \alpha_i + \beta_{j(i)} + \varepsilon_{(ij)k} \\ Var(\alpha_i) = \sigma_A^2, i=1,2,\cdots,N_a \\ Var(\beta_{j(i)}) = \sigma_{B(A)}^2, j=1,2,\cdots,N_b \\ E(\varepsilon_{(ij)k})=0, Var(\varepsilon_{(ij)k}) = \sigma^2, i=1,2,\cdots,N_a; j=1,2,\cdots,N_b; k=1,2,\cdots,r \end{cases} \quad (6-8)$$

这里随机误差 $\varepsilon_{(ij)k}$ 与 α_i 及 $\beta_{j(i)}$ 都不相关。此模型中的 σ_A^2,$\sigma_{B(A)}^2$ 及 σ^2 都是方差分量,因此该模型也被称为嵌套二因子方差分量模型。同样可以证明存在如下公式

$$\begin{cases} E(MS_A) = rN_b\sigma_A^2 + r\sigma_{B(A)}^2 + \sigma^2 \\ E(MS_{B(A)}) = r\sigma_{B(A)}^2 + \sigma^2 \\ E(MS_E) = \sigma^2 \end{cases} \quad (6-9)$$

通过方差分析可以得到相应的方差分量。将方差分量期望的估计值代入式(6-9),可得方差分量的估计结果为

$$\begin{cases} \tilde{\sigma}_A^2 = (MS_A - MS_{B(A)})/(rN_b) \\ \tilde{\sigma}_{B(A)}^2 = (MS_{B(A)} - MS_E)/r \\ \tilde{\sigma}^2 = MS_E \end{cases} \quad (6-10)$$

在实际工作中,遇到的因子数往往是2个或者2个以上的问题。这些因子间的关系可能是交叉、嵌套,也可能先交叉后嵌套,或者先嵌套后交叉;可能交叉到底,也可能嵌套到底;同时,因子效应可能是固定效应,也可能是随机效应,各因子搭配时所使用的水平数一般是固定的,但是也避免不了个别缺失水平的情况(如试验失败、记录错误等)发生。在进行变异源分析前,需要对上述情况进行全面分析。

除了上述二因子交叉模型和二因子嵌套模型,主要存在的情况一般还有如下几种:

① 三因子嵌套模型,即因子 B 被 A 所嵌套,C 被 A,B 所嵌套。此模型可表示为

$$Y = A + B(A) + C(A,B) + E$$

② 三因子全交叉模型,即因子 A 和因子 B 交叉,因子 A 和因子 C 交叉,因子 B 和因子 C 交叉。此模型可表示为

$$Y = A + B + C + A*B + B*C + C*A + A*B*C + E$$

③ 三因子交叉嵌套模型，即因子 A 和因子 B 交叉，因子 C 被因子 A，B 所嵌套。此模型可表示为

$$Y = A + B + A^* B + C(A, B) + E$$

④ 三因子嵌套交叉模型，即因子 B 被 A 所嵌套，因子 C 与因子 A，B 交叉。此模型可表示为

$$Y = A + B(A) + C + A^* C + B^* C + E$$

上述不同情况的方差分量估计方法与二因子交叉模型和二因子嵌套模型的思路基本一致，在此不再赘述。

实际工作遇到的问题可能千差万别，但是变异源分析的方法大同小异。大多数情况下，利用图形分析法和数值分析法，一般的问题都可以得到解决。其中，利用变异源的图形分析方法，可以对相关问题得到一个初步的结论；利用方差分量计算方法分析因子相关关系，则可以进一步得到精确的结论。

三、主成分分析

除了常用的图形分析法和数值分析法之外，还可利用其他方法对一些复杂的变异源问题进行分析，例如主成分分析方法（principal component analysis，PCA）。PCA 本是一种数据降维方法，也可以作为一种聚类算法使用，其主要的思想是将多个变量转化为少数综合变量（即主成分），每一个主成分都是原本变量的线性组合，而且各个主成分之间相互独立，因此可以使得这些主成分能够反映原始变量的绝大部分信息，而且所包含的信息互不重叠。

利用 PCA 方法进行变异源分析，核心思想就是借助第一主成分的方差是所有主成分中最大的特点，根据原始观测值到第一主成分上的映射判断变异大小。不妨设产品质量变异源有 p 个因子，即观测值为 p 维向量，分别用 $\boldsymbol{X}_1, \boldsymbol{X}_2, \cdots, \boldsymbol{X}_p$ 来表示，则有 $\boldsymbol{X} = (\boldsymbol{X}_1, \boldsymbol{X}_2, \cdots, \boldsymbol{X}_p)^\mathrm{T}$，随机变量 $\boldsymbol{X}$ 的均值为 u，协方差矩阵为 $\boldsymbol{\Sigma}$，对 $\boldsymbol{X}$ 进行线性变换，则有原始变量的线性组合

$$\begin{cases} z_1 = \alpha_{11}\boldsymbol{X}_1 + \alpha_{12}\boldsymbol{X}_2 + \cdots + \alpha_{1p}\boldsymbol{X}_p \\ z_2 = \alpha_{21}\boldsymbol{X}_1 + \alpha_{22}\boldsymbol{X}_2 + \cdots + \alpha_{2p}\boldsymbol{X}_p \\ \cdots \\ z_p = \alpha_{p1}\boldsymbol{X}_1 + \alpha_{p2}\boldsymbol{X}_2 + \cdots + \alpha_{pp}\boldsymbol{X}_p \end{cases} \tag{6-11}$$

式中，系数 α 的确定需要遵循以下两个原则：

原则 1，z_i 与 $z_j (i \neq j, i, j = 1, 2, \cdots, p)$ 相互无关；

原则 2，z_1 是 $\boldsymbol{X}_1, \boldsymbol{X}_2, \cdots, \boldsymbol{X}_p$ 的所有线性组合中方差最大的一组；z_2 是与 z_1 不相关的 $\boldsymbol{X}_1, \boldsymbol{X}_2, \cdots, \boldsymbol{X}_p$ 所有线性组合中方差最大的一组；z_p 是与 $z_1, z_2, \cdots$ 都不相关的 $\boldsymbol{X}_1, \boldsymbol{X}_2, \cdots, \boldsymbol{X}_p$ 所有线性组合中方差最大的一组。

根据上述两个原则确定出来的 $z_1, z_2, \cdots, z_p$ 分别称为原始变量的第一、第二、…、第 p 主成分，其中，z_1 是在总方差中占比最大的主成分，余下各主成分所占方差依次递减。寻找主成分就是确定原始向量 $\boldsymbol{X}_j (j = 1, 2, \cdots, p)$ 在各主成分 $z_i (i = 1, 2, \cdots, p)$ 上的因子载荷 α，即随机变量 $\boldsymbol{X}$ 的相关矩阵中具有较大特征值所对应的特征向量。

为了计算因子载荷，首先需要计算原始向量的相关系数矩阵

$$\boldsymbol{R} = \begin{bmatrix} r_{11} & r_{12} & \cdots & r_{1p} \\ r_{21} & r_{22} & \cdots & r_{2p} \\ \cdots & \cdots & \cdots & \cdots \\ r_{p1} & r_{p2} & \cdots & r_{pp} \end{bmatrix} \qquad (6\text{-}12)$$

其中，$r_{ij}(i,j=1,2,\cdots,p)$ 表示原始向量中 $\boldsymbol{X}_i$ 和 $\boldsymbol{X}_j$ 的相关系数，因为 $\boldsymbol{R}$ 是实对称矩阵，因此只需要计算上三角矩阵元素或者下三角矩阵元素。

通过解特征方程 $|\lambda\boldsymbol{\alpha}-\boldsymbol{R}|=0$ 求出特征值 $\lambda_i(i=1,2,\cdots,p)$，特征值是各主成分的方差，将特征值按照大小顺序排列，即 $\lambda_1 \geqslant \lambda_2 \geqslant \cdots \geqslant \lambda_p \geqslant 0$，进而分别求出特征值 λ_i 所对应的特征向量 $\boldsymbol{e}_i(i=1,2,\cdots,p)$，就可以按照方差大小反映各主成分的影响力。进一步计算第一主成分 z_1 与原始向量 $\boldsymbol{X}$ 的相关系数，即因子载荷量，就可以找到变异因子从大到小的排列

$$l = \text{rank}\left(\sqrt{\sum_{j=1}^{p} r_j}\, \boldsymbol{e}_i\right)(i,j=1,2,\cdots,p) \qquad (6\text{-}13)$$

l 中最大值所对应的原始向量即为最大变异源。

四、状态空间模型

随着现代制造技术的发展和产品复杂程度的提高，依托先进制造技术和信息技术的进步，多工序制造过程在复杂产品制造活动中已非常普遍。在多工序制造过程中，波动会在不同工序间进行传递，在连续工序间产生"瀑布效应"，利用传统变异源分析方法难以有效识别变异源，特别是在工序较多的情况下。

为有效解决多工序过程中各工序质量特性对最终产品质量影响的积累和传递问题，进而识别过程波动来源，需要引入状态空间思想对多工序过程的变异源进行分析。状态空间思想较早由 Jin 和 Shi (1999) 提出，其核心在于各工序质量特性之间通过线性关系加以传递，将三维的空间模型转化为二维的向量集，并叠加系统性干扰。反映状态空间思想的多工序制造过程示意图如图 6-3 所示。

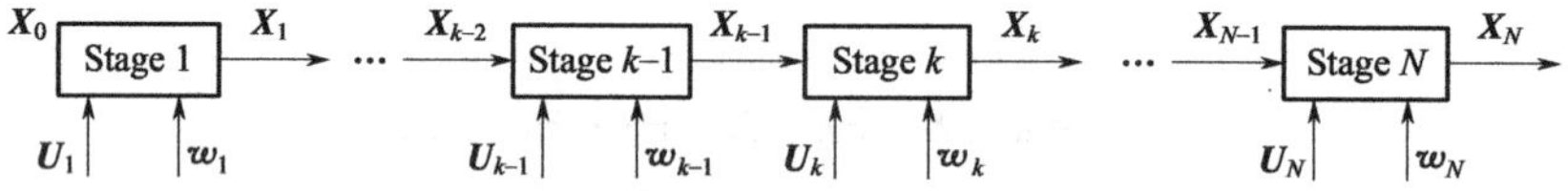

图 6-3 多工序制造过程示意图

相邻两工序质量特性关系模型可表示为

$$\boldsymbol{X}_j = \boldsymbol{A}_{j-1}\boldsymbol{X}_{j-1} + \boldsymbol{B}_j\boldsymbol{U}_j + \boldsymbol{w}_j \qquad (6\text{-}14)$$

其中，$\boldsymbol{X}_j = (x_{1j}, x_{2j}, \cdots, x_{kj})^{\text{T}}$ 表示 j 工序质量特性向量；$\boldsymbol{U}_j = (u_{1j}, u_{2j}, \cdots, u_{mj})^{\text{T}}$ 表示导致 j 工序过程失效的本工序产品质量特性向量；$\boldsymbol{A}_{j-1} = \begin{bmatrix} \alpha_{11,j-1} & \alpha_{12,j-1} & \cdots & \alpha_{1m,j-1} \\ \alpha_{21,j-1} & \alpha_{22,j-1} & \cdots & \alpha_{2m,j-1} \\ \cdots & \cdots & \cdots & \cdots \\ \alpha_{m1,j-1} & \alpha_{m2,j-1} & \cdots & \alpha_{mm,j-1} \end{bmatrix}$ 表示 $j-1$ 工序传递的产品质量特性对 j 工序产品质量的

影响系数矩阵;$\boldsymbol{B}_j = \begin{bmatrix} \beta_{11,j} & \beta_{12,j} & \cdots & \beta_{1m,j} \\ \beta_{21,j} & \beta_{22,j} & \cdots & \beta_{2m,j} \\ \cdots & \cdots & \cdots & \cdots \\ \beta_{m1,j} & \beta_{m2,j} & \cdots & \beta_{mm,j} \end{bmatrix}$ 表示 j 工序过程失效导致的本工序产品质量特性对 j 工序产品质量的影响系数矩阵;$\boldsymbol{w}_j = (\omega_1, \omega_2, \cdots, \omega_j)$ 表示系统误差。

设 Y 为过程最终产品质量,则根据式(6-14)并通过递推迭代,可得多工序质量特性关系模型

$$Y = \sum_{i=1}^{k} \boldsymbol{\Phi}_{k,i} \boldsymbol{B}_i \boldsymbol{U}_i + \boldsymbol{\Phi}_{k,0} \boldsymbol{X}_0 + \sum_{i=1}^{k} \boldsymbol{\Phi}_{k,i} \boldsymbol{w}_i \tag{6-15}$$

其中,$\boldsymbol{\Phi}_{(\cdot,\cdot)}$ 是状态转移矩阵,当 $k > i$ 时 $\boldsymbol{\Phi}_{k,i} = \boldsymbol{A}_{k-1} \boldsymbol{A}_{k-2}, \cdots, \boldsymbol{A}_i$,当 $k = i$ 时,$\boldsymbol{\Phi}_{k,k} = \boldsymbol{I}$。由于 $\boldsymbol{X}_0$ 表示过程初始输入,不失一般性,若设 $\boldsymbol{X}_0$ 为 0,且不考虑系统随机误差 $\boldsymbol{w}_j$,则式(6-15)简化为

$$Y = \sum_{i=1}^{k} \boldsymbol{\Phi}_{k,i} \boldsymbol{B}_i \boldsymbol{U}_i \tag{6-16}$$

为便于论述,用 $\boldsymbol{X}_i^*$ 代替 $\boldsymbol{U}_i$ 表示导致过程失效的本工序质量特性,则式(6-16)可转化为

$$Y = \sum_{i=1}^{k} \boldsymbol{\Phi}_{k,i} \boldsymbol{B}_i \boldsymbol{X}_i^* \tag{6-17}$$

式(6-17)即为多工序制造过程的变异源识别模型。利用最小二乘回归、偏最小二乘、套索模型等方法对模型进行拟合,通过显著性检验的回归系数所对应的变量即为对过程变异影响最大的因子。

第三节　变异源分析应用案例

为能够进一步掌握变异源分析的方法,本节分别采用鱼骨图法和数值分析法对某奶粉产品残氧量的变异情况、某瓷砖产品平面度的波动情况进行应用分析。

一、残氧量变异分析

为了使大家进一步理解变异源分析的图形方法,下面就对某公司袋装配方奶粉残氧量的变异源利用鱼骨图进行分析。A 公司在 2016 年一共接到关于袋装奶粉的投诉 15 宗,其中 10 宗是和奶粉哈喇味相关。哈喇味是婴幼儿配方奶粉中的不饱和脂肪酸被氧化而产生的异味。故此,A 公司调查投诉事件,怀疑其中的原因之一是袋装奶粉的残氧量偏高。而且 2016 年的第四季度,发生了两次因袋装奶粉残氧量超出标准值(≤2%)而报废的事件。于是,对袋装奶粉残氧量的控制成为迫在眉睫的事情。A 公司共有 A、B 两条袋装线,包装 300g 或 400g 产品。包装车间每天生产 2 个班次,每半小时每条包装线抽检一包袋装配方奶粉进行残氧量检测。另外,在每天开启包装机前需要进行生产调机,其中的一项内

容是确认产品的残氧量是否符合标准,必须连续三包产品的残氧量都在行动限值内才能开始生产,否则必须继续调机。在对 2016 年第四季度的残氧量数据进行统计的过程中,发现以下问题:

① 袋装配方奶粉的残氧量过高,导致某些时候产品的残氧量超出行动值,甚至超过标准值。正常生产过程会出现超出行动限值(残氧量≤1.5%)需要停机调整的情况,其中两个批次超出标准值(残氧量≤2%),报废了 6t 产品。

② 标准差波动过大。A、B 两条包装线在生产过程中都出现了残氧量超过 1.5% 的情况,残氧量波动大,波动范围在 0.74%~1.54% 之间。两条生产线的班次平均值比较接近,介于 1.02%~1.33% 之间,总平均值为 1.19%。但标准差的波动较大,介于 0.10%~0.21% 之间,总标准差为 0.1708%。由于不同班次的袋装奶粉残氧量平均值已经达到 1.33%,标准差的波动范围也达到 0.21%,所以导致袋装奶粉残氧量容易超出 1.5% 的行动限。因此,必须找出导致袋装奶粉残氧量数值偏高的根本原因,然后针对原因制定有效的改进措施,降低袋装奶粉残氧量,控制标准差范围。

为了找到袋装奶粉残氧量偏高和标准差波动过大的原因,项目小组召集生产部、质量部和工程部的经理、主管、班长和主要开机员工,利用鱼骨图法进行变异源分析,找出关键因素。鱼骨图如图 6-4 所示。

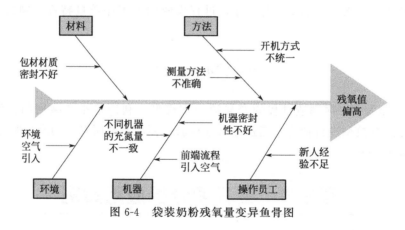

图 6-4 袋装奶粉残氧量变异鱼骨图

对于鱼骨图内分析出的可能原因,运用排除法逐一进行验证,找出关键要因如表 6-2 所示。

表 6-2 袋装奶粉残氧量变异关键要因

因素	原因	使用的验证方法
方法	开机方法不统一	对不同员工的开机方法进行分析验证
	测量方法不准确	测量系统分析
材料	包材材质密封性不好	对袋装奶粉的材质密封性进行分析
环境	环境空气引入	对袋装奶粉的生产环境进行分析
机器	不同机器的充氮量不一致	对袋装包装线进行变异源分析
	机器密封性不好	对袋装奶粉的气密性进行分析
	前端流程引入空气	对袋装奶粉的工艺流程进行分析
操作员工	新人经验不足	对人员进行变异源分析

除了鱼骨图所列举的可能原因外,项目小组成员运用头脑风暴法还想到其他的一些可能因素,包括:配方、生产季节、氮气的纯度等因素。

① 配方:因为袋装奶粉残氧量超标的情况存在于不同配方内,且各配方袋装奶粉的残氧量没有明显差别,故奶粉配方对袋装奶粉残氧量偏高的影响不大。

② 温湿度:因为 A 公司的生产环境温湿度严格控制在 21~25℃,<60%RH 的范围内,而且 2016 年未发生温湿度超标的情况,故生产环境的温湿度和袋装奶粉残氧量关系不大。

③ 氮气的纯度:A 公司所用的氮气为罐装液氮,氮气纯度为 99.999%,近年来未更换供应商,且氮气的纯度也未出现异常,故氮气的纯度不是影响袋装奶粉残氧量偏高的可能原因。

所以项目小组认为配方、温湿度和氮气纯度等因素对袋装奶粉残氧量变化的影响不大,故可以排除。使用鱼骨图法对人、机、物、法、环等各因素的变异源进行分析,可以大致确定变异源的基本情况,但是如需最终确定引起 A 公司袋装奶粉残氧量偏高的具体原因,需要运用定量分析中的双样本 T 检验、单因子方差分析、流程分析、方差分析等各种统计工具,对各因素进行逐一排查,从而制定精确的改进措施。此外,虽然通过鱼骨图分析可以大致确定主要变异的来源,也为进一步寻找影响变异原因指明了方向,但是定性分析对于更复杂的不易确定变异成因主次的情况,很难直接得到有效的结论。此时,针对较难确定变异成因主次的情况,就必须采用更精确的方差分析方法,给出精确的方差分量的计算方法,定量地给出每种变异的贡献大小。

二、瓷砖平面度变异分析

某瓷砖厂每天烧制一炉瓷砖,每炉瓷砖随机抽取 5 块产品,并对其平面度(flatness),连续抽检 7 天,共记录 35 组数据,对该瓷砖厂生产瓷砖的平面度进行变异源分析,具体数据如表 6-3 所示。

表 6-3 瓷砖平面度测量数据

瓷砖	第 1 天	第 2 天	第 3 天	第 4 天	第 5 天	第 6 天	第 7 天
1	2.39	1.29	1.63	1.21	2.45	2.16	1.79
2	2.37	1.56	1.81	1.46	2.65	1.96	1.84
3	2.24	1.49	1.82	1.23	2.61	2.04	1.83
4	2.23	1.45	2.13	1.51	2.53	1.92	2.05
5	2.01	1.26	1.81	1.68	2.45	1.91	2.02

利用方差分析表可以得到因子"天"的误差平方和 $SS_A=5.0415$,误差项的误差平方和 $SS_E=0.5851$,自由度分别为 6 和 28,进而可以得到相应的因子均方 $MS_A=0.8403$ 和误差项均方 $MS_E=0.0209$。但是需要注意的是,这里仅仅计算得到因子的固定效应,进一步代入式(6-3)可得下列方程组:

$$\begin{cases} 0.8403 = 5\tilde{\sigma}_A^2 + \tilde{\sigma}^2 \\ 0.0209 = \tilde{\sigma}^2 \end{cases}$$

解之可得：$\tilde{\sigma}^2=0.0209$，$\tilde{\sigma}_A^2=0.164$。同时，还可以计算得到因子"天"对总体变异的贡献度为88.69%，而误差项对于总体变异的贡献度为11.31%。由此我们可以得到结论：该瓷砖厂每天生产出来的产品确实存在较为显著的差异。

问题：方差分量会不会是负数？在什么情况下方差分量可能为0呢？

 即学即用

影响学习成绩的因素有很多，试分析都包含哪些因素，并利用SOV方法分析：
① 画出影响学习成绩的多变异图；
② 按照SOV方法设计数据收集方案，通过定量方法找出哪些是主要因素？

本章小结

【知识图谱】

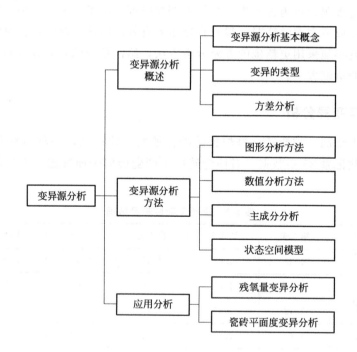

【基本概念】

  因子 factory
  水平 level
  变异源分析 source of variance
  方差分析 analysis of variance
  固定效应 fixed effect
  随机效应 random effect
  主成分分析 principle component analysis
  状态空间模型 state space model

学而思之

新型冠状病毒在全球爆发之际，接种新冠疫苗是一种对抗疫情的有效手段，中国在全球疫苗研发领域做出了突出贡献。

2020年1月24日，中国疾控中心成功分离出了中国首株新型冠状病毒毒种。3月16日，重组新冠疫苗获批启动临床试验。4月13日，中国新冠病毒疫苗进入Ⅱ期临床试验；一个由全球120多名科学家、医生、资助者和生产商组成的专家组发表公开宣言，承诺在世界卫生组织协调下，共同努力加快新冠疫苗的研发。6月19日，中国首个新冠mRNA疫苗获批启动临床试验。10月8日，中国同全球疫苗免疫联盟签署协议，正式加入"新冠肺炎疫苗实施计划"。

2021年2月25日，中国符合条件上市的新冠疫苗已经达到4个，其中三个灭活疫苗，一个腺病毒载体疫苗。截至3月27日24时，全国累计报告接种新冠病毒疫苗超过一亿剂次。4月，中国疾病预防控制中心专家表示：新冠病毒疫苗过敏的比例不高，过敏体质、备孕者均可以接种。4月12日报道，中国建立免疫屏障或需10亿人接种疫苗。5月7日，中国国药新冠疫苗获世卫组织紧急使用认证。6月1日，新华社快讯，中国科兴新冠疫苗获世卫组织紧急使用授权；世卫组织宣布将中国科兴新冠疫苗列入"紧急使用清单"。2021年6月15日，国家卫健委发布的数据显示，我国新冠疫苗接种突破9亿剂次，覆盖超过6亿人，疫苗接种剂次和覆盖人群数量都居于全球首位。截至2021年11月13日，31个省（自治区、直辖市）和新疆生产建设兵团累计报告接种新冠病毒疫苗238213.3万剂次。

思考：新冠疫苗接种能够有效阻击疫情发展，但是就接种个体而言接种效果存在一定差异，尝试通过变异源分析方法寻找疫苗接种效果变异的原因。

第七章
测量系统分析

学习目标

- 能设计一套测量系统
- 能区分测量系统的准确度和精密度
- 能区分重复性和再现性
- 能利用图形分析评估测量系统的重复性和再现性
- 能区别测量系统的误差来源
- 能利用方差分析来评估测量系统的重复性和再现性
- 能评估测量系统的线性和偏倚
- 能利用属性一致性分析评估属性数据的测量过程

导入案例

为什么要进行测量系统分析?

不论是在生活还是工作中,我们经常会用到各种各样的数据,帮助我们进行推断和决策。而推断和决策的准确性,往往取决于我们所用数据的质量。比如医生会根据病人的体温下医嘱,体温的高低影响着医生用药的剂量,如果体温计给出的数据正确地反映了病人的体温,那么医生会给出合适的处方,病人痊愈;如果体温计给出的数据不准确,则后果难料。因此,数据的质量至关重要,很大程度上决定着项目的成败。而数据是测量的结果,要得到高质量的数据,不仅要求量具合格,还要求测量系统本身具备相应的判断能力,这就要通过测量系统分析来解决。

由于统计分析的有效性依赖于收集到的数据质量,因此测量系统精确是很有必要的。但是几乎所有的测量系统都有误差,误差主要是由量具和量具的操作者造成的。本章主要学习如何评价测量系统的质量,包括量具的重复性和再现性研究、量具的偏倚和线性研究、属性的一致性分析等。

第一节 测量系统分析基本概念

一、测量和测量系统

1. 测量

按照 JJF 1001—2011《通用计量术语及定义》,测量(measurement)是指通过实验获得并可合理赋予某量一个或多个量值的过程。其中,赋予的值称为测量值。测量的目的在于确定被测对象量值的大小,前提条件包括对与测量结果预期用途相适应的量进行描述、规定测量程序和方法、测量器具应经过校准且必须依据测量程序(包括测量条件)进行操作等。在质量工程领域,数据是质量改进的基础,而测量是数据之源。

2. 测量系统

根据 ISO/TS 16949 标准，测量系统（measurement system）是指用来对被测特性定量测量或定性评价的仪器、量具、标准、操作、方法、夹具、软件、人员、环境和假设的集合。也就是说，测量系统由用来获得测量结果整个过程的所有要素构成。由于仪器量具功能、操作人员、环境条件等测量因素波动变化的必然存在，测量系统是影响产品质量特征值变异的六个基本因素之一，进行测量系统分析就成了企业实现连续质量改进的必经之路。

3. 测量系统分析

测量系统分析（measurement system analysis，MSA）是指通过统计分析的手段对构成测量系统的各个影响因子进行统计变差分析和研究，以得到测量系统是否准确可靠结论的过程。因此，测量系统分析的目的是确定整个测量系统的稳定性和准确性。从统计质量管理的角度来看，测量系统分析实质上属于变异分析的范畴，即分析测量系统所带来的变异相对于工序过程总变异的大小，以确保工序过程的主要变异源于工序过程本身而非测量系统，并且测量系统能力可以满足工序要求。

二、分辨力

分辨力（discrimination）是指测量系统识别并显示被测量物最微小变化的能力。如果测量系统的分辨力不高，就无法正确识别过程的波动，从而影响对测量结果的定量描述。因此，具有足够的分辨力是对测量系统中量具的首要要求之一。

对于连续性测量数据，常用测量结果的最小间距 unit 作为分辨力。测量系统分辨力的最起码要求是使 unit 同时不大于过程总波动（6 倍过程标准差）的 1/10 和容差（USL−LSL）的 1/10，即

$$\text{unit} \leqslant \min\left\{\frac{6\sigma}{10}, \frac{\text{USL}-\text{LSL}}{10}\right\} \tag{7-1}$$

另外，为了保证产品的波动能够在测量系统测量结果存在的波动中仍然可以可靠地辨别区分，一般用可区分类别数（number of distinct categories，ndc）作为判断分辨力是否足够的另一个标准。它的定义公式为

$$\text{ndc} = \text{int}\left(\frac{\sigma_{\text{part-to-part}}}{\sigma_{\text{Measurement System}}} \times \sqrt{2}\right) \tag{7-2}$$

式中，$\sigma_{\text{part-to-part}}$ 表示实际过程波动的标准差，即测量对象之间的差异；$\sigma_{\text{measurements ystem}}$ 表示测量系统波动的标准差；int（number）为向下取整函数。

通过可区分类别数可以判断测量系统分辨力的好坏。一般认为，当 ndc>4 时，最好情形；当 3≤ndc≤4 时，尚可接受；当 ndc<3 时，不可接受。

式(7-1) 和式(7-2)虽然都涉及分辨力的判定问题，但两者表达的是不同方面的要求。其中，式(7-1)是前提，是测量系统分析首要考察的内容，当测量系统安装调试成功之后，只要能得到测量结果，不用进行细致的测量系统分析就能立即判断出式(7-1)是否成立；而按一般测量系统分析的程序，式(7-2)的结果要在全部测量系统分析结束时才能给出。实际上，可区分类别数与测量系统精密度的重复性和再现性指标是一回事。一般情况下，可区分

类别数的要求更高。因此，当式(7-1)要求得到满足时，可区分类别数不一定能满足要求。当测量系统的分辨力不足时，一般应该考虑更换量具或者选用更好的测量技术。

三、准确度和精密度

1. 准确度

准确度（accuracy）是一个表示准确程度的通用概念，是指测量系统一个或多个测量结果的平均值与参考值（真值）之间一致的接近程度。准确度的高低常以误差大小来衡量，即误差越小，准确度越高，误差越大，准确度越低。由于准确度是基于结果的平均值，一个测量系统可能有很大的波动但是仍然准确。也就是说，一个准确度高的测量系统记录的结果值可能很分散，但是它们的平均值却在目标（值）上。

【例 7-1】 InkSoft 公司是一家生产喷墨打印机的厂商，它的竞争优势在于生产的打印机输出的质量，其中比较重要的指标就是灰度，也即电脑屏幕上的灰度应该跟打印纸上显现的灰度相匹配。为了测量公司生产出来的打印机质量的好坏，质量工程师利用浓度计（densitometer）来测量打印区域的灰度。为了评估浓度计的准确度，选择一张浓度为 0.15 的色卡条，对其进行测量 10 次，然后将其结果打在散点图上，如图 7-1。问此浓度计在测量浓度为 0.15 的色卡条时是否足够准确？

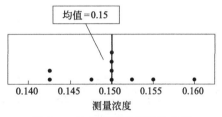

图 7-1 色卡条测量结果散点图

解： 此测量系统准确。因为测量结果的平均值刚好等于真值。

2. 精密度

精密度（precision）指在一定测量条件下，用相同设备对某一被测量的物体多次测量时各观测值间的离散程度。因此，精密度大小可用偏差表示，偏差越小，精密度越高。由于精密度指的是测量结果的偏差，因此一个精密的测量系统有可能准确也有可能不准确。现实世界中，测量系统的精确度跟投掷飞镖到飞镖盘上的精确度并没有太大不同。

 链接小知识

精密度与容差的关系

用 CircuitView 这个测量设备对同一个电路板测量 10 次，并且把结果打到散点图上（图 7-2）。由图 7-2 可知，测量设备测量的结果在 4.5～5.5mm 之间。为了评估测量系统是否精密，需要看一下测量结果的散布程度或者说测量结果的变化范围，比较简单的办法就是看数据的分布。用正态分布来模拟数据，结果如图 7-3 所示。由图 7-3 可知，电路板元器件之间的距离估计有 99.73% 落在正负 3 个标准差的范围之内。这样的变异量，公司的技术员能接受吗？

在不知道规格界限或者元器件间距离可接受范围的情况下，我们不能明确回答上面的问题。如果测量系统是精确的，那么在测量时，测量系统就不会产生额外的波动。也就是说，如果一个参数的真值是符合标准的，那么一个精密的测量系统测量的结果就不会低于或者高于规格界限。精密度与容差的关系如图 7-4 所示。

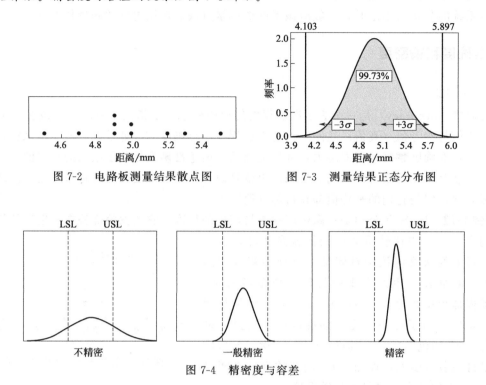

图 7-2　电路板测量结果散点图

图 7-3　测量结果正态分布图

图 7-4　精密度与容差

【例 7-2】 假定电路板上元器件间的距离规格界限在 4.8~5.2mm 之间，测量工具测出的数据如图 7-5(a) 所示，那么 CircuitView 这个测量工具是否精密呢？

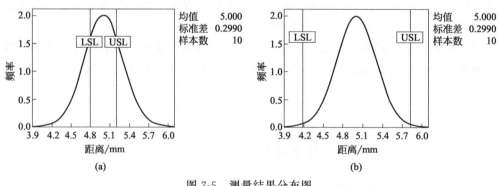

图 7-5　测量结果分布图

解： 答案当然是否定的，即测量工具不精密。因为在这个规格界限下，这个测量工具的精密度不足以测量出来元器件间真正的距离。即使元器件之间的距离都恰好是规格范围内的长度，量具的不精确性也会导致测量结果或者变大或者变小。

【例 7-3】 接上例，如果规格界限变宽，在 4.2~5.8mm 之间，测量工具测出的数据如图 7-5(b) 所示，那么 CircuitView 这个测量工具是否合格呢？

解： 答案是在这个规格界限内，测量系统是精密的。因为由图 7-5(b) 可知，利用这个量具对元器件间距离进行测量时，落在规格界限以外的测量值本质上为零。基于这个信息，可以判定这个测量系统是精密的。

3. 准确度与精密度的比较

准确度和精密度是评价测量系统质量的两个不同维度。其中，准确度是量具测量一个零件的平均值接近真值的能力；精密度指的是利用同样的量具对同一产品进行测量时观测值的变异性，亦即测量系统的一致性。精密度和准确度是相互独立的，也就是说，一个测量系统可能准确但不精密，精密但不准确，既精密又准确或者既不精密又不准确。

产生不同属性数据的测量系统，其准确度与精密度的评估指标并不相同。对于产生连续型数据的测量系统，一般用量具的线性和偏倚来评估其准确度，用量具的重复性和再现性来评估其精密度；对于产生属性数据的测量系统，一般用属性一致性分析来评估其准确度和精密度。

第二节 重复性和再现性分析

对测量对象进行测量时，测量结果总会存在一些变差。有些变差是由于零件本身的不同引起的，一般称这种零件间自然的变差为零件间变差（part-to-part variation）；有些变差则可能由测量系统所产生。其中，测量系统的变差是由于测量系统的不精密导致的，它由两部分构成，分别为重复性和再现性。

一、重复性

重复性是指由同一个评价人，采用同一种测量仪器，多次测量同一零件的同一特性时获得的测量变差。它是设备本身固有的变差或性能，传统上把重复性看作"评价人内变异性"。

重复性误差是从规定的测量条件下连续试验得到的普通原因（随机误差）变差。当测量环境是固定的，即规定了固定的零件、仪器、标准、方法、操作者、环境和假设时，对于重复性最好的术语是系统内部变差。除了设备内部变差以外，重复性将包括所有来自处于误差模式的任何情况下的内部变差。例如用CircuitView这个测量工具进行测量时，假定同一个操作者对同一个电路板进行多次测量，利用这个结果可计算出重复性变差。重复性变差产生的原因可能是操作者用不同的视角测量同一个部件，或者是因为测量工具由于重复使用而磨损。

二、再现性

再现性是指由不同的评价人，采用相同的测量仪器，测量同一零件的同一特性时获得的测量变差，传统上把再现性看作"评价人间的变异性"。

再现性误差由操作者间变差和操作员与零件的交互作用变差两部分组成。其中，操作者间变差是由于不同操作者在测量时的差异所造成的变差，而操作者与零件间的交互作用变差则是由于操作者与零件存在交互作用而产生的变差。例如当5个操作者用CircuitView测量工具对同一个电路板进行多次测量时，根据测量结果就能计算再现性的变差。再现性变差产生的原因可能是操作者有不同的培训背景，或者是在测量时采用的操作规程不同。

三、重复性和再现性分析方法

以某公司 CircuitView 这个测量工具为例，利用质量工程的常用软件 Minitab 对其进行重复性和再现性分析，目的是分析测量系统所产生的变差究竟是多少。具体内容包括重复性和再现性的实验设计、图形分析、数值分析和方差分析等内容。本章只对测量系统的重复性和再现性分析、线性和偏倚分析、属性一致性分析的 Minitab 软件操作及结果分析进行介绍，涉及的方差分析、控制图、回归分析、假设检验等理论详见本书其他章节内容或相关专业书籍。

1. 实验设计

整个实验过程可以按照以下步骤进行。

第一步：选择测量样本，也即从总体中选择有代表性的被测对象。

本例中，一共选择了 12 个元器件间距离在 4.94~5.05mm 范围内的电路板作为被测对象，它们代表了元器件间典型的距离范围。

第二步：随机选择有资质的操作者。

本例中，随机选择了 5 位操作者进行测量。

第三步：决定测量次数。

本例中，决定让每个操作者对每个电路板测量 4 次，则总共的测量次数为 240 次。在进行测量之前，操作者应该遵循一定的操作指南，具体为：

① 操作者在进行实验准备、测量、记录数据时，应该严格遵守实验程序；
② 操作者应该进行随机测量，以免增加不必要的误差；
③ 每次测量结束后，操作者应该把被测对象拿下来并对仪器进行重置；
④ 对被测对象秘密标记以免操作者产生偏差；
⑤ 测量过程中，操作者应该记录环境的变化，比如温度、时间等。

第四步：建立工作表。

在 Minitab 中建立工作表，表格设计为 4 列，分别为实验顺序、零件号（编号）、操作者（编号）、测量数据，如表 7-1 所示。整个过程中应严格遵循操作指南建表，以保证测量安排符合完全随机性原则。

表 7-1 电路板测量数据工作表（部分）

C1	C2	C3	C4
实验顺序	零件号(编号)	操作者(编号)	测量数据
34	1	1	4.97051
47	1	1	4.97705
108	1	1	4.98233
190	1	1	4.97747
21	1	2	5.01250
129	1	2	5.00212
141	1	2	5.01018
224	1	2	5.00122
93	1	3	4.97434

续表

C1	C2	C3	C4
实验顺序	零件号(编号)	操作者(编号)	测量数据
103	1	3	5.01545
150	1	3	4.97644

第五步：测量。

每个人按照表格列里的顺序对电路板进行测量，结果存在"测量数据"一栏里，如表 7-1 所示。

第六步：利用 Minitab 软件进行数据处理。

利用 Minitab 软件对所获得的数据进行处理，主要包括以下几项步骤内容。

① 从"统计→质量工具→量具研究→量具 R&R 研究（交叉）[Stat→Quality Tools→Gage Study→Gage R&R Study（Crossed）]"进入；

② 指定"部件号（Part numbers）"为"Part"，"操作员（Operators）"为"Operator"，"测量数据（Measurement data）"为"Distance"，分析方法（Method of Analysis）为"方差分析（ANOVA）"。

③ 选择"选项（Option）"，在"过程公差（Process tolerance）"中的"规格上限-规格下限（Upper spec-Lower spec）"中输入"0.20"，在"历史标准差（Historical standard deviation）"中输入"0.018332"。

在这个过程中我们需要注意的是，过程公差和历史标准差是企业已有的数据，如果没有，可以不输入。

④ 执行命令。

第七步：对 Minitab 处理的结果进行分析。

执行 Minitab 命令后，软件输出信息包括两部分，一部分是图形，一部分是数据。接下来的内容，就是对 Minitab 软件输出的图形和数据结果进行分析。

2. 图形分析

利用 Minitab 软件的"量具 R&R 研究"进行测量系统的重复性和再现性分析时，会产生许多图形的输出，比如变异分量图、均值极差图、交互作用图、比较图、运行图等。通过对这些图的深入分析，可以评价测量变差的来源。

(1) 变异分量图

变异分量图可以用来评价一个测量系统中不同来源变差对总变差的贡献。由于零件间的差异是一直存在的，因此如果测量系统本身的变差很小，那么在测量时，大部分的变差就来源于零件间的真实差异。所以，变异分量图的理想情形应如图 7-6 所示，即总变差中绝大部分的变差来源于零件间的差异。其中，1 为变差的每种来源对总变差的贡献率，2 为研究标准差对总研究标准差的贡献率，3 为研究标准差对历史标准差的贡献率，4 为每一部分的变差与容差的比值。

本例中得到的变异分量图如图 7-7 所示。由图 7-7 可知，本例测量系统绝大部分误差并非来源于零件间的真实差异，即测量系统也存在较大的误差，且重复性和再现性都存在较大变差。从误差贡献看，由于量具 R&R 的柱条 1 高于部件间的柱条 1，说明测量系统的误差贡献大于部件间的贡献，且主要来源于再现性的贡献（再现性的柱条 1 高于重复性的柱条 1）。

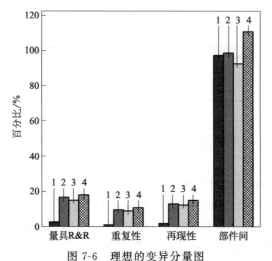

图 7-6 理想的变异分量图

1—贡献；2—研究变异；3—过程；4—公差

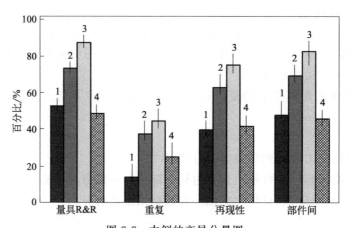

图 7-7 本例的变异分量图

1—贡献；2—研究变异；3—过程；4—公差

(2) 均值极差图

利用控制图来分析零件间的差异及测量系统的重复性时，理想的均值极差控制图如图 7-8 所示。这是因为，虽然操作者对不同的电路板进行测量，测量过程总会有变差存在，但理想的情形下，零件间的变差要比重复性的变差大得多。因此，理想的均值极差控制图中，极差图中所有点子都应该在控制线内，代表着操作者的重复性较好，而均值图上应有很多点超出控制界线，代表着测量系统能探测出零件间真实的变差。

本例中得到的均值极差控制图如图 7-9 所示。其中，极差图反映的是每个操作者测量每个零件所得数据的极差情况，均值控制图反映的是每个操作者测量每个零件所得数据的均值情况。

由图 7-9 的极差图可知，第 5 个操作者测量的极差最小，一致性最好；第 3 个操作者测量值的极差最大，一致性最差，有两个点子出界，意味着其在测量这两块电路板时的一致性不好。由于均值图控制线的计算是基于极差图上所观察到的重复性差异，因此均值图可以用来比较零件间的变异与测量系统的重复性变异。不过需要注意的是，由于均值图控制线的计

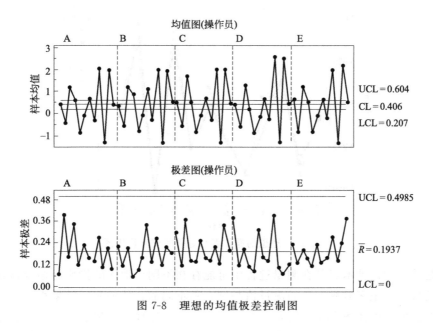

图 7-8 理想的均值极差控制图

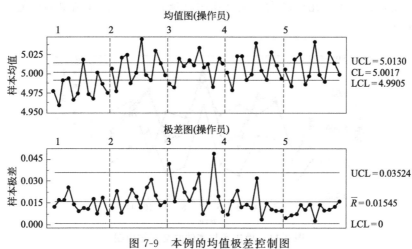

图 7-9 本例的均值极差控制图

算是基于极差图得到的，因此在看均值图之前要保证极差图是受控的，如果极差图是失控的，那么均值图的控制线是无效的。本例中极差图上仅有很少的点子出界，在计算均值图的控制线时可以忽略。由图 7-9 的均值控制图可知，本例中的均值图上有很多点子超出了控制线，这意味着操作者能测量出不同零部件间的区别。

(3) 操作员与零件的交互作用图

操作者和零件的交互作用显示了操作者在对每个零部件进行测量时不同测量结果的直观表示，也就是再现性误差部分。零件的有些变异是一直存在的，理想情况是，测量系统能探测到过程中零件的不同。如果测量系统本身误差很小，那么所有的操作者在测量同一零件时应该能得到相似的结果。理想的交互作用图如图 7-10 所示，即测量系统很精密的情况下，图上的线和点应该非常接近或者重叠。

本例中得到的操作者与零件的交互作用如图 7-11 所示。其中，操作者 1 对每个电路板测量的均值除了第 10 个电路板外都比其他操作者的均值低，这反映了其在进行零部件测量

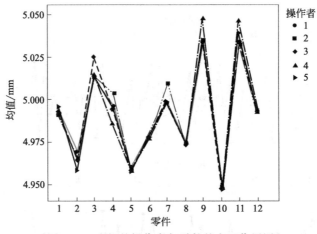

图 7-10 理想的操作者与零件的交互作用图

时的差异是独立的,预示着其在测量过程中可能存在不同于他人的操作习惯或行为;再看操作者 3 的结果,在很多时候,他的测量值与别人是不同的,他的测量结果小于、等于或大于其他操作者的值,因此图上显示的是线与线间有交叉,这样的结果意味着存在操作员和零部件间的交互作用,且交叉的角度越大,交互作用就越大,导致这样结果的可能原因是操作员受到的训练欠缺。

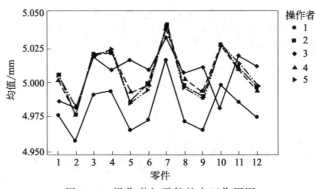

图 7-11 操作者与零件的交互作用图

(4) 比较图

比较图分为两种,分别是对样本的比较图和对操作者的比较图。其中,对样本的比较图主要用来对比测量时样本间的差异,由于用来测量的样本本来就不一样,因此一般希望样本间的测量值是存在差异的,即平均值不一样。对操作者的比较图是用来比较测量时操作者之间的差异,一般希望这个差异越小越好。

本例中用来测量的样本是零部件,得到的样本比较图如图 7-12 所示,操作者比较图如图 7-13 所示。

由图 7-12 可知,操作者在对 10 号电路板进行测量时的波动最大,而 7 号电路板的均值最大,2 号电路板的均值最小。

由图 7-13 可知,操作者 1 的测量值比其他的操作者低,这与图 7-11 反映出来的结果一致,可能是其采用了不同的测量技巧所致。操作者 3 的测量值里面有一个异常点,可能是由于他看错测量设备,或者是在记录数的时候记录错误。

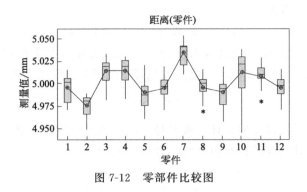

图 7-12 零部件比较图

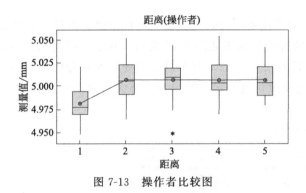

图 7-13 操作者比较图

(5) 量具的运行图

量具的运行图是一个由每个操作者和每个部件构成的测量系统的全图。这个图直观表示所有测量误差的来源，重复性变异显示为一个操作者测量一个电路板的差异，再现性的变异显示为每块电路板上所有操作者测量的差异。本例的量具运行图如图 7-14 所示。

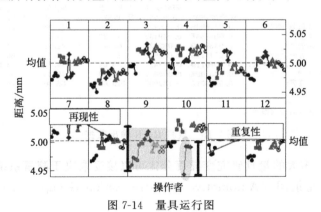

图 7-14 量具运行图

由图 7-14 可知，第 9 块电路板的测量再现性变异较大；操作者 3 在测量第 10 块电路板时重复性差异最为明显，且在测量第 1 块、第 7 块电路板时也存在较明显的重复性差异。

3. 数值分析

利用 Minitab 的"量具 R&R 研究"进行重复性和再现性分析，其输出结果除了图形之外，还包括一些数据输出。通过对这些输出数据的分析，也可以实现对测量系统变异情况的考察和判定。

(1) 标准差和研究变异

标准差（standard deviation，SD），研究变异（study variation，SV）和研究变异的百分比（%SV）等输出数据是比较测量系统的变异与总变异的主要考察指标。其中，标准差是相应方差（variance）的平方根，研究变异是每个变异分量标准差的 6 倍，即

$$SV = 6SD \tag{7-3}$$

研究变异是对测量精密度的估计，或者是对测量变异的估计。研究变异的百分比是指每一个变异来源对于合计变异的相对贡献值，计算公式为

$$\%SV = \frac{SV}{Total\ SV} \times 100 \tag{7-4}$$

其中，Total SV 为测量系统的研究变异与部件间研究变异的总效应，即合计变异。

本例的标准差和研究变异输出如图 7-15 所示。从中可以看出，由 CircuitView 这个测量系统所造成的研究变异为 0.095955，其占总研究变异的百分比为 72.69%，比部件间研究变异的百分比 68.68% 还要大，这显示出测量系统有大量的误差。

```
量具 R&R

来源              方差分量      方差分量
                              贡献率
合计量具 R&R      0.0002558    52.84
  重复性          0.0000671    13.85
  再现性          0.0001887    38.98
    Operator     0.0001235    25.52
    Operator*Part 0.0000652   13.46
部件间            0.0002283    47.16
合计变异          0.0004841   100.00

过程公差 = 0.2
历史标准差 = 0.018332

                              研究变异    %研究变   %公差        %过程
来源              标准差(SD)   (6 * SD)   异 (%SV)  (SV/Toler)   (SV/Proc)
合计量具 R&R      0.0159925   0.095955   72.69    47.98        87.24
  重复性          0.0081887   0.049132   37.22    24.57        44.67
  再现性          0.0137370   0.082422   62.44    41.21        74.93
    Operator     0.0111153   0.066692   50.52    33.35        60.63
    Operator*Part 0.0080719  0.048432   36.69    24.22        44.03
部件间            0.0151094   0.090657   68.68    45.33        82.42
合计变异          0.0220012   0.132007  100.00    66.00       120.02

可区分的类别数 = 1
```

图 7-15 量具 R&R 输出数据

在生产实际中，多大的量具研究变异百分比可以接受取决于测量系统的类型和所使用的环境。汽车工业研究集团（Automotive Industry Action Group，AIAG）的参考标准如表 7-2 所示。

表 7-2 研究变异百分比的接受标准

%SV	测量系统
≤10%	接受
10%~30%	临界
≥30%	不接受

由表 7-2 可知，低于 10% 的研究变异的测量系统是可以接受的。10%～30% 是临界值（鉴于测量系统的复杂性、维修成本和时间等因素，认为测量系统可以有条件接受），高于 30% 是不能接受的。按照这个标准，本例中的 CircuitView 测量系统是不能接受的。

（2）公差（tolerance）

有时候，测量系统是否可以接受变异量取决于规格限。这时，在 Minitab 中可以把公差引入量具的 R&R 分析中。若本例中设置的公差是 0.2mm，电路板上零件之间的真实距离是 5.0mm，由此可知其下规格限是 4.90mm，上规格限是 5.10mm。据此，可计算得到测量误差的不同来源的研究变异与公差的比值，即 "%公差（%Tolerance）"，计算公式为

$$\%公差 = \frac{SV}{公差} \times 100 \tag{7-5}$$

根据式(7-5)，计算得到本例中不同来源研究变异的 "%公差（%Tolerance）" 见图 7-15 的 "%公差" 所在列，其中测量系统研究变异占公差的百分比为 47.98%。根据 AIAG 的参考标准（表 7-3）可知，CircuitView 这个测量系统是不能接受的。

表 7-3 %公差的接受标准

%公差	测量系统
≤10%	接受
10%～30%	临界
≥30%	不接受

（3）过程变差（process variation）

过程变差又称零（部）件间的自然变差，它和测量系统变差共同构成了测量结果的总误差。本例中基于 12 个电路板的测量结果，估计得到的过程标准差是 0.0151094（如图 7-15），这只是一个根据样本测量结果得到的过程变差估计值。如果过程标准差的历史估计值存在，则可以进一步计算变异分量的不同来源与过程变差相对应的比值，得到各变异分量对过程变差贡献的评价，计算公式为

$$\%过程 = \frac{SD}{SD\ 历史估计值} \times 100 \tag{7-6}$$

若已知本例中的电路板历史标准差为 0.018332，根据式(7-6)计算可得各变异分量对过程变差贡献结果如图 7-15 中 "%过程" 一栏所示。其中，测量系统对过程变差的贡献为 87.24。根据 AIAG 标准（表 7-4）可知，CircuitView 这个测量系统不够精密，不能接受。

表 7-4 %过程的接受标准

%过程	测量系统
≤10%	接受
10%～30%	临界
≥30%	不接受

（4）可区分类别数

由图 7-15 可知，可区分类别数 ndc=1<3，说明此测量系统分辨力不足，需要调整。

4. 方差分析

基于图形和数值分析的结果，已知 CircuitView 可能不是一个精密的测量设备。但是，这个结果是否可信，哪个或者哪些变异源与测量系统的差异显著相关，需要进一步用方差分析的方法来验证和确定。

(1) 方差分量 (variance components)

在测量系统分析过程中，测量系统的不同误差来源又称方差分量。令 σ^2_{Total} 为总误差，$\sigma^2_{Part\text{-}to\text{-}Part}$ 比为零件间变差，$\sigma^2_{Repeatability}$ 为重复性变差，$\sigma^2_{Operator}$ 为操作者之间的变差，$\sigma^2_{Operator * Part}$ 为操作者和零件间的交互作用变差，则总误差为：

$$\sigma^2_{Total} = \sigma^2_{Part\text{-}to\text{-}Part} + \sigma^2_{Repeatability} + \sigma^2_{Operator} + \sigma^2_{Operator * Part} \tag{7-7}$$

本例中，各误差来源的方差分量估计值和总误差计算结果如图 7-16 所示。其中，总误差为 0.0004841=0.0002283+0.0000671+0.0001235+0.0000652。

```
量具 R&R

来源                方差分量      方差分量
                              贡献率
合计量具 R&R        0.0002558    52.84
  重复性            0.0000671    13.85
  再现性            0.0001887    38.98
    Operator       0.0001235    25.52
    Operator*Part  0.0000652    13.46
部件间              0.0002283    47.16
合计变异            0.0004841   100.00

过程公差 = 0.2
历史标准差 = 0.018332
```

图 7-16 方差分量图

(2) 方差分析

本例中，可以利用双因素方差分析法来确定哪个变异源与测量系统的差异显著相关。假设取显著性水平 $\alpha = 0.25$，得到的方差分析结果如图 7-17 所示。

```
来源            自由度   SS        MS         F        P
Part             11    0.053829  0.0048936  14.9340  0.000
Operator          4    0.025032  0.0062530  19.0980  0.000
Part * Operator  44    0.014418  0.0003277   4.8868  0.000
重复性          180    0.012070  0.0000671
合计            239    0.105349

删除交互作用项选定的 Alpha = 0.25
```

图 7-17 方差分析表

由图 7-17 可知，零部件间的 P 值为零，可知零部件是显著影响因素，说明测量系统能区分出不同电路板间的差异；零部件与操作者间交互作用的 P 值也为零，可知零部件与操作者间交互作用是显著影响因素，这个结果我们从图 7-11 中也大致可以得到。

由于零部件与操作者间交互作用是显著影响因素，因此不需要再看操作者对测量总误差的影响是否显著。因为一般情况下，若交互作用的影响是显著的，预示着操作者的影响也显著。当然，本例中操作者的 P 值等于零，也证实了上述推论。

第三节 线性和偏倚分析

实际工作中,测量系统对某个指定的参考值进行重复测量,每次的测量结果不会与真值正好吻合,总会有偏差。其中,有些偏差是由于测量过程产生的随机波动,有些则是测量系统的原因。在测量系统分析理论中,测量过程产生的随机波动,本质上是测量系统的精密度问题,可通过重复性和再现性分析判定测量系统是否符合规定要求;而测量系统原因产生的偏差,本质上则属于测量系统的准确度问题,需要进行线性和偏倚分析来判定测量系统的符合性。

一、偏倚

偏倚(bias)指的是对同样零件的相同特性,进行多次测量的平均值与该测量对象的真值(参考值)的差值。因此,偏倚实质表示的是通过测量值与参考值相比来判定量具的准确度情况。由于测量中随机误差和过程波动的存在,导致实际工作中测量系统对某个指定的参考值进行测量时结果总会有波动,因此通常用样本的平均值作为观测值。在这种情况下,即使理论上的均值 μ 与参考值相等,测量结果的平均值也不一定等于参考值。因此,研究偏倚首先就要确定偏倚到底是否存在,也即判断测量结果理论上的均值 μ 是否等于参考值,这正好是单样本假设检验所要确定的问题。

二、线性

用量具进行测量时,偏倚针对的是单点的测量结果,而每个测量系统都会有量程作为可测量结果的范围。因此,线性(linearity)就是指量具在预期测量范围内的准确性,也即偏倚的变化。理论上应该要求量具在量程内任何一处都不存在偏倚,这才是一个好的测量系统。不过,对于存在偏倚的测量系统,如果可以明确其偏倚在整个量程范围内具有线性,那么就可以根据已经有的测量结果加上线性关系的规律求出任何指定点处的偏倚,进而可以通过扣除偏倚来修正观测值。如果测量系统有偏倚存在却不具有线性,则难以对观测值进行修正,说明该测量系统的准确性无法保证,只能放弃。

三、量具的线性和偏倚分析

在本节中,主要以例 7-1 的 InkSoft 公司利用浓度计测量打印机打印质量案例来介绍量具的线性和偏倚分析,以验证浓度计是否准确。

1. 量具的线性和偏倚研究实验设计

第一步:准备涵盖了量具量程的一系列已知参考值的测量对象。

在本次实验中,一共准备了 7 个标准色卡条,这 7 个色卡条涵盖了 InkSoft 公司所生产的打印机打印区域灰度的范围,其参考值分别为 0.15,0.45,0.75,1.05,1.35,1.65,1.95,如图 7-18 所示。

第二步:决定测量的次数。

在这次试验中,我们决定对每一个色卡条测量 10 次,总共测量 70 次。

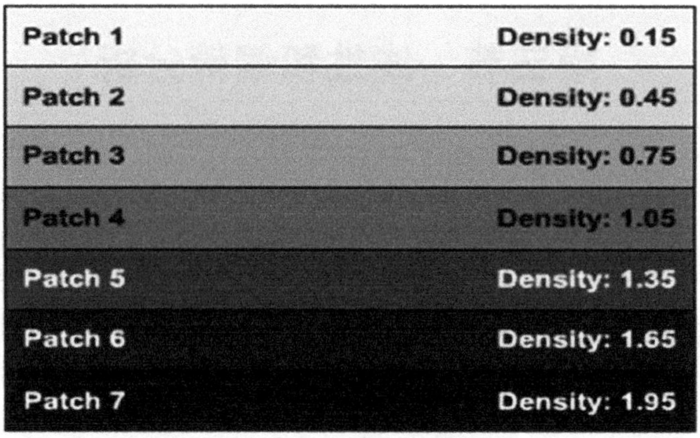

图 7-18 标准色卡条

第三步：设置表格和测量。

在本实验中，我们用 Minitab 软件进行分析。首先，打开 Minitab，在工作表中将表格设计为 4 列，分别为实验顺序、测量对象（编号）、真值、测量值；然后，进行测量并将测量结果存储到表格的测量值一栏中，如表 7-5 所示。这里要注意的是，测量应该是随机的。

表 7-5 测量工作表（部分）

C1	C2	C3	C4
实验顺序	测量对象（编号）	真值	测量值
3	1	0.15	0.140
14	1	0.15	0.162
19	1	0.15	0.146
37	1	0.15	0.149
38	1	0.15	0.158
41	1	0.15	0.159
54	1	0.15	0.147
55	1	0.15	0.152
57	1	0.15	0.160

从测量结果看，测量值有一定波动。为了比较偏倚和线性造成的波动与过程本身造成的波动，可以在进行量具的线性和偏倚研究时引入过程变异值，并利用这个结果来解释浓度计的准确性。这个值可以是历史的过程变异值，也可以是通过重复性和再现性分析得到的总的研究变异值。本实验中，我们通过对量具进行重复性和再现性分析，得到的过程变异值为 3.88886，如图 7-19 所示。

第四步：利用 Minitab 软件进行数据处理。

① 从"统计→质量工具→量具研究→量具线性和偏倚研究（Stat→Quality Tools→Gage Study→Gage Linearity and Bias Study）"进入；

② 指定"部件号（Part numbers）"为"Patch"，"参考值（References）"为"True Density"，"测量数据（Measurement data）"为"Measured Density"，过程变异（Process Variation）为"3.8886"。

量具 R&R

来源	方差分量	方差分量贡献率
合计量具 R&R	0.000025	0.01
重复性	0.000025	0.01
部件间	0.420065	99.99
合计变异	0.420090	100.00

来源	标准差(SD)	研究变异 (6 * SD)	%研究变异 (%SV)
合计量具 R&R	0.004952	0.02971	0.76
重复性	0.004952	0.02971	0.76
部件间	0.648124	3.88875	100.00
合计变异	0.648143	3.88886	100.00

图 7-19　量具 R&R 分析输出数据

③ 执行命令。

第五步：对 Minitab 处理的结果进行线性和偏倚分析。

执行 Minitab 命令后，软件会输出测量系统的线性和偏倚分析结果（图 7-20）。接下来，就是对图 7-20 中的图形和数据进行分析，从而评估浓度计的准确性。

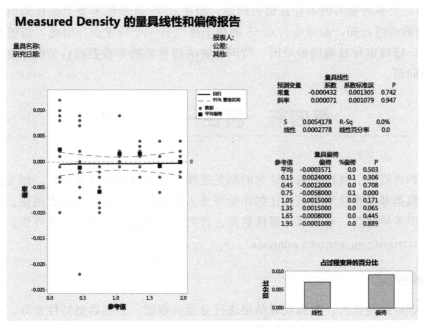

图 7-20　浓度计的线性和偏倚分析

2. 量具的线性分析

量具的线性一般根据回归分析结果进行评估。图 7-20 左半部分的散点图，横轴是参考值，纵轴是偏倚值，圆点代表着每次测量的偏倚值，方块代表平均偏倚，尽可能多地经过均值的那条线称为回归线。回归线斜率（slope）的大小预示着线性的大小，当回归线的斜率接近于 0 的时候，说明量程范围内的测量值非常一致地围绕在真值附近，说明量具线性小，是比较理想的情形;如果回归线的斜率不接近于 0,测量值非一致地在真值附近,也就是说线性较大,是非理想情形。

由图 7-20 可知,本实验的回归线基本与横轴平行,回归线的斜率等于 0.000071 接近零,说明此浓度计没有线性问题,也即测量系统准确性的变化从一个参考值到另一个参考值是不显著的。为了确保上述线性判定结果的可信性,下面进一步对斜率进行假设检验。

设

$$H_0: \text{Slope} = 0 \qquad H_1: \text{Slope} \neq 0 \qquad \alpha = 0.05$$

即原假设斜率等于 0,说明测量系统没有线性问题,备择假设斜率不等于 0,说明测量系统存在线性问题。

由图 7-20 的右上部分数据可知,斜率的 P 值为 0.947 大于显著性水平 0.05,即不能拒绝原假设,说明此浓度计没有线性问题。

3. 量具的偏倚分析

偏倚表明量具的测量值接近参考值的程度。正偏倚表明量具测量出的值比参考值要大;负偏倚表明测量值比参考值要小;理想情况下,偏倚值应该接近 0。

本次实验中,图 7-20 右侧下部数据显示了量具偏倚的检验结果。其中,平均偏倚的 P 值为 0.502,大于显著性水平 0.05,但不能仅据此就判定不能拒绝原假设,认为此浓度计没有偏倚问题,还需进一步考虑各参考值的偏倚 P 值情况,做出综合判断。由各参考值的偏倚 P 值可知,大多数参考值不存在偏倚问题,但在 0.75 这个色卡条上存在偏倚问题,且由图 7-20 左侧散点图可知,参考值为 0.45 的色卡条上有一个异常点。因此,需要对这两种情况进行调查,以确定导致偏倚的原因,待问题解决后重新收集数据进行分析才能确定量具是否存在偏倚问题。

第四节 属性一致性分析

重复性和再现性、线性和偏倚针对的都是连续型数据测量系统的分析,但生产实践中并不是所有的数据都是连续型数据,比如评价服务人员回答问题是正确或者错误、从 1 到 5 进行打分评价服务质量等,这些都是属性数据。针对属性数据进行的准确性评价,称为属性一致性分析(attribute agreement analysis)。

一、属性数据

属性数据指的是把人、事物或者结果进行分类的数据。根据数据特性差异,属性数据可分为二元数据、标称数据、有序数据等。

二元数据指分类时有且仅有两个可能结果(或反应值)的数据,比如人分男、女两类,一个零部件检验时有接收、拒收两种结果。标称数据指分类时反应值超过两种且这些值之间没有自然顺(秩)序的数据,比如一个针织厂的次品可能是破洞、抽丝或者是印刷错误造成的,一件针织品可以有白色、红色、黄色等颜色。有序数据指具有两个以上分类,且这些分类间有自然的顺(秩)序的数据,比如奥运会的奖牌有金、银、铜牌,一个影评专家对电影质量进行评价时给予一星到四星的选择等。

二、一致性

属性数据的准确性可用一致性来度量。

根据侧重点和比较对象的不同,一致性可以分为四种类型。

第一类一致性:同一个评价人对同一个项目进行多次评价,看其前后给出的评价结果是否相同。一般称之为评价人内的一致性,也叫检验员自身的一致性,这相当于连续型数据的重复性。

第二类一致性:多个评价人对同一个项目进行评价时,给出的结果是否相同。一般称之为评价人间的一致性,也叫检验员之间的一致性,这相当于连续型数据的再现性。

第三类一致性:在每一个评价等级有参考值(或标准值)的情形下,把评价者给出的评价级别跟已知的参考值进行对比,以此来评价属性数据的准确性。一般称之为检验员与标准的一致性,这相当于连续型数据的偏倚分析。

第四类一致性:所有评价者给出的评价级别跟参考值对比时的一致性。一般称之为所有检验员与标准的一致性。此类一致性不仅包括评价者对同一项目重复评价时应一致,而且应与该项目的参考值一致(参考值已知)。

属性数据测量结果的一致性可用一致性比率来度量,计算公式为

$$一致性比率 = \frac{一致的次数}{测量的总次数} \tag{7-8}$$

一般情况下,一致性比率至少要大于 80%,最好达到 90%,才能说明数据的一致性较好。当一致性比率小于 80% 时,应采取措施查找原因并进行纠正,以避免测量数据出现不可靠的现象。

三、二元数据的属性一致性分析

下面以一家连锁酒店的案例来介绍二元数据的属性一致性分析。

连锁酒店的客户经理认为卓越的客户服务是获得回头客的关键,为了提高客户服务,他决定对他的客服人员进行考核,看他们在回答客户问题时的表现如何。这些问题只有两个答案:是或否。

1. 二元数据属性一致性分析的实验设计

第一步:选择被评价对象。

一共准备了 50 个可能会被顾客问到的问题,这些问题的答案只有是或否两种,而且这 50 个问题有标准答案。

第二步:选择评价人。

一共有四个评价人,分别为 Julian、Nina、David 和 Wendy。

第三步:进行评价。

总共进行了两次评价。第一次随机询问四个评价人每一个问题并记录下他们的答案;两个星期后,再随机问这四个人同样的问题并记录下他们的答案。

第四步:我们用 Minitab 软件进行数据的处理。

① 从"统计→质量工具→属性一致性分析(Stat→Quality Tools→Attribute Agreement)"进入。

② 指定"属性列（Attribute column）"为"Response","样本（Samples）"为"Question","检验员（Appraisers）"为"Service Rep",已知标准/属性（Known standard/attribute）为"Standard"。

③ 执行命令。

第五步：对 Minitab 处理的结果进行分析。

执行 Minitab 命令后，系统输出数据既包括评价人内/间的一致性，也包括评价人的准确性。

2. 二元数据属性一致性分析

首先分析评价人内的一致性。因为如果每个评价者自己的反应都不一致，分析评价人间的一致性则无实际意义。

(1) 检验员自身的评估一致性

检验员自身的评估一致性结果如图 7-21 所示。

由图 7-21 可知，David 一致性地回答了所有问题，其他人大部分的回答是一致的；给定置信水平 95%，每个评价者前后能一致回答问题的百分比范围即为图中右列置信区间的值。

(2) 检验员之间的一致性

评价者之间的一致性结果如图 7-22 所示。所有的评价者答案都一致的比例为 78%；给定 95% 的置信水平，则 95% 的置信区间保证吻合的概率为 64.04%～88.47%。

```
检验员自身
评估一致性
                #       #
检验员       检验数   相符数   百分比    95 % 置信区间
David         50       50     100.00   (94.18, 100.00)
Julian        50       48      96.00   (86.29,  99.51)
Nina          50       48      96.00   (86.29,  99.51)
Wendy         50       49      98.00   (89.35,  99.95)

# 相符数：检验员在多个试验之间，他/她自身标准一致
```

图 7-21　检验员自身的评估一致性

```
检验员之间
评估一致性
     #        #
检验数   相符数   百分比    95 % 置信区间
   50      39     78.00   (64.04, 88.47)

# 相符数：所有检验员的评估一致
```

图 7-22　检验员之间的评估一致性

(3) 检验员与标准的一致性

每个评价者与标准的一致性结果如图 7-23 所示，与标准不一致结果如图 7-24 所示。

```
每个检验员与标准
评估一致性
                #       #
检验员       检验数   相符数   百分比    95%置信区间
David         50       46      92.00   (80.77, 97.78)
Julian        50       48      96.00   (86.29, 99.51)
Nina          50       48      96.00   (86.29, 99.51)
Wendy         50       46      92.00   (80.77, 97.78)

# 相符数：检验员在多次试验中的评估与已知标准一致
```

图 7-23　检验员与标准的一致性

```
评估不一致
                #              #              #
检验员     Yes / No  百分比   No / Yes  百分比   Mixed  百分比
David         4      17.39      0       0.00      0     0.00
Julian        0       0.00      0       0.00      2     4.00
Nina          0       0.00      0       0.00      2     4.00
Wendy         0       0.00      3      11.11      1     2.00

# Yes / No：多个试验中误将标准 = No 者一致评估为 = Yes 的次数
# No / Yes：多个试验中误将标准 = Yes 者一致评估为 = No 的次数
# Mixed：多个试验中所有的评估与标准不相同者
```

图 7-24　检验员与标准不一致情形

由图 7-23 可知，评价者的准确性最少为 92％；根据 95％的置信区间，评价者最差能以 80％的比例正确回答问题；每个评价者在回答问题时都有错误，即存在与参考值不一致的情况。

由图 7-24 可知，David 有四个问题本应回答"No"但却回答了"Yes"；Julian 和 Nina 分别有两个问题前后回答不一致；Wendy 有三个问题本应回答"Yes"但却回答了"No"，另有一个问题回答前后不一致。

(4) 所有检验员与标准的一致性

总体一致性即所有检验员与标准对比的准确性如图 7-25 所示。

```
所有检验员与标准
评估一致性
  #        #
检验数   相符数   百分比    95 % 置信区间
  50      39     78.00   (64.04, 88.47)

# 相符数：所有检验员的评估与已知的标准一致
```

图 7-25 所有检验员与标准的一致性

由图 7-25 可知，所有评价者能正确回答所有问题的概率为 78％；给定 95％的置信水平，能正确回答所有问题的置信区间为 64.04％～88.47％。

目前没有关于二元数据的可接受水平，它取决于所应用的过程，对于这个连锁酒店来说，不准确的回答可能会失去生意或者导致顾客不满意，而在卫生保健单位，类似的错误率后果会严重得多。

四、标称数据的属性一致性分析

下面以一家信用卡公司案例为例来进行标称数据的属性一致性分析。

信用卡公司的生存依赖于客户活跃的账户，公司的财务经理想要做服务改进以增加顾客保留信用卡的时间，但是首先要知道顾客注销账户的首要原因是什么。当一个顾客要注销账户的时候，客服人员会记录账户注销的原因，比如说 Finance Charge、Too Many Accounts、Service 等原因。很多时候，顾客对注销信用卡的原因并不十分清楚或者他们给出很多原因，导致客服人员对客户注销信用卡的原因归类有些困难。因此，正确的归类是服务改进能进行下去的基础。为了确保这家信用卡公司在对客户注销信用卡的原因进行归类时具有一致性，需要利用属性一致性分析来进行评估。

1. 标称数据属性一致性分析的实验设计

随机的选择 3 个评价者让他们听事先录好的 20 个顾客注销账户的录音，每个评价者把终止账户的原因进行归类。一个月后，用同样的录音重复进行这个实验。具体的实验步骤参考二元数据的属性一致性分析。

2. 标称数据属性一致性分析

这个案例中，由于没有参考值或者真值，所以只能评价检验员自身的一致性和检验员之间的一致性。

(1) 检验员自身的一致性分析

检验员自身的一致性分析结果如图 7-26 所示。

```
检验员自身
评估一致性
                #      #
检验员       检验数  相符数    百分比        95% 置信区间
Deborah       20      20      100.00      (86.09, 100.00)
Esther        20      12       60.00      (36.05,  80.88)
Sam           20      20      100.00      (86.09, 100.00)

# 相符数：检验员在多个试验之间，他/她自身标准一致
```

图 7-26　检验员自身的一致性

由图 7-26 可知，Deborah 和 Sam 对他们所听到的所有录音的归类具有一致性，不过 Esther 前后仅有 60% 的一致性。为了进一步确认 Esther 对那些类别进行归类时是否存在困难，可以引进 Kappa 统计量进行进一步分析。

当数据是标称数据且具有两个或两个以上无自然顺序的分类水平时，可使用 Kappa 统计量描述检验员在分类时绝对一致的程度，并通过 Kappa 值帮助识别分类中的弱点和改进分类的过程。检验员自身一致性的 Kappa 值分析结果如图 7-27 所示。

```
Fleiss Kappa 统计量

检验员    响应              Kappa      Kappa 标准误差     Z          P(与 > 0)
Deborah  APR               1.00000    0.223607       4.47214    0.0000
         Finance Charge    1.00000    0.223607       4.47214    0.0000
         Late Fee          1.00000    0.223607       4.47214    0.0000
         Other             1.00000    0.223607       4.47214    0.0000
         Service           1.00000    0.223607       4.47214    0.0000
         Too Many Accounts 1.00000    0.223607       4.47214    0.0000
         整体              1.00000    0.112407       8.89622    0.0000
Esther   APR               0.48052    0.223607       2.14895    0.0158
         Finance Charge    0.46667    0.223607       2.08700    0.0184
         Late Fee         -0.02564    0.223607      -0.11467    0.5456
         Other             0.37304    0.223607       1.66829    0.0476
         Service           1.00000    0.223607       4.47214    0.0000
         Too Many Accounts 0.48052    0.223607       2.14895    0.0158
         整体              0.49367    0.112433       4.39080    0.0000
Sam      APR               1.00000    0.223607       4.47214    0.0000
         Finance Charge    1.00000    0.223607       4.47214    0.0000
         Late Fee          1.00000    0.223607       4.47214    0.0000
         Other             1.00000    0.223607       4.47214    0.0000
         Service           1.00000    0.223607       4.47214    0.0000
         Too Many Accounts 1.00000    0.223607       4.47214    0.0000
         整体              1.00000    0.112407       8.89622    0.0000
```

图 7-27　检验员自身一致性的 Kappa 值检验结果

Kappa 统计量的取值范围为（-1,1），Kappa 值越大代表分类的一致性越高；Kappa 值等于 1 说明评价者的一致性最好；Kappa 值等于 0 说明评价者的分类是随机的；Kappa 值小于 0，说明一致性比随机结果还要差（Kappa 值很少为负）。Kappa 值能否接受取决于具体的应用过程，不过通常情况下，Kappa 值大于等于 0.75 说明一致性好，Kappa 值小于 0.4 被认为一致性差。由图 7-27 可知，Deborah 和 Sam 的所有 Kappa 值均为 1，说明他们能对所听到的所有录音进行很好的一致性归类；Esther 只有 Service 的 Kappa 值为 1，说明其除了服务归类外，对其他原因的归类都有困难。

(2) 检验员之间的一致性分析

检验员之间的评估一致性及其 Kappa 值分析结果如图 7-28 所示。

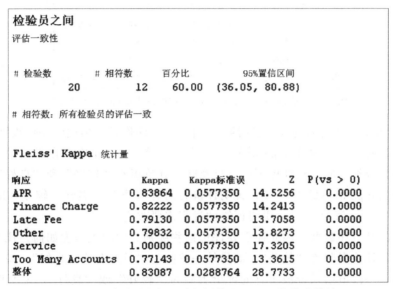

图 7-28 检验员之间一致性评估和 Kappa 值检验结果

由图 7-28 可知，对于所有的 20 段谈话，有 12 段的归类具有一致性，占总数的 60%；Kappa 值分析结果表明，所有的类别的 Kappa 值都大于 0.75，这意味着所有谈话都具有一个好的分类结果；但结合评价人自身一致性的 Kappa 值分析结果来看，检验员 Esther 分类时的一致性很差，因此意味着 Esther 需要接受一些培训以加强其分类的能力。

五、有序数据的属性一致性分析

在二元数据的属性一致性分析中，连锁酒店的客户经理评价了客服人员对 50 个是或否二元答案问题的反应。现在，他想通过客服人员与顾客谈话的录音来进一步评价客服人员的服务质量。客户经理选择了四个评价者，他们每人要听 30 段事先录制好的谈话录音，并对客服的服务质量在 1～5 范围内进行打分。1～5 的含义如下：1（较差）、2（一般）、3（较好）、4（良好）、5（优秀）。在这个案例中，评价的级别 1～5 是有序数据。因此，可以利用属性一致性分析方法来评价有序数据的一致性。

由于时间问题，本例中的连锁酒店没有进行重复实验，评价者仅测量一次，因此无法研究检验员自身的一致性，但可以分析检验员之间的一致性。根据评价者（检验员）的评价结果数据，得到检验员之间的一致性及其 Kappa 值的分析结果如图 7-29 所示。

```
检验员之间
评估一致性
   #       #
检验数   相符数     百分比    95%置信区间
  30       15       50.00    (31.30, 68.70)
# 相符数: 所有检验员的评估一致。


Fleiss Kappa 统计量
响应     Kappa      Kappa 标准误     Z         P(与 > 0)
 1      0.687337    0.0745356      9.2216     0.0000
 2      0.772641    0.0745356     10.3661     0.0000
 3      0.480000    0.0745356      6.4399     0.0000
 4      0.525926    0.0745356      7.0560     0.0000
 5      0.888683    0.0745356     11.9229     0.0000
整体    0.670580    0.0377734     17.7527     0.0000
```

图 7-29　连锁酒店检验员之间一致性的 Kappa 值分析结果

由图 7-29 可知，在所有的 30 段谈话录音中，4 个评价者给出相同评价级别的只有 15 段谈话，一致性只有 50%。从 Kappa 值的分析结果来看，4 个评价者在进行分类时，分类 3 的一致性最差，分类 4 的一致性也不好，这意味着评价者在"较好"和"良好"之间很难区分；分类 1 的 Kappa 值也低于 0.75，说明评价者对客服质量归类到"较差"时的一致性也较差；整体的 Kappa 值为 0.67，说明评级的过程需要改进。

由于分析的是有序数据，因此还需要评价这些级别之间的关联度如何。比如，如果一段电话录音被一些评价者归为"较差"，而另外一些归为"较好"或"良好"，说明他们的反应很不一致；如果一段电话录音被所有的评价者归为"较好"或"良好"，说明服务质量是等于或高于平均值的，这对酒店管理来说是足够好的信息。针对关联度分析，可以利用肯德尔一致性系数（Kendall coefficient of concordance）来评价。

肯德尔一致性系数是用来反映多个评价等级之间关系密切程度的统计指标，只有当数据是有序的且具有两个以上有自然顺序的可能分类水平时才能使用该统计量。肯德尔一致性系数的取值范围是（0，1），值越大说明评价等级之间的关联度越强。本案例中各类别之间的肯德尔一致性系数如图 7-30 所示。

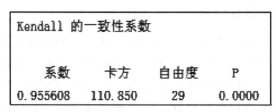

图 7-30　肯德尔一致性系数

由图 7-30 可知，一致性系数约等于 0.96，这意味着检验员之间的评价等级非常接近，虽然有半数的评价等级是不一致的，但是他们之间的评价等级关联度非常高。因此，对于这个连锁酒店来说，如果他们所需要的评价结果只要非常接近就可以，那么检验结果说明，这次的评价结果是可以接受的。

本章小结

【知识图谱】

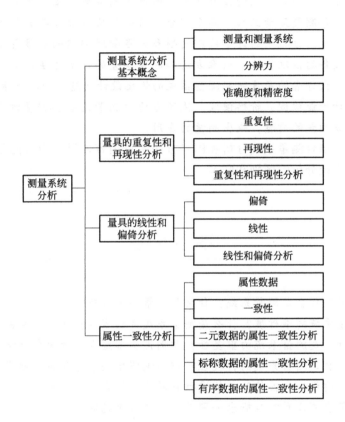

【基本概念】

测量系统分析　measurement system analysis
分辨力　discrimination
准确度　accuracy
精密度　precision
重复性　repeatability
再现性　reproducibility
线性　linearity
偏倚　bias
属性一致性分析　attribute agreement analysis

 学而思之

> 质量始于测量，数据的正确性与有效性直接决定了依赖数据的所有过程的成效，而测量系统则决定了数据的有效性与可靠性。传统 MSA 使用数理统计和图表的方法对测量系统的分辨力和误差进行分析，以评估测量系统的分辨力和误差

对于被测量的参数来说是否合适，并确定测量系统误差的主要成分。

测量质量工程学是日本著名质量工程学家田口玄一创立的一门新的工程技术，它是田口方法在测量领域中的具体应用。与传统 MSA 不同的是，它是更重视研究如何使测量质量最佳化的工程技术。田口式测量质量工程学分为线内测量质量工程学和线外测量质量工程学两个部分，前者是从测量设备的使用者和管理者的角度，研究生产过程中的计量检测问题和计量管理部门的计量管理问题，也就是研究测量设备的校准系统、校准方法和测量误差的评定方法，后者则是从测量系统的开发、设计者的角度研究测量系统的优化设计问题，即从测量误差研究出发，开发、设计性能稳健、价格便宜、快速方便的测量设备和测量方法。其共同的出发点是提高测量的质量，减少测量的费用。

思考：结合测量系统分析和田口方法两章内容，思考田口测量质量工程学和传统测量系统分析的区别和联系。

本章习题

1. 什么是测量？什么是测量系统？什么是测量系统分析？
2. 什么是测量系统的准确度？什么是测量系统的精密度？两者之间的关系如何？
3. 解释一下什么是测量系统的重复性？举例说明哪些会导致重复性误差。
4. 解释一下什么是测量系统的再现性？举例说明哪些会导致再现性误差。
5. 什么是量具的线性和偏倚？怎样进行量具的线性和偏倚研究？
6. 属性数据都有哪几种？其概念分别是什么并举例说明。

第八章
过程质量控制

学习目标

> 掌握统计过程控制的目的
> 掌握控制图的基本原理
> 能正确选取合适的控制图进行过程监控
> 理解统计过程控制的阶段Ⅰ和阶段Ⅱ
> 能正确地构建常用的计量型控制图
> 能正确地构建常用的计数型控制图
> 理解控制图模式及识别方法

导入案例

为什么要进行过程质量控制？

如今，企业面临着日益激烈的竞争，同时也面临着运营成本，包括原材料成本不断增加的压力。因此，组织必须努力不断提高质量、效率并降低成本。许多组织在生产后仍会对质量相关问题进行检查。过程质量控制帮助企业走向预防为主而不是检测为主的质量控制。过程质量的稳定涉及人、机、料、法、环、测等因素，特别是主导因素发生变化，将直接影响产品质量的稳定和提高。产品质量的稳定提高取决于过程质量的稳定提高，如果过程发生异常能迅速消除，保持工序的稳定，就能不断提高制造质量，实现制造质量控制的目标值。在生产过程中，产品设计或工艺准备的质量缺陷，可以通过样机鉴定来发现并加以纠正。但是，在产品图样和工艺文件正确无误的情况下，生产过程中仍然可能产出不合格品，甚至会导致批报废。从现场质量管理角度来看，制造过程质量控制就是强化生产过程质量保证措施，全面提高操作者、机器设备、原材料、工艺手段、计量和检测手段、生产环境等六大因素的质量与水平。

过程质量控制主要是利用现场采样数据对过程中的波动进行判定及相应的处理。依据所采用的数据分析方法，过程质量控制大体上可划分为基于统计分析的过程控制、基于信号处理的过程控制以及基于人工智能的过程控制。其中基于统计分析的过程控制又称为统计过程控制，主要是应用变异源分析、方差分析、假设检验等统计方法对数据进行处理，进而对过程中的波动进行分析判断，实现过程质量控制。

第一节 统计过程控制

统计过程控制简称为SPC(statistical process control，SPC)，是应用统计技术对过程中的各个阶段进行评估和监控，建立并保持过程处于可接受的并且稳定的水平，从而保证产品与服务符合规定要求的一种质量管理技术。SPC强调全过程监控、全系统参与，主要是应用统计技术来保证全过程的预防，不仅适用于质量控制，更可应用于如产品设计、市场分析、售后服务等一系列过程。正是它的这种全员参与管理质量的思想，实施SPC可以帮助企业在质量控制上真正做到"事前"预防和控制,有利于降低生产成本和不良率、减少返工和浪费,进而可促进劳动生产率和核心竞争力的提升。

一、SPC 与 SQC

1. SPC 的发展历程

美国工程师、统计学家休哈特绘制了世界上第一张控制图。1931 年出版的具有里程碑意义的《产品制造质量经济控制》一书全面阐述了质量控制的原理,被认为是质量基本原理的起源。1939 年完成的《质量控制中的统计方法》则全面形成了统计过程控制的方法理论。随着质量要求的不断提升以及制造业模式的全新发展,统计过程控制大体上经历了统计过程控制、统计过程诊断以及统计过程调整三大阶段。

SPC 即统计过程控制,是 20 世纪 20 年代由美国统计学家休哈特首创的。SPC 就是利用统计技术对过程中的各个阶段进行监控,发现过程异常,及时告警,从而达到保证产品质量的目的。这里的统计技术泛指任何可以应用的数理统计方法,但是是以控制图理论为主的。在该阶段中主要是应用控制图方法对生产过程中出现的异常进行报警,但是无法确定出是什么原因导致的过程异常以及异常发生的具体位置。

SPD(statistical process diagnosis) 即统计过程诊断,是 20 世纪 80 年代由我国质量管理专家张公绪首次提出的。SPD 是利用统计技术对过程中的各个阶段进行监控与诊断,从而达到缩短诊断异常的时间、迅速采取纠正措施、减少损失、降低成本、保证产品质量的目的。其中有一种是依据"两种质量诊断理论"开发的应用软件 SPCD2000,用于诊断多工序生产过程中上工序对下工序的影响。

SPA(statistical process adjustment)即统计过程调整,是 SPC 发展的第三个阶段。SPA 可判断出异常,告之异常发生在何处,因何而起,同时还给出调整方案或自动调整。该阶段不仅要及时发现过程运行状态是否异常,而且要准确找到导致过程异常的原因,并对异常内容进行精确的调整,从而保证过程的平稳运行。SPA 从 1990 年开始提出,早些年一直处于理论研究阶段。然而,近年来随着智能设备、无线传感、物联网等技术在制造行业中的广泛应用,统计过程调整已经成为实施无人工厂、智能制造的核心内容,目前正处于蓬勃发展时期。

统计过程控制、统计过程诊断、统计过程调整三者之间循环不已、不断改进、与时俱进。

2. SPC 与 SQC 的区别

在质量工程领域,SPC 和 SQC 是两个容易混淆的概念,其实两者存在本质的差别。在生产过程完成后,再利用统计技术对生产产品的质量问题进行分析,一般情况下称这种管理方式为统计质量控制(SQC)。在生产过程进行中的大批量生产以前,利用生产出的部分产品的测量数据、设备机台的关键运行参数,对当前的生产过程的稳定性进行统计推断,则一般称为 SPC。因此,统计过程控制主要指的是预防性管控,是一种典型的事中或事前的质量管理方式。统计过程控制与统计质量控制的区别,如图 8-1 所示。

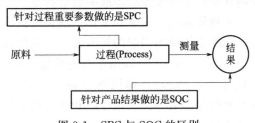

图 8-1 SPC 与 SQC 的区别

二、过程波动

波动是质量的天敌，质量改进就是要减少波动。产品质量具有波动性和规律性，质量特性数据在没有进行观察或测量时，一般是未知的，但其又具有规律性，它是在一定的范围内波动的，所以它是随机变量。在生产实践中，即便操作者、机器、原材料、加工方法、测试手段、生产环境等条件相同，但生产出来的一批产品的质量特性数据却并不完全相同，总是存在着差异，这就是产品质量的波动性。因此，产品质量波动具有普遍性和永恒性。当生产过程处于稳定状态时，生产出来产品的质量特性数据，其波动服从一定的分布规律，这就是产品质量的规律性。由于这种变异性服从统计规律，所以为我们在质量管理中运用数理统计理论和方法研究产品的质量特性提供了科学依据。为消除变异对产品质量特性造成的影响，人们对变异原因进行了不懈探索。"统计质量控制之父"、美国著名质量专家休哈特通过研究发现，产品质量特性的变异来自于影响产品质量的各种各样的波动，并首次将质量波动分为正常波动和异常波动两大类。从统计学的角度来看，可以把产品质量波动分成正常波动和异常波动两类。

1. 正常波动

正常波动是由随机因素也称为不可控制原因引起的产品质量波动。这些随机因素在生产过程中大量存在，对产品质量一直有影响，但所造成的质量特性波动往往比较小。原料成分上的微小差别，机器设备的轻微震动；温度、湿度的微小变化，检测仪器的微小差异都是随机因素。由于存在随机误差（偶然性误差）而引起的产品质量的波动称为正常波动。随机误差的作用影响很小，不易发现，不易消除，数量也很多，而且经常在起作用。工程质量的六大因素中都具有随机误差的影响，即人、机器、材料、方法、环境和测量中都具有对工程质量有影响的随机误差。要消除这些波动的随机因素，在技术上难以达到，在经济上的代价也很大。因此，一般情况下这些质量波动在生产过程中是允许存在的，所以称为正常波动。公差就是承认这种波动的产物。我们把仅有正常波动的生产过程称为处于统计控制状态，简称为控制状态或稳定状态。

2. 异常波动

异常波动是由系统原因引起的产品质量波动。这些系统因素在生产过程中并不大量存在，对产品质量也不经常发生影响，但一旦存在，它对产品质量的影响就比较显著。比如，原材料的质量不符合规定要求；机器设备带病运转；操作者违反操作规程；测量工具的系统性误差等等。由于这些原因引起的质量波动大小和作用方向一般具有一定的周期性或倾向性，因此比较容易查明，容易预防和消除。又由于异常波动对质量特性值的影响较大，因此，一般说来在生产过程中是不允许存在的。我们把有异常波动的生产过程称为处于非统计控制状态，简称失控状态或不稳定状态。

质量管理的一项重要工作，就是要找出产品质量波动规律，把正常波动控制在合理范围内，消除系统原因引起的异常波动。从微观角度看，引起产品质量波动的原因主要来自六个方面：①人（man），即操作者的质量意识、技术水平、文化素养、熟练程度和身体素质等；②机器（machine），即机器设备、工夹具的精度和维护保养状况等；③材料（material），即材料的化学成分、物理性能和外观质量等；④方法（method），即加工工艺、操作规程和作业指导书的正确程度等；⑤测量（measure），即测量设备、试验手段和测试方法等；

⑥环境（environment），即工作场地的温度、湿度、含尘度、照明、噪声和震动等。

通常，把上述因素称为引起产品质量波动的 6 大因素或简称 "5M1E" 因素。在质量管理中，为分析产品质量问题所采用的工具与方法，以及为提高产品质量所采取的对策与措施，都是围绕着消除异常波动而进行的。科学的发展与技术的进步直接推动了设计质量水平的提高和制造设备档次的提升，是降低质量波动的主要手段。

3. 过程受控与失控

"保持生产过程稳定" 是质量管理中重要的任务之一，然而什么样的生产过程才是稳定的呢？没有学习过统计过程控制的人员通常认为，如果一直生产的产品是合格品，则过程是稳定的，这是一种误解。从过程控制的观点来看，需要对生产过程中的人、机、料、法、环、测各方面进行严格的控制，针对主要变差来源进行分析、改进与监控。只要有可能，还需要从过程输出的主要产品特征值随时间的变差来评价过程是否真的稳定。

按照 ISO22514-1 标准的定义，稳定的过程是指只受随机因素的影响的过程。此时，可以认为过程是处于统计控制状态的。稳定的过程，特征值的输出分布不一定是正态分布，也不能认为特征值输出是正态分布的过程就一定是稳定的。也就是说，过程稳不稳定与输出特征值是否是正态分布没有任何关系，即稳定的过程并不代表输出分布的离散大或离散小，也不代表过程的中心一定是在目标上，过程稳定只代表能够用统计工具去预测变差。因此，处于统计控制状态的过程是指特征值测量分布的参数几乎保持不变，或仅以已知的方式改变，或没有超过已知界限的过程。如图 8-2 所示，即使该特征值分布的参数随时间推移有系统性变化，但这种变化如若是可预测的，则也可以认为过程是 "受控的"。

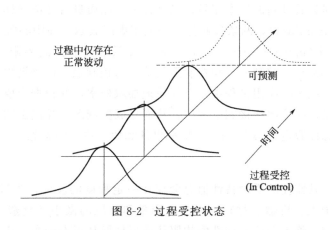

图 8-2　过程受控状态

当过程中存在异常波动的时候，此时由于异常因素的干扰，过程输出质量特性的分布不再按照已知的方式改变，而是随着时间的变化而变化且变化方式不确定，比如可能会向左或者向右变化，或者是分布的整体形态发生变化。如图 8-3 所示，该特征值分布的参数随时间推移有异常变化，这种变化是不可预测的，则认为过程是 "失控的"。

三、控制图基本原理

控制图是指利用概率统计原理，在普通坐标纸上做出两条控制限和一条中心限，然后把按时间顺序抽样所得的特性值，以散点图的形式依次描在坐标图上，从点子的动态分布情况来分析过程质量及其趋势的图形。它是 SPC 的有效工具和技术基础，其基本形式如图 8-4 所示。

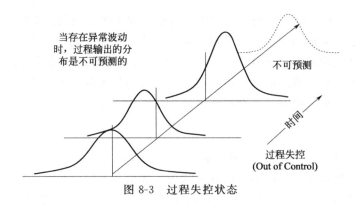

图 8-3 过程失控状态

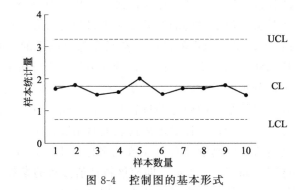

图 8-4 控制图的基本形式

横坐标为以时间先后排列的样本序号，纵坐标为产品质量特性值或样本统计量。中心限记为 CL(center control limit)，两条控制界限一般用虚线表示，在中心限上面的控制界限为上控制限，记为 UCL(upper control limit)；在中心限下面的控制界限为下控制限，记为 LCL(lower control limit)。控制上限和控制下限统称为控制限。控制极限和中心限的值通常也称为控制图参数。在实际应用过程中，有规律地抽取样本，并根据形成的时间顺序在坐标图上逐个跟踪采样点，并依次连接到折线中，从而形成控制图。控制图的设计原理可以用四句话来概述，即正态性假定、3σ 准则、小概率事件和假设检验的思想。

1. 正态性假设

任何生产过程，其监控的质量特性值总会存在一定程度的波动，当过程稳定或受控时，这些波动主要来自于人、机器、材料、方法、测量和环境的微小变化造成的随机误差。此时，由大数定律可知，绝大多质量特性值均服从或近似服从正态分布，正态分布密度函数一般形式如图 8-5 所示，该假定称为正态假定。在此假定基础下就可以利用正态分布的一些固有特征建立过程控制模型。

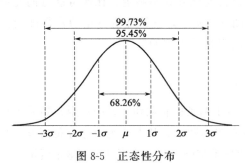

图 8-5 正态性分布

通常在应用常规控制图对过程进行监控时，需要判定质量特性数据是否服从正态性假设。进行正态验证时，可以通过观察直方图的形状来初步判定数据是否为正态分布。不过，样本量如果过小，直方图的效果可能不太好；另外，数据分区过大或过小画出来的直方图也可能会影响效果。

除了直方图之外，也可以用经验累积概率图

来判定数据是否服从正态分布。具体做法是：首先，把数从小到大排列，求出每个值在总样本中出现的概率；然后进行累积，即从小到大开始，计算前 i 个数加起来出现的概率；接着，将计算得到的累积概率值按照从小到大的顺序在二维坐标中画出来，得到阶梯形的计算累积概率线（图 8-6 的折线）；最后，将计算累积概率线和理论曲线（图 8-6 的曲线，它是基于样本均值和标准差，利用正态概率密度函数通过积分计算所得的）进行对比，如果两条线挨得很近，则说明数据服从正态分布的可能性很大。

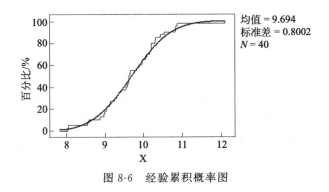

图 8-6 经验累积概率图

2. 三西格玛准则

若质量特性数据服从正态分布，则距分布中心 μ 各为 3σ（即 $\pm 3\sigma$）的范围内所含面积为 99.73%。如果生产过程只受随机原因的影响，该过程的产品质量特性数据应有 99.73% 的概率落在该范围内。基于上述准则，当根据抽样得到的数据对过程正常与否进行判定时，不可避免地会犯两类错误。第一类错误：在过程稳定时，如果抽取到控制限两侧区域中的数据，即抽取到的数据落在控制限之外，此时根据抽样数据结果会把过程判定为失控，即把受控的过程误判为了失控的过程，一般称这种错误为第一类错误，并计犯这类错误的概率为 α，如图 8-7 左图所示。第二类错误：在分布中心 μ_2 已经发生偏移即过程已经异常时，如果抽取到控制限内数据，此时根据抽样数据结果会把过程判定为正常，即把已经异常的过程误判为正常过程，一般称这种错误为第二类错误，并计犯这类错误的概率为 β，如图 8-7 右图所示。

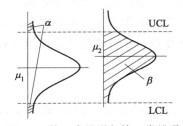

图 8-7 第一类错误与第二类错误

第一类错误与第二类错误发生的大小取决于控制限的范围。控制限的范围越宽，利用控制图判定过程受控的第一类错误就会越小，同时出现第二类错误的概率就会越大。也就是说，第一类错误随着控制限的变宽而减小，第二类错误随着控制限范围变宽而增大。为了同时兼顾到两类错误，在控制限的范围在三西格玛处时，两类错误带来的总损失最小，如图 8-8 所示。

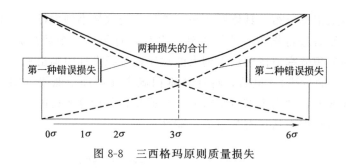

图 8-8　三西格玛原则质量损失

3. 小概率事件

小概率事件一般是不会发生的。在过程质量控制中,一般界定发生概率小于第一类错误 α 的事件即为小概率事件(图 8-9)。这是因为,当 X 服从正态分布 $N(\mu,\sigma^2)$ 时,根据 3σ 准则,X 落在控制界限之外的概率只有 0.27%,即过程受控时抽取到控制限以外数据的概率仅有 0.27%,这个事件的发生概率是较小的。

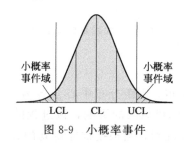

图 8-9　小概率事件

根据小概率事件原理,我们可以认为,在过程正常的情况下,X 一般不应该超出控制界限。小概率原理符合人们的推理思维,故又被称为实际推理原理。当然,运用小概率原理也可能导致错误,但是导致错误的可能性恰恰就是这个小概率事件发生的概率。

4. 假设检验的思想

采用控制图对生产过程每进行一次判定,其实质就是进行了一次假设检验,假设的原命题 H_0 为过程处于稳定状态。在原命题成立的情况下,通常会抽取到一个大概率事件,但是如果此时出现了一个小概率事件,即控制图上的点子越出界限或其他小概率事件发生,则有理由怀疑原生产过程处于失控状态,即生产工序不稳定。此时要及时查找原因,确认生产过程是否发生了显著变化,据此还要进一步分析是什么原因导致了这个变化。

四、控制图判定准则

设计控制图的主要作用是在正态性假定、3σ 准则、小概率事情和假设检验的基础上,对过程是否受控或是否处于统计稳态进行判定,判定准则就是依据小概率事件原理制定的。控制图判定准则包括判稳准则和判异准则,通常判稳准则应用于分析过程质量监控的前期,当过程稳定后应用判异准则来判定是否出现异常。

1. 判稳准则

控制图在进行过程监控时实质是对原命题 H_0 过程处于受控状态的推断,当计算出随机事件发生的概率为小概率事件时就有理由推翻原命题,反之当随机事件发生的概率为大概率事件时，则说明原命题成立，表明过程处于统计受控状态。

对于判异来说，"点出界就判异"虽不是百分之百准确，但很可靠。在控制图上如果一个点子都未出界，是否可以判定为稳定受控？打一个点未出界有两种可能：过程本来稳定，或是出现异常但是漏报。故打一个点子未出界不能立即判稳。但若接连打 m 远大于 1 的点子都未出界，则情况大不相同，于是只剩下一种可能，即过程稳定。如果接连在控制界内的点子很多，即使有个别点子偶然出界，过程仍可看作是稳态的。这就是判稳准则的思路。在点子随机排列的情况下，符合下列情况之一即可判稳，对应的大概率事件计算过程如下。

① 连续 25 个点，没有点子出界：
$P(连续25点)=0.9973^{25}=0.9346$
② 连续 35 个点，最多有一点出界：
$P(连续35点, d \leqslant 1)=C_{35}^0(0.9973)^{35}+C_{35}^1(0.9973)^{34}(0.0027)=0.9959$
③ 连续 100 个点，最多有两点出界：
$P(连续100点, d \leqslant 2)$
$=C_{100}^0(0.9973)^{100}+C_{100}^1(0.9973)^{99}(0.0027)+C_{100}^2(0.9973)^{98}(0.0027)^2=0.9974$

根据上述计算结果，得到控制图的常用判稳准则如表 8-1 所示。

表 8-1 控制图判稳准则

判稳准则	连续 25 点在控制限内
	连续 35 点中最多一点出界
	连续 100 点最多有两点出界

2. 判异准则

控制图的原假设命题为过程处于稳定受控状态，即 SPC 的基准是稳定受控状态，若过程显著偏离稳态就称为异常。由假设检验可以知道，在原假设命题成立的情况下，应该取得一个大概率事件，不应当取得一个小概率事情。因此，控制图的判异准则就是由各种小概率事件构成的。若将控制图分为六个区域（图 8-10），则控制图的判异准则主要分为两类，分别为：一点在 A 区以外；界内点子排列不随机、呈现出特定模式。

① 一点出界既是一点在 A 区以外就判异：
$P=0.0027$

在 3σ 准则下，此时一点出界随机事件发生的概率为 0.0027，为一个小概率事件。因此，在原假设成立的情况下不应当为一个小概率事情，就有理由推翻原假设，推断当前过程为统计失控状态。

② 界内点子排列不随机判异：由于对点子的数目未加限制，故界内点子排列不随机判异准则原则上可以有无穷多种，但现场能够保

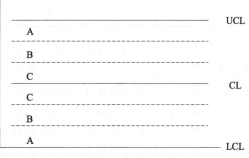

图 8-10 控制图的六个分区

留下来继续使用的只是具有明显物理意义的若干种，在控制图的判断中要注意对这些模式加以识别。控制图的常用判异准则如表 8-2 所示。

表 8-2 控制图判异准则

判异准则	
判异准则	一点落于控制限之外
	连续 9 个点落在中心限的同一侧
	连续 6 个点递增或递减
	连续 14 个点中的相邻点交替上下
	连续 3 点中有 2 点落在中心限同一侧的 B 区以外
	连续 5 点中有 4 点落在中心限同一侧的 C 区以外
	连续 15 点落在中心限两侧的 C 区内
	连续 8 点落在中心限两侧且无一点在 C 区内

五、控制图的分类与选取

根据控制图使用目的的不同，控制图可分为分析用控制图和控制用控制图。分析用控制图是在过程开始的时候主要应用到判稳准则，通过不断的调整使得过程处于统计受控状态。当过程处于统计受控状态，再无限延长分析用控制图的控制限，将后续的过程数据点绘制到控制图中，利用判异准则判定当前过程是否异常，形成控制用控制图。根据监控质量特性数据的类型不同，控制图可分为计量控制图和计数控制图（包括计件控制图和计点控制图）。各类控制图分别适用于不同的生产过程，且每类又可细分为具体的控制图。常见的基本控制图见表 8-3。

表 8-3 控制图的分类

控制图的分类	名称	英文简称	分布
计量型控制图	均值-极差控制图	$\bar{X}\text{-}R$ 图	正态分布
	均值-标准差控制图	$\bar{X}\text{-}S$ 图	
	单值-移动极差控制图	$X\text{-}R_m$ 图	
	中位数-极差控制图	$\tilde{X}\text{-}R$ 图	
计数型控制图	不合格品率图	P 图	二项分布
	不合格品数图	NP 图	
	缺陷数图	C 图	泊松分布
	单位产品缺陷数图	U 图	

对于任何过程，无论是制造过程或是服务过程，凡需对质量特性进行管理的场合都可用控制图。当所确定的控制对象即质量指标能够定量时，用计量型控制图；当所确定的控制对象只能定性描述而不能够定量描述时，用计数型控制图。所控制的过程必须具有重复性，即具有统计规律，只有一次或少数几次的过程难于应用控制图进行控制。在使用控制图时应选择能代表过程的主要质量指标作为控制对象。一个过程往往具有各种各样的特性，需要选择能够真正代表过程情况的指标。假定某产品在强度方面有问题，就应该选择强度作为控制对象；在电动机装配车间，如果对于电动机轴的尺寸要求很高，这就需要把机轴直径作为控制对象；在电路板沉铜缸时就要选择甲醛、NaOH 的浓度以及沉铜速率作为多指标统一进行控制。

先根据所控制质量指标的数据性质来确定，如数据为连续值的应选择 $\bar{X}\text{-}R$、$\bar{X}\text{-}S$、

$\tilde{X}$-R 或 X-R_m 图。数据为计件值的应选择 P 或 NP 图，数据为计点值的应选择 C 或 U 图。还需要考虑其他要求，如检出力大小、抽取样品、取得数据的难易和是否经济等。具体的控制图选取方法，如图 8-11 所示。

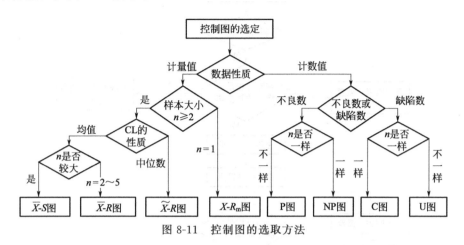

图 8-11 控制图的选取方法

六、统计过程控制的应用流程

应用 SPC 对过程质量进行管控不是简单地建立一个或者几个控制图。通常提到对某个过程进行质量管控好像就是根据监控对象选取合适的控制图，而后采用对应的计算公式构建出控制限，把过程质量特性值或其统计量绘制到控制图中，利用控制图判定准则判定当前过程是否有异常，这种实施过程并不是正确实施统计过程控制的流程。正确实施统计过程控制的流程应当包括收集数据、分析用控制图判稳、过程能力分析、建立控制用控制图、控制图的维护调整，如图 8-12 所示。

1. 收集数据

SPC 的应用在于收集原始的数据，经过一系列复杂的计算，以最简单、直观、明了的方式表现，便于深入分析质量状况及预测问题。所以 SPC 在数据收集过程中必须强调以下两项原则：真实、及时。只有真实的数据才能反映真正的质量状况，不真实的数据分析出的结果肯定也不正确，易导致决策失误。数据的不真实性通常表现在以下几个方面：质量管理人员不认真，只根据经验直接填写数据；质量管理人员不愿检验到规定的数量，而只做一部分，剩下一部分就全都是主观估计值；测量设备有问题，精度不够，需要靠检验人估计；检验出来的数据不符合规格，人为地改写数据；检验人员字迹不清，在输入电脑过程中输错；抽样计划制定不合理，检验数据太少，造成分析无价值。因为 SPC 的主要功能之一就是预测质量，因此只有及时收集数据，才能做到及时分析，才可能预测质量。如果不良品已经产生，所有的预测都毫无意义。

2. 分析用控制图

对一个过程开始应用控制图时，几乎总不会恰巧处于稳态，即总存在异因。如果就以这种非稳态状态下的参数来建立 SPC 控制图，控制图界限之间的间隔一定较宽，以这样的控制图来控制未来，将会导致错误的结论。因此，一开始，总需要将非稳态的过程调整到稳态，这就是建立分析用控制图的阶段。

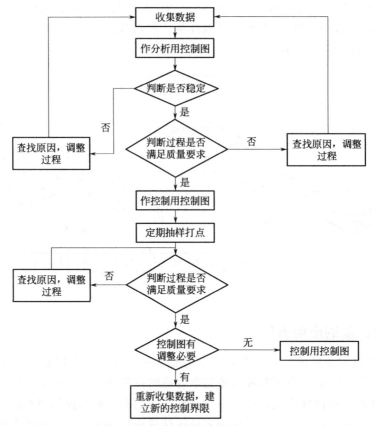

图 8-12 统计过程控制的应用流程

3. 过程能力分析

分析用控制图的确立,只能确定所分析的过程是否处于统计控制状态,但过程稳态并不能说明能力满足要求。过程的过程能力指数是否满足要求,需要通过过程能力分析来判定。根据过程能力分析结果和过程异常现象进行分析用控制图的调整即质量不断改进的过程。分析用控制图建立和过程能力分析两个过程合起来称为统计过程控制阶段 I。

4. 控制用控制图

从数理统计的角度来看,分析用控制图阶段是过程参数未知阶段,而控制用控制图阶段则是过程参数已知阶段。在由分析用控制图向控制用控制图转化前,需要用到判稳准则对过程判读。当过程稳定且过程能力满足要求时,可将分析用控制图的控制限延长,形成控制用控制图,实现过程的在线监控,即过程进入统计过程控制阶段 II。

第二节 常用的计量型控制图

一、均值-极差控制图

均值-极差控制图是最常用、最基本的控制图,由用于描述均值变化的均值图和反映过程波动的极差控制图组成，控制对象为长度、重量、强度、厚度、时间等计量值。对计量型过程进行监控时，我们要控制的是质量特性均值的波动和过程变异的波动；要控制均值的波动，通常是使用均值控制图；控制过程的分散或变异则使用极差控制图称 R 控制图。R 图通常在样本 n≤10 时使用，是一种最常用的计量值控制图，一般 n 取 3、4、5 为宜。

首先介绍均值控制图的控制限确定。此时分为当总体 μ、σ 已经知道的情况和总体均值、方差未知两种情况。

1. 假设质量特性值 X~ N (μ,σ²)，且 μ、σ 已知

由于质量特性值服从正态分布 $N(\mu,\sigma^2)$，$X_1,X_2,\cdots,X_n$ 为样本容量为 n 的样本，样本均值为 $\overline{X}$，由数量统计知识可以知道，$\overline{X} \sim N\left(\mu,\dfrac{\sigma^2}{n}\right)$。由于此时总体的均值和方差都是已知的，因此，由三西格玛准则可以求出均值控制图的控制限。

$$\begin{cases} \text{UCL}_{\overline{X}}=\mu+3\dfrac{\sigma}{\sqrt{n}} \\ \text{CL}_{\overline{X}}=\mu \\ \text{LCL}_{\overline{X}}=\mu-3\dfrac{\sigma}{\sqrt{n}} \end{cases}$$

2. 假设质量特性值 X~ N (μ,σ²)，且 μ、σ 未知

在实际的大批量生产过程中，通常总体的均值和方差是难以直接获得的，这种情况下需要用样本的统计量对总体进行估计。

令 m 个样本的极差分别为 $R_1,R_2,\cdots,R_m$，则平均样本极差为

$$\overline{R}=\dfrac{R_1+R_2+\cdots+R_m}{m} \tag{8-1}$$

故 σ 的估计量为：

$$\sigma=\overline{R}/d_2 \tag{8-2}$$

即 μ 的估计量为 $\overline{\overline{X}}$，σ 的估计量为 $\overline{R}/d_2$，则 $\overline{X}$ 图的控制限为

$$\begin{cases} \text{UCL}_{\overline{X}}=\mu+3\dfrac{\sigma}{\sqrt{n}} \approx \overline{\overline{X}}+\dfrac{3}{d_2\sqrt{n}}\overline{R}=\overline{\overline{X}}+A_2\overline{R} \\ \text{CL}_{\overline{X}}=\mu \approx \overline{\overline{X}} \\ \text{LCL}_{\overline{X}}=\mu-3\dfrac{\sigma}{\sqrt{n}} \approx \overline{\overline{X}}-\dfrac{3}{d_2\sqrt{n}}\overline{R}=\overline{\overline{X}}-A_2\overline{R} \end{cases} \tag{8-3}$$

其中，$A_2=\dfrac{3}{d_2\sqrt{n}}$ 为一个与样本大小 n 有关的常数。

【例 8-1】 某台机器连续生产钢珠，直径是其一个重要的质量特性。为对钢珠直径进行质量控制，每隔 15min 抽样一次，每次抽取产品 5 个，共抽样 25 次，测量并记录数据如

表 8-4 所示。经检验钢珠直径服从正态分布，试绘制 $\overline{X}$-R 控制图。

表 8-4　钢珠直径数据　　　　　　　　　　　　　单位：mm

批次	1	2	3	4	5
1	10.948	10.903	10.947	10.962	10.984
2	10.913	10.969	10.949	10.980	10.939
3	10.973	10.909	10.940	10.954	10.929
4	10.923	10.940	10.949	10.949	10.934
5	11.020	10.959	10.920	10.983	10.996
6	10.920	10.942	10.933	10.981	10.946
7	10.983	10.912	10.959	10.901	10.929
8	10.959	10.931	10.938	10.932	10.959
9	10.939	10.926	10.970	10.964	10.953
10	10.910	10.949	10.928	10.956	10.924
11	10.937	10.942	10.985	10.944	10.966
12	10.968	10.951	10.925	10.920	10.981
13	10.984	10.954	10.947	10.948	10.956
14	10.925	10.970	10.940	10.919	10.928
15	11.026	10.978	10.970	10.958	10.925
16	10.950	10.951	10.932	10.936	10.928
17	10.961	10.953	10.969	10.987	10.955
18	10.974	10.971	10.928	10.955	11.009
19	10.999	10.930	10.951	10.959	10.961
20	10.949	10.920	10.917	10.981	10.931
21	10.952	10.942	10.954	10.958	10.973
22	10.923	10.966	10.997	10.942	10.941
23	10.947	10.944	10.932	10.958	10.949
24	11.000	10.985	10.904	10.937	10.977
25	10.939	10.916	10.956	10.926	10.957

解：收集数据并加以分组；在 5M1E 充分固定并标准化的情况下，从生产过程中收集数据。本例每隔 15min，从生产过程中抽取 5 个零件，测量其直径值，组成一个大小为 5 的样本，一共收集 25 个样本。一般来说，制作 $\overline{X}$-R 图，每组样本大小 $n \leqslant 10$，组数 $k \geqslant 25$。计算每组的样本均值和样本极差，而后计算总均值和极差平均。

$$\overline{\overline{X}} = \frac{1}{n} \sum_{i=1}^{n} \overline{x_i} = 10.95036$$

$$\overline{R} = \frac{1}{n} \sum_{i=1}^{n} R_i = 0.0574$$

计算均值控制图的控制限

$$\text{UCL}_{\overline{X}} = \overline{\overline{X}} + A_2 \overline{R} = 10.95036 + 0.577 \times 0.0574 = 10.98348$$

$$\text{CL}_{\overline{X}} = \overline{\overline{X}} = 10.95036$$

$$\text{LCL}_{\overline{X}} = \overline{\overline{X}} - A_2 \overline{R} = 10.95036 - 0.577 \times 0.0574 = 10.91724$$

计算极差控制图的控制限

$$UCL = D_4 \overline{R} = 2.114 \times 0.0574 = 0.121$$
$$CL = \overline{R} = 0.0574$$
$$LCL = D_3 \overline{R} = 0$$

D_3 和 D_4 是与样本大小有关的常数,可查计量型控制图系数表得到(表8-5)。制作控制图,在方格纸上分别作 $\overline{X}$ 图和 R 图,两张图必须画在同一页纸上,这样以便对照分析。$\overline{X}$ 图在上,R 图在下,纵轴在同一直线上,横轴相互平行,并且刻度对齐。

表 8-5 计量型控制图系数表

常用计量值控制图系数汇总									
	均值图	极差 R 图			均值图	标准差 S 图			
子组容量	控制限计算系数	标准差估计的除数	控制限计算系数		控制限计算系数	标准差估计的除数	控制限计算系数		
n	A_2	d_2	D_3	D_4	A_3	C_4	B_3	B_4
2	1.8800	1.1280	0.0000	3.2670	2.6590	0.7979	0.0000	3.2670
3	1.0230	1.6930	0.0000	2.5740	1.9540	0.8862	0.0000	2.5680
4	0.7290	2.0590	0.0000	2.2820	1.6280	0.9213	0.0000	2.2660
5	0.5770	2.3260	0.0000	2.1140	1.4270	0.9400	0.0000	2.0890
6	0.4830	2.5340	0.0000	2.0040	1.2870	0.9515	0.0300	1.9700
7	0.1490	2.7040	0.0760	1.9240	1.1820	0.9594	0.1180	1.8820
8	0.3730	2.8470	0.1360	1.8640	1.0990	0.9650	0.1850	1.8150
9	0.3370	2.9700	0.1840	1.8160	1.0320	0.9693	0.2390	1.7610
10	0.3080	3.0780	0.2230	1.7770	0.9750	0.9727	0.2840	1.7160
11	0.2850	3.1730	0.2560	1.7440	0.9270	0.9754	0.3210	1.6790
12	0.2660	3.2580	0.2830	1.7170	0.8860	0.9776	0.3540	1.6460
13	0.2490	3.3360	0.3070	1.6930	0.8500	0.9794	0.3820	1.6180

二、均值-标准差控制图

由于极差计算方便,均值-极差控制图得到了广泛应用,但由于极差只考虑了样本中最大值和最小值之差,没有考虑其他数据的分布状况,所以在样本容量较大时,极差控制图检出偏差的效率明显降低。因此,当样本容量较大($n>10$)时,宜采用标准差代替极差。均值图用于判断生产过程的均值是否处于或保持在所要求的统计控制状态。标准差图主要用于判断生产过程的标准差是否处于或保持在所要求的统计控制状态。两张图一起用,称为均值-标准差控制图。

均值-标准差控制图的绘图步骤。收集 k 个子组数据即 k 个样本,每一组的大小即样本容量为 n,计算样本均值与样本标准差 S_i。计算的样本均值和 S_i 的平均值

$$\overline{\overline{X}} = \frac{1}{k}\sum_{i=1}^{k}\overline{x}_i ; \overline{S} = \frac{1}{k}\sum_{i=1}^{k}S_i \tag{8-4}$$

$S \sim N(c_4\sigma, (1-c_4^2)\sigma^2)$,这里 c_4 是与 n 有关的常数,可以查表得到。计算标准差图的控

制限

$$\begin{cases} \text{UCL}_S = c_4\sigma + 3\sigma\sqrt{1-c_4^2} = (c_4 + 3\sqrt{1-c_4^2})\sigma = B_6\sigma \\ \text{CL}_S = c_4\sigma \\ \text{LCL}_S = c_4\sigma - 3\sigma\sqrt{1-c_4^2} = (c_4 - 3\sqrt{1-c_4^2})\sigma = B_5\sigma \end{cases} \quad (8\text{-}5)$$

这里 σ 是总体的方差，通常 σ 值是不知道的。在 σ 值是不知道的情况下，可以用样本标准差的平均值对其进行近似替代，则标准差图的控制限和中心限为

$$\begin{cases} \text{UCL}_S = \bar{S} + 3\sigma_S = \bar{S} + 3\dfrac{\bar{S}}{c_4}\sqrt{1-c_4^2} = B_4\bar{S} \\ \text{CL}_S = \bar{S} \\ \text{LCL}_S = \bar{S} - 3\sigma_S = \bar{S} - 3\dfrac{\bar{S}}{c_4}\sqrt{1-c_4^2} = B_3\bar{S} \end{cases} \quad (8\text{-}6)$$

计算均值控制图的控制限和中心限为

$$\begin{cases} \text{UCL}_{\bar{X}} = \bar{\bar{X}} + 3\sigma_{\bar{X}} = \bar{\bar{X}} + \dfrac{3\bar{S}}{c_4\sqrt{n}} = \bar{\bar{X}} + A_3\bar{S} \\ \text{CL}_{\bar{X}} = \bar{\bar{X}} \\ \text{LCL}_{\bar{X}} = \bar{\bar{X}} - 3\sigma_{\bar{X}} = \bar{\bar{X}} - \dfrac{3\bar{S}}{c_4\sqrt{n}} = \bar{\bar{X}} - A_3\bar{S} \end{cases} \quad (8\text{-}7)$$

第三节 常用的计数控制图

计数控制图主要包括计件型控制图和计点型控制图，计件型控制图主要有不合格品率控制图（P 控制图）和不合格品数控制图（NP 控制图），计点型控制图主要有缺陷数控制图和单位缺陷数控制图。

一、不合格品率控制图

不合格品率控制图（P 控制图）和不合格品数控制图（NP 控制图）的区别是监控的对象不同，它们的分布基础均为二项分布。二项分布（binomial distribution），即重复 n 次的伯努利试验（Bernoulli experiment），用 ξ 表示随机试验的结果。如果事件发生的概率是 p，则不发生的概率 $q=1-p$，n 次独立重复试验中发生 k 次的概率是：期望 $E_\xi = np$；方差 $D_\xi = npq$。假设生产过程处于一稳定状态，产品的不合格品率为 p，且各单位的生产是独立的，则单位产品的不合格品数服从参数 p 的伯努利分布。设抽出容量为 n 的样本，且含有 D 个不合格品，则样本中不合格品数 D 服从参数为 n 和 p 的二项分布，且

$$\mu_D = np \qquad \mu_p = p$$
$$\sigma_D = \sqrt{np(1-p)} \qquad \sigma_p = \sqrt{p(1-p)/n}$$

由于不合格品率的均值和方差相互关联，只需要一张 P 控制图就可对过程进行控制。如果 p 已知，P 控制图的控制限为

$$\begin{cases} \text{UCL} = p + 3\sqrt{p(1-p)/n} \\ \text{CL} = p \\ \text{LCL} = p - 3\sqrt{p(1-p)/n} \end{cases} \quad (8\text{-}8)$$

如果不合格率 p 未知，则估计值样本不合格频率为 $\bar{p} = \sum_{i=1}^{m} D_i \Big/ \sum_{i=1}^{m} n_i$。因此，$p$ 未知时，P 控制图的控制限为

$$\begin{cases} \text{UCL} = \bar{p} + 3\sqrt{\bar{p}(1-\bar{p})/n_i} \\ \text{CL} = \bar{p} \\ \text{LCL} = \bar{p} - 3\sqrt{\bar{p}(1-\bar{p})/n_i} \end{cases} \quad (8\text{-}9)$$

【例 8-2】 在某产品生产过程中抽取 25 个样本，测得样本的不合格品数如表 8-6 所示。试作 P 控制图，并分析过程的不合格品率是否处于稳态。

表 8-6 某产品抽样结果数据

样本号	样本大小	不合格品数	不合格品率
1	95	2	0.0211
2	87	1	0.0115
3	86	2	0.0233
4	97	1	0.0103
5	94	1	0.0106
6	79	0	0
7	78	1	0.0128
8	99	6	0.0606
9	75	2	0.0267
10	76	1	0.0132
11	89	2	0.0225
12	95	2	0.0211
13	78	1	0.0128
14	99	0	0
15	75	2	0.0267
16	76	0	0
17	89	1	0.0112
18	87	3	0.0345
19	86	2	0.0233
20	97	2	0.0206
21	94	1	0.0106
22	79	2	0.0253
23	81	2	0.0247
24	80	1	0.0125
25	77	2	0.026
合计	2148	40	0.0186

解：依题意得

$$\bar{p} = \sum_{i=1}^{m} D_i / \sum_{i=1}^{m} n_i = \frac{40}{2148} = 0.0186$$

$$UCL = \bar{p} + 3\sqrt{\bar{p}(1-\bar{p})/n_i}$$

$$CL = \bar{p}$$

$$LCL = \bar{p} - 3\sqrt{\bar{p}(1-\bar{p})/n_i}$$

此时，样本 1 处的控制限为

$$UCL_1 = \bar{p} + 3\sqrt{\bar{p}(1-\bar{p})/n_i}$$
$$= 0.0186 + 3 \times \sqrt{\frac{0.0186 \times (1-0.0186)}{95}} = 0.0186 + 3 \times \sqrt{\frac{0.01825}{95}} = 0.06018$$

上方为样本 1 处的控制限，此时的 n_i 为 95，在样本 2 处时，n_i 应当取值为 87。

根据计算结果，绘制的控制图如图 8-13 所示。正是由于 n_i 的取值不同才导致 P 控制图的控制限呈现出城墙形。

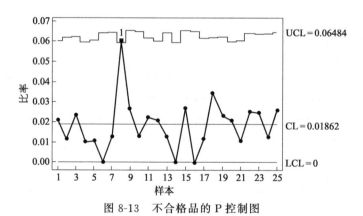

图 8-13 不合格品的 P 控制图

二、缺陷数控制图

缺陷数控制图又称为 C 控制图、缺陷数 C 控制图等，C 控制图是计数值中计点值控制图，其控制对象是一定单位（如长度、面积和体积等）上面的缺陷数，如一个铸件表面上有多少砂眼、一件喷漆产品表面的伤痕数目、一件纺织品上有多少疵点等。这类现象根据大量的统计数据的观察，服从泊松分布，其均值和方差都是泊松分布的参数 μ。由于通常情况下每件产品的缺陷数是未知的，于是应根据样本数据加以估计。C 控制图主要用于判断生产中的设备或产品缺陷数是否处于所要求的水平，它是通过对样本缺陷数的变化的观察来进行控制的，要求样本量是固定的。

根据控制图的基本原理，应以 $\mu \pm 3\sigma$ 为控制界限。根据泊松分布的数字特征值，平均值 $E(\xi) = \lambda$，标准偏差 $\sigma(\xi) = \sqrt{\lambda}$。在 C 控制图中，将缺陷数记为 c。同 P 控制图类似，用抽样检验出的平均缺陷数 $\bar{c}$ 作为参数的估计值。所以 C 控制图的控制界限为

$$UCL_c = \bar{c} + 3\sqrt{\bar{c}}; CL_c = \bar{c}; LCL_c = \bar{c} - 3\sqrt{\bar{c}} \tag{8-10}$$

关于缺陷数控制图样本大小的确定，首先需要统计生产过程中的平均缺陷数，然后根据每组样本平均至少包含 1~5 个左右的缺陷数来确定样本的大小。在控制对象固定的条件下，抽样 20~25 组并统计出各组的缺陷数。

【例 8-3】 已知一电子厂某喷漆生产班组记录了本组完成的 26 件同一产品的缺陷数，见表 8-7，试绘制缺陷数控制图。

表 8-7　某电子厂喷漆生产班组产品质量数据

产品号	缺陷数 c	产品号	缺陷数 c	产品号	缺陷数 c
1	4	10	6	19	3
2	6	11	2	20	7
3	5	12	4	21	5
4	8	13	0	22	4
5	2	14	5	23	5
6	4	15	6	24	4
7	4	16	3	25	3
8	5	17	4	26	2
9	3	18	5	—	

解： 根据表 8-7 的数据，计算出平均缺陷数：$\bar{c} = \sum_{i=1}^{k} c_i / k = 109/26 = 4.19$，满足 $\lambda \geqslant 3$ 的条件，可以用控制图进行质量控制。计算缺陷数控制图的控制限

$$\begin{cases} \text{UCL}_c = \bar{c} + 3\sqrt{\bar{c}} = 4.19 + 3 \times \sqrt{4.19} = 10.33 \\ \text{CL}_c = \bar{c} = \dfrac{109}{26} = 4.19 \\ \text{LCL}_c = \bar{c} - 3\sqrt{\bar{c}} = 4.19 - 3 \times \sqrt{4.19} = -1.95 \end{cases}$$

此时下控制限为一个负值，可以直接取下控制限为零。根据控制界限数值画控制图，并按顺序以各组的缺陷数 c 值在图上打点，如图 8-14 所示。由判稳准则可知图中的全部点子都在控制界限内，可判定当前过程处于统计受控状态。

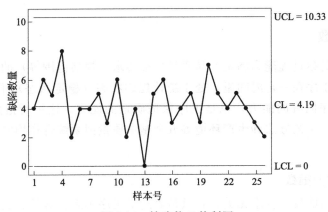

图 8-14　缺陷数 C 控制图

第四节 过程能力分析

产品的制造质量主要取决于工艺能力的水平。具有高处理能力，产品质量变化就小，越容易满足质量要求；相反，产品的质量差异很大，这意味着产品的质量很差。过程能力是指实际加工能力，是在工序处于受控状态下计算的。在没有特殊的情况时，加工精度就可以用过程能力来表达。如果想要对工序的加工精度做出量化评定，可以通过计算过程能力来得出。如果工序质量的波动是因为一些偶然的原因引起的，那么这个工序处于正常的控制状态，此时可以不考虑异常的波动条件，加工质量呈正态分布。

一、过程能力

由正态分布理论可知，正态分布曲线所处的位置可以由平均值反映，而标准差则反映了正态分布曲线的高矮和胖瘦。当大部分质量值靠近定义值时，曲线会高和瘦，这说明波动范围很小，工序能力比较强。当大部分质量偏离定义值时，正态曲线呈现的则是矮和胖的一种状态，此时说明工序能力较差，过程波动也比较大。由于标准差反映了工序质量的能力大小，因此可以使用它作为基础来表达工序能力的大小。标准差越小，说明工序能力越强，反之说明工序能力越弱。在质量工程领域，通常采用 6 倍的 σ 来表示过程能力，即过程能力 = 6σ，如图 8-15 所示。

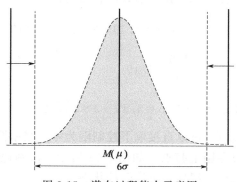

图 8-15 潜在过程能力示意图

二、过程能力指数

过程能力指数是指过程能力满足产品质量标准要求（规格范围等）的程度，也称工序能力指数。它反映了工序在一定时间里，处于统计控制状态（稳定状态）下的实际加工能力。过程能力指数是工序固有的能力，也是工序保证质量的能力。这里所指的工序，是指操作者、机器、原材料、工艺方法和生产环境等五个基本质量因素综合作用的过程，即产品质量的生产过程。

1. 潜在过程能力指数

过程能力与产品的技术要求无关，它只是表达了工序本来就有的、实际的加工能力，即工序达到的实际质量水平。产品质量指标的允许波动范围即公差范围，它是产品的技术要求,也是确定制造质量的标准和依据。引入过程能力指数的概念,就是为了反映和确定工序能力满足技术要求的一种程度。通常所说的过程能力指数就是一种比值,是工序能力和公差的比值,一般用 C_p 表示。

(1) 双侧规格情形

对于具有双侧规格要求的生产过程,过程能力指数为

$$C_p = \frac{T}{6\sigma} = \frac{T_U - T_L}{6\sigma} \tag{8-11}$$

式中,T 为过程统计量的技术规格的公差幅度;T_U、T_L 分别为上、下公差界限;σ 为过程统计量的总体标准差,可以在过程处于稳态时得到。

此时,C_p 与过程输出的均值无关,因为它是假定过程输出的均值与规格中心是重合时的过程能力,因此又称为潜在过程能力指数。

(2) 单侧规格情形

单侧规格情形又可分为仅有规格上限要求、仅有规格下限要求两种情况。仅有规格上限要求的过程能力指数为

$$C_p = C_{pU} = \frac{T_U - \mu}{3\sigma} \approx \frac{T_U - \overline{X}}{3S} \tag{8-12}$$

仅有规格下限要求的过程能力指数为

$$C_p = C_{pL} = \frac{\mu - T_L}{3\sigma} \approx \frac{\overline{x} - T_L}{3S} \tag{8-13}$$

2. 修正的过程能力指数

大多数情况下,过程输出的均值与规格中心不会恰好重合,如图 8-16 所示。因此,对于过程输出均值相对规格中心有漂移的情况,需要将均值的影响考虑进来。

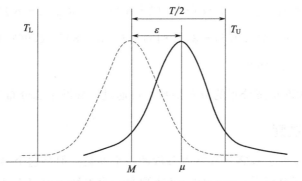

图 8-16 修正的过程能力示意图

由于过程中心通常在规格限之间,因此用过程输出的均值(中心)μ 与两个规格限最近的距离同 3σ 之比作为修正的过程能力指数 C_{pk},即

$$C_{pk} = \min[(T_U - \mu)/3\sigma, (\mu - T_L)/3\sigma] \tag{8-14}$$

由 C_{pk} 的表达式可以看出,当 μ 等于规格中心值 M 时,$C_{pk} = C_p$;当 μ 不等于规格中心值 M 时,$C_{pk} < C_p$。因此,只要双侧规格限都给定,就应同时考虑 C_p 和 C_{pk} 两个指数,

以便对整个过程的状况有全面的了解。比如,当 C_p 和 C_{pk} 两个指数都较小且差别不大时,说明过程的主要问题是 σ 太大;若 C_p 和 C_{pk} 两者相差较大,且 C_p 较大而 C_{pk} 较小时,说明过程的主要问题是 μ 偏离中心值 M 太多;若 C_p 和 C_{pk} 两者相差较大,且 C_p 较大而 C_{pk} 更小时,说明过程的 μ 和 σ 均有问题。

令 $T=T_U-T_L, M=(T_U+T_L)/2$,则可得 C_{pk} 的第二种表示形式,即

$$C_{pk}=\frac{T}{6\sigma}-\frac{|M-\mu|}{3\sigma} \tag{8-15}$$

令 $\varepsilon=|M-\mu|$,$K=2\varepsilon/T$,则可得 C_{pk} 的第三种表示形式,即

$$C_{pk}=(1-K)C_p \tag{8-16}$$

式中,K 称为偏离度。

由式(8-16)可知,偏移量 ε 越大,则系数 K 越大,过程能力指数越小;当 $K=0$ 时,则 $\varepsilon=0$,两中心重合;当 $K=1$ 时,即 $2\varepsilon/T=1$,则 $\varepsilon=T/2$,表示分布中心已出公差限,工序无能力保证质量。在生产中,要求操作者尽量按公差中心来加工,使得 K 趋于零。

【例 8-4】 已知某零件尺寸在 49.9~50.3mm 之间,取样实测样本均值为 50.05mm,样本标准差为 0.061mm。求过程能力指数及不合格品率。

解: 依题意得

$$T=T_U-T_L=50.3-49.9=0.4(\text{mm})$$

$$M=\frac{T_U+T_L}{2}=\frac{50.3+49.9}{2}=50.1(\text{mm})$$

实测样本均值为 50.05mm,因此,$\varepsilon=0.05$,$K=0.25$。

$$C_{pk}\approx\frac{T-2\varepsilon}{6S}=\frac{0.4-2\times0.05}{6\times0.061}=0.820$$

该过程能力下生产过程对应的不合格品率为

$$p=p_U+p_L=2-\phi(3C_{pk}(1+K))-\phi(3C_{pk}(1-K))$$
$$=2-\phi(3.075)-\phi(1.845)\approx 2-0.99897-0.96784$$
$$=3.319\%$$

其中,$\phi(\cdot)$ 为标准正态分布的分布函数,可通过查标准正态分布表求得。

三、过程能力分析准则

工序能力是表示生产过程客观存在着分散的一个参数。但是这个参数能否满足产品的技术要求,仅从它本身还难以看出。因此,还需要另一个参数来反映工序能力满足产品技术要求(公差、规格等质量标准)的程度。这个参数就叫做工序能力指数,它是技术要求和工序能力的比值。

过程能力指数的值越大,表明产品的离散程度相对于技术标准的公差范围越小,因而过程能力就越高;过程能力指数的值越小,表明产品的离散程度相对公差范围越大,因而过程能力就越低。因此,可以从过程能力指数的数值大小来判断能力的高低。从经济和质量两方面的要求来看,过程能力指数值并非越大越好,而应在一个适当的范围内取值。过程能力是

过程性能的允许最大变化范围与过程的正常偏差的比值。过程能力研究在于确认这些特性符合规格的程度，以保证制成成品不符规格的不良率在要求的水准之上，作为过程持续改善的依据。当过程能力确定后，对应的生产过程的合格品率就已经确定，通常用过程能力指数对过程性能进行评级，具体见表 8-8。

表 8-8 过程能力评价

范围	等级	判断
$C_p \geq 1.67$	特级	过程能力富余
$1.33 \leq C_p < 1.67$	1 级	过程能力充足
$1.0 \leq C_p < 1.33$	2 级	过程能力尚可
$0.67 \leq C_p < 1.0$	3 级	过程能力不足
$C_p < 0.67$	4 级	过程能力严重欠缺

第五节 控制图模式识别

一、控制图模式

异常判定准则在 GB/T 17989—2020 中有明确规定，把采用 $\pm 3\sigma$ 原则建立的控制图划分为六个区域，并将中心线上下各标示为 A、B、C 共六个区域。基于小概率事件的控制图判断准则中规定了七种点子排列不随机的异常情况，但是控制图中发生的小概率事件不仅只有这几种情况。例如控制图中的点子连续 3 点中有 2 点落在 A 区、控制图中的点子连续 7 点中至少有 3 点在 A 区内都是点子排列不随机的小概率事件。尤其是利用小概率事件对控制图中的点子呈现周期性变化的情况更难全部包括，例如连续 14 点中相邻点交替上下，该规则其实就是对控制图上点子排列呈现出的周期现象的一种描述，点子呈现周期性变化，表明过程中存在有系统性因素的影响。控制图中发生周期性小概率事件的情况很多，仅仅依靠这一条规则，对控制图中点子呈现周期性变化的现象很难全部判定。

在实际质量智能监控与诊断研究中，如何对控制图中各点子连续变化的状况进行判定是实现生产过程监控与诊断的重要组成部分，于是众多学者展开了关于控制图模式识别的研究。控制图模式产生于基于小概率事件的控制图判断准则，依据 GB/T 17989—2020，其中包括："连续 9 点落在中心线的同一侧""连续 6 点递增或递减"等。然而，控制图判断准则对控制图模式的描述相对有限，无法包含过程运行中可能出现的多种异常状态。为了尽可能全面描述过程运行状态，美国西部电气公司在 1958 年将控制图运行状态概况为正常、上升趋势、下降趋势、向上阶跃、向下阶跃、周期六种形式，并定义为控制图模式（control chart patterns，CCPs）现象。后来一些学者在上述六种控制图模式的基础上又增加了分层模式（stratification）、系统模式（systematic）以及由多个异常模式混合而成的并发模式，其中六种基本模式如图 8-17 所示。

最早对控制图识别主要是依据控制图异常判断准则，人工进行过程异常判定，该方法对判定人员的工程经验依赖程度较大，在手工作业年代的过程异常判定中发挥了巨大的优势，

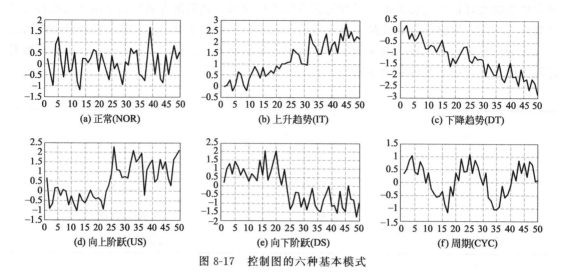

图 8-17 控制图的六种基本模式

但是该方法已明显无法适用于高速运行的自动化生产方式。一些学者采用专家系统对控制图模式进行智能分析及判定，这种智能判定方法的基础依然是基于通用规则或者是基于企业内定的判定规则。应用专家系统对控制图模式进行识别，通常存在以下问题：①由于通用规则包含的异常状态有限或企业自身要求的不同，使得其通用性不强；②由于采用规则难以对并发式异常模式进行描述，使得其在线监控难度大；③由于过程异常因素较多导致的异常模式差别不太明显，使得基于规则的诊断系统识别精度不高。为解决上述专家系统对控制图模式识别存在的问题，众多学者采用人工神经网络等智能分类器对控制图模式进行识别。

二、神经网络识别方法

已有的神经网络模型有许多种，训练方法也有很多种，在模式识别研究中常用的神经网络主要有 Hopfield 神经网络、概率神经网络、RBF 神经网络以及 BP 神经网络。控制图模式的识别中概率神经网络、RBF 神经网络以及 BP 神经网络比较常用，其中以 BP 神经网络应用最为广泛。BP 神经网络一般包含三层，具体网络结构如图 8-18 所示。

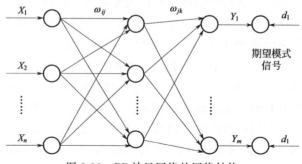

图 8-18 BP 神经网络的网络结构

按功能从左至右可以划分为输入层（I）、隐含层（H）和输出层（O）。隐含层的多层神经网络可以很好解决非线性问题，隐含层节点数的选取改变了网络结构，影响网络性能。神经网络中的每个节点会接收输入值再将输入属性值传给紧接着的下一层网络。激励函数指明了神经网络中隐含层和输出层节点的输入和输出关系，三种常见的激励函数是 S 型函数、双曲正切函数和线性整流函数。激励函数的选取是影响 BP 网络性能的重要元素之一。基本 BP 算法的两个过程是网络信号的前向传播和误差的反向传播。正向传播时，输入信号通过隐含层作用于输出节点，经过非线性变换出现输出的信号，如果实际输出与期望输出不同，就会开始误差的反向传播。将输出误差通过隐含层反向传给输入层的过程是误差反向传播的过程，这个过程是以从各层获得的误差信号作为调整各单元权值的依据的。其间调整输入节点与隐层节点、隐层节点与输出节点的权值和阈值。经过多次学习训练，确定与最小误差相对应的网络的权值和阈值，然后训练结束。这个训练完成的 BP 网络能够自动处理输出误差最小的经过非线性转换的信息。

采用 BP 神经网络识别控制图的六种基本模式，假定控制图模式的数据序列为 30，则其输入层设定为 30 个神经元，设隐含层节点个数为 F，输出层有 6 个神经元。设置参数和变量，设 $X_1, X_2, X_3, \cdots, X_{30}$ 是 BP 网络输入值，$Y_1, Y_2, Y_3, \cdots, Y_6$ 是 BP 网络输出值，W_{ij} 是输入层和隐含层间神经元的权值，W_{jk} 是隐含层和输出层间神经元的权值，其中 i 是从 1 到 30 的常数，k 是从 1 到 6 的常数。BP 神经网络的训练过程可以分为以下步骤：

① 网络初始化，根据系统输入输出序列 (X, Y) 确定网络输入层节点数 30，输出层节点数 6。初始化隐含层阈值 A，输出层阈值 B，给定学习速率 0.1 和神经元激励函数（S 型函数或双曲正切函数或线性整流函数）。然后进行隐含层输出计算，根据输入向量，输入层和隐含层间连接的权值 W_{ij} 以及隐含层阈值 A 计算隐含层输出 M_j

$$M_j = f\Big(\sum_{i=1}^{30} W_{ij} X_i - A_j\Big) \qquad j=1,2,3,\cdots,F \tag{8-17}$$

其中，f 为激励函数，不同的激励函数，表达式不同；F 为隐含层节点的个数。

② 输出层输出计算，计算 BP 神经网络预测输出 O_k，具体计算公式如下

$$O_k = \sum_{j=1}^{F} W_{jk} M_j - B_k \qquad k=1,2,3,4,5,6 \tag{8-18}$$

然后计算误差，根据网络预测输出 O 和期望输出 Y，计算网络预测误差 e，具体计算公式如下

$$e_k = Y_k - O_k \qquad k=1,2,3,4,5,6 \tag{8-19}$$

③ 根据网络预测误差 e 来改变权值，具体计算公式为

$$W_{ij} = W_{ij} + 0.1 M_j (1-M_j) X_i \sum_{j=1}^{6} W_{jk} e_k \qquad j=1,2,3,\cdots,F \tag{8-20}$$

$$W_{jk} = W_{jk} + 0.1 M_j e_k \qquad j=1,2,3,\cdots,F \qquad k=1,2,3,\cdots,6 \tag{8-21}$$

④ 更新阈值，具体计算公式如下

$$A_j = A_j + 0.1 M_j (1-M_j) \sum_{k=1}^{6} W_{jk} e_k \qquad j=1,2,3,\cdots,F \tag{8-22}$$

$$B_k = B_k + e_k \qquad k=1,2,3,\cdots,6 \tag{8-23}$$

之后判断算法迭代是否结束，若没有结束就重新从隐含层输出计算开始。

BP 神经网络建立完成后，采用测试样本数据集对该网络的分类性能进行测试。通常，当该网络模型得到的实际输出矩阵不完全等于预定的任何一种输出目标值时，可以通过 Matlab 中 perform（net，Xi，output）函数将实际输出与六种模式对应的期望输出分别比较均方误差（MSE）值，使得 MSE 值最小的 Xi 就是输入样本对应的输出模式。也可以利用 Matlab 软件观察分析混淆矩阵的数据结果来判断网络进行模式分类的效果。

本章小结

【知识图谱】

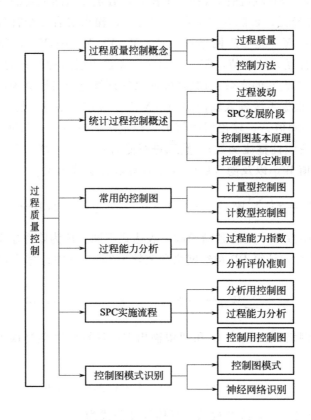

【基本概念】

过程质量　process quality

统计质量控制　statistical quality control

统计过程控制　statistical process control

统计过程诊断　statistical process diagnosis

统计过程调整　statistical process adjustment

过程波动　process variation

控制图　control chart

过程能力　process capability

过程能力指数　process capability index

控制图模式　control chart pattern

学而思之

> 2015年美国环境保护署指控大众汽车所售部分柴油车安装了专门应对尾气排放检测的软件,该软件在车检时秘密启动,从而使汽车能够在车检时以"高环保标准"过关,而在平时行驶时,这些汽车却大量排放污染物,最大可达美国法定标准的40倍。根据美国《清洁空气法》,每辆违规排放的汽车可能会被处以最高3.75万美元的罚款,总额可高达180亿美元。大众之所以取名大众,其背后的含义是希望生产普通老百姓喜爱、信赖并能消费得起的汽车。二十世纪三十年代以来,大众汽车凭借着它的质量和可靠性逐渐成为"德国制造"中一块响当当的招牌,但这一次大众并没有对得起它的名字。
>
> **思考**:从质量波动的角度,如何看待大众汽车排放造假事件的发生?大众汽车排放门案例对中国实现制造强国目标具有什么意义?正确的质量价值观对于个人成长、企业经营发展、伟大中国梦有什么样的重要意义?

本章习题

1. 统计过程控制与统计质量控制的区别是什么?
2. 统计过程控制的发展阶段有哪些,它们有什么关系?
3. 过程波动包含哪些波动,请举例说明。
4. 控制图的基本原理是什么,为什么说应用一次控制图就是进行了一次假设检验?
5. 依据被监控对象的数据特性,控制图分为哪些类别,如何选取合适的控制图?
6. 为什么要进行过程能力分析,过程能力指数与不合格品率有什么对应关系?
7. 统计过程控制的实施流程是什么,阶段Ⅰ和阶段Ⅱ的作用是什么?

第九章
质量检验及抽样技术

第九章 质量检验及抽样技术

学习目标

- 熟悉质量检验的内容与意义
- 掌握抽样检验的基本原理
- 重点掌握计数标准型抽样检验和计数调整型抽样检验的原理及其应用
- 了解计量抽样检验

导入案例

××水泥制造有限责任公司销售不合格水泥

2019年4月,××市市场监督管理局根据投诉举报,对某五金部销售的××水泥制造有限责任公司生产的矿渣硅酸盐水泥进行抽样检验,检验结论为不合格。经查,该批不合格矿渣硅酸盐水泥是该公司2019年2月22日生产的,生产数量200t,上述水泥已全部售出,无库存,货值金额60000元,该公司获违法所得3000元。该局依据《产品质量法》第四十九条的规定,对当事人生产、销售不合格水泥的行为作出行政处罚。

第一节 质量检验概述

一、质量检验的定义

国际标准ISO 8402对质量检验的定义是:对实体的一个或多个特性进行的诸如测量、检查、试验和度量,并将结果与规定要求进行比较,以确定每项特性合格情况所进行的活动。

检验的四个基本要素:度量、比较、判断和处理。

度量指采用试验、测量、化验、分析、感官检查等方法测定产品的质量特性;比较是将测定的结果同质量标准进行比较;根据比较结果,对检验项目或产品作出合格性的判断;对单件受检产品,决定合格放行还是不合格返工、返修或报废的处理,对受检批量产品,决定是接收还是拒收,对拒收的不合格批产品,还要进一步作出是否重新进行全检或筛选甚至是报废的处理。

由以上的定义可知,质量检验过程实质上是一个观察、测量和分析判断的过程,并根据判断结果实施处理。

二、质量检验的意义

质量检验是企业管理科学化和现代化的基础工作之一,在企业生产和管理中有重要的意义。

① 进货检验保证了产品原材料的质量符合性。对采购的物品入场时检验,是一种对外购货物的质量验证活动,也是保证生产正常进行和确保产品质量的重要环节。通过进货检

验，可为企业索赔提供依据。

② 过程检验保证了工艺过程的质量符合性。对原材料投入生产后的每道工序上的产品进行检验，防止出现不合格品并防止其流入下道工序。过程检验不仅可以保证生产出合格的零部件，还可以确保工艺过程处于正常的受控状态。

③ 最终检验保证了最终产品的质量符合性。对过程全部结束后的半成品或成品检验，是供方质量检验的重点。最终检验可以确保向用户提供合格的产品，既减少了用户的索赔、换货等损失，又增强了用户的信赖，也能不断提高自己的市场占有率。

三、质量检验的职能

质量检验在产品质量形成全过程中起着非常重要的作用，主要有以下五个方面的职能：

1. 鉴别职能

质量检验的实质就是进行质量鉴别的过程。根据产品标准，按规定的程序和方法，对被检物品的质量是否合格做出判定，只有通过鉴别才可以判断产品质量是否合格。因此，鉴别是质量检验的基本职能，也是把关的前提。

2. 把关职能

把关职能指在生产的全过程中，利用质量检验挑选、剔除不合格产品，并将其加以标记、隔离，防止误用不合格产品。通过产品质量形成全过程的层层检验，保证产品的符合性质量。把关职能是质量检验中最重要的职能。

3. 预防职能

现代质量检验不仅可以判断某个产品或者某批产品是否合格，还可以发现工序能力是否满足质量要求和判断过程是否处于稳定状态，及时发现质量问题，预防和减少不合格品的产生。利用获得的质量数据和信息，为质量控制提供依据。

4. 报告职能

将检验过程中得到的数据和异常情况记录下来，进行整理、分析、评价，并报告给相关领导和部门，使他们及时了解企业的产品质量状况和质量管理水平，为质量控制、质量改进和质量决策提供依据。

5. 监督职能

监督职能指企业主管人员通过检验结果对产品质量的产生、形成和实现过程进行了解并实施监督。

综上所述，质量检验的主要作用不再是传统的事后把关，将不合格品剔除，而是通过分析和研究检验结果，找到质量问题产生的原因并采取措施防止问题重复产生。利用实验数据，加强生产工序控制，保持工序稳定，充分发挥质量检验的作用。

四、质量检验的方式

根据特征的不同，质量检验方式分为以下八种类型。

1. 按生产过程次序分类

① 进货检验。进货检验是企业的检验部门对进厂的原材料、外购件、外协件等进行入

库前检验。通常对关键物品进行全数检验，次重要物品或者无法全数检验的重要物品采取抽样检验，一般物品可以少量抽样或者只查看合格证书。

② 过程检验。过程检验指对工序过程中的产品或者零件进行的检验。过程检验不仅可以防止不合格品产生，还可以判断工序是否处于受控状态。

③ 完工检验。完工检验是加工完全部零件后进行的检验。完工检验可以保证不合格品不出车间、不出工厂。

2. 按检验地点分类

① 固定场所检验。在特定的地方设置固定检验站，工人将产品送到检验站进行检验。固定场所检验适用于不便搬动或者精密的检测仪器。

② 流动检验。流动检验指检验人员到生产现场进行的检验。流动检验能及时发现质量问题，减少搬运零件的工作量。对于重要产品或者长期供货产品，通常采用这种检验方式。但该检验方式只能作为辅助措施，不能取代企业的正常检验。

3. 按检验后果特征分类

① 破坏性检验。产品的性能在检验后遭到一定的破坏，不再具备原有使用功能的检验。破坏性检验常采用抽样检验方式。

② 非破坏性检验。产品的性能在检验后完整无缺，不影响它的使用性能。

4. 按检验目的分类

① 验收检验。验收检验是检查产品是否合格，确定是否出厂或者接收的检验。验收检验存在于产品生产全过程中。

② 监控检验。监控检验指在生产过程阶段对过程参数或者相应产品质量特性进行的检验。根据检验结果，判断生产过程是否处于受控状态，决定继续生产或者采取纠正措施，防止出现大量不合格品。

③ 监督检验。监督检验指具有监督职能的管理部门、受托的第三方机构和用户对被检测对象实施的检测活动。

5. 按检验手段分类

① 器具检验。器具检验指采用物理或化学的方法，利用仪器、量具、检测设备等手段对产品质量特性进行的检验。器具检验通常能得到检验项目的具体数值，检测结果误差小、重复度高、客观性强。

② 感官检验。感官检验是利用人的感觉器官（眼、鼻、耳、嘴、手、皮肤等）对产品质量特性做出判断和评价的检验。感官检验用于对产品颜色、形状、气味、温度、锈蚀、伤痕、污损等进行检验和评价。感官检验的判定不易用数值表达，在比较判断时，检测结果依赖检验人员的性别、年龄、受教育程度、喜好、经验等因素，具有较大的波动性。

6. 按检验数据特性分类

① 计数检验。计数检验适用于产品质量特性值为离散的、只能用自然数表示，如不合格品数、瑕疵点数、参会人数等。

② 计量检验。计量检验适用于产品质量特性值为连续的，如高度、时间、温度、强度等。

7. 按检验实施主体划分

① 第一方检验。第一方检验也称为生产方检验，生产企业为了控制和保证生产产品的质量，对自身进行的检验。

② 第二方检验。第二方检验又称为买方检验，是买方为了保护自身的经济利益，保证所购买的产品符合要求进行的检验。

③ 第三方检验。第三方检验指由独立的第三方权威机构依据相关法律、标准等对产品质量进行检验、认可的活动。

8. 按检验数量特征分类

① 全数检验。全数检验指对全部产品逐个进行检验，也称为百分之百检验。全数检验适用于以下情况：非破坏性检验；检验费用低、检验项目少的检验；精度要求较高的产品和零部件的检验；对后续工序影响较大的质量项目的检验；质量不太稳定的工序检验；需要对不合格交验批进行百分之百重检及筛选的情况。

全数检验的优点是：能提供较完整的检验数据，获得较全面的质量信息；一般比较可靠；在心理上有一种安全感。全数检验的缺点是：检验工作量大；周期较长；检测费用高；会出现漏检与错检的情况。

② 抽样检验。抽样检验是按数理统计的方法，从待检的一个过程或一批产品中抽取出来一部分单位产品组成样本，根据对样本的检验结果从而判断过程或产品批是否合格的活动。抽样检验适用于以下情况：破坏性检验；检验费用比较高；数量很多，全数检验工作量很大的产品检验；连续性的检验。

抽样检验的优点是节约工作量，节约费用，缩短检验周期。抽样检验的缺点是存在两类错判的风险，即把合格品错判为不合格品，或把不合格品错判为合格品；接收的整批产品中可能包含不合格品，不接收的整批产品中也可能包含合格品。

第二节　抽样检验基础

一、抽样检验的定义

抽样检验是按照数理统计原理，从待检的一个过程或一批产品中抽取出来一部分单位产品组成样本，根据对样本的检验结果从而判断过程或产品批是否合格的活动，整个检验过程如图 9-1 所示。

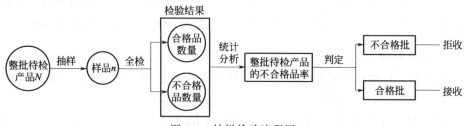

图 9-1　抽样检验流程图

抽样检验具有节约工作量、费用少、缩短检验周期、适合破坏性检验等优点，在企业生产过程中有着广泛应用。有以下特别注意事项：

① 抽样合格的产品仅表示统计质量合格，不能代表整批产品中的每个单位产品都合格；类似地，统计质量不合格的某批产品，并不能说明这批产品中的每个单位产品都不合格。

② 为了保证得到的结果具有统计特征，抽样检验中的样本容量 n 要达到某一水平。否则，得到的结果通常不能良好反映整批产品的质量特性。

③ 在某些抽样方案中，无视待检产品批量的大小，均按相同的比例抽取样本，会存在批量越大接收概率越小，批量越小接收概率越大，即"大批严、小批松"的不合理现象。

二、抽样检验的常用术语

1. 单位产品

单位产品是指为了开展抽样检验而划分的基本产品单位。单位产品分为可自然划分产品和不可自然划分产品：机床、冰箱、空调等是可自然划分产品，水、布匹、玻璃等是不可自然划分产品。对不可自然划分的单位产品需要根据具体情况给出单位产品的定义，如一升矿泉水、一尺布等。

2. 检验批

检验批指为开展抽样检验而汇聚起来的一定数量的单位产品。检验批中的所有产品是同一生产环境下生产的单位产品。检验批分为稳定批和流动批两种：稳定批指全部单位产品同时提交检验，而流动批中的单位产品是一个个地从检验点提交检验的。

3. 批量

检验批中单位产品的数量称为批量，常用字母 N 表示。当产品体积小、质量稳定时，批量宜大些，但不可过大。过大的批量难以获得有代表性的样本，一旦该批产品被拒收，会造成较大的经济损失。

4. 样本

检验批中被抽出检验的产品称为样本，样本中的单位产品总数称为样本容量，通常用字母 n 表示。

5. 不合格

单位产品的任一质量特性不能满足规范要求，则称为不合格。根据产品质量特性的重要性和不符合程度，不合格分为 A、B、C 三个等级。

A 类不合格：单位产品的极重要质量特性不符合规定，或单位产品的质量特性极严重不符合规定。A 类不合格也称为致命不合格，一般指危及人身安全或易导致不安全因素的项目，或者是导致产品基本功能失效的项目，是被认为应给予最高关注的一种类型的不合格。

B 类不合格：单位产品的重要质量特性不符合规定，或单位产品的质量特性严重不符合规定。B 类不合格也称为严重不合格，指不危及人身安全但可能导致功能失误或降低原有使用功能的项目，其关注程度稍低 A 类的不合格。

C 类不合格：单位产品的一般质量特性不符合规定，或单位产品的质量特性轻微不符合规定。C类不合格也称为轻微不合格，指对产品的使用性能没有影响或只有轻微影响的项目。

6. 不合格品

含有一个或一个以上不合格的单位产品称为不合格品。没有任何不合格的单位产品称为合格品。根据不合格的分类，不合格品也可以分为三类。

A类不合格品：有一个或一个以上 A 类不合格，也可能有 B 类和 C 类不合格的单位产品。

B类不合格品：有一个或一个以上 B 类不合格，也可能有 C 类不合格，但没有 A 类不合格的单位产品。

C类不合格品：有一个或一个以上 C 类不合格，但没有 A 类、B 类不合格的单位产品。

7. 批质量

一批产品的总体质量表现状况称为批质量，通常用该批产品的不合格品率来衡量，不合格品率越高，批质量越差。

8. 合格判定数

在抽样方案中，预先规定判定批产品合格的样本中允许的最大不合格数，称为合格判定数，用字母 c 表示；预先规定判定批产品不合格的样本中最小不合格数，称为不合格判定数，用 r 来表示。例如，从批量 N 中随机抽取 n 个单位产品组成一个样本，然后对样本中每一个产品进行逐一测量，记下其中的不合格品数 d，如果 $d \leqslant c$，则认为该批产品质量合格，予以接收；如果 $d \geqslant c+1$，则认为该批产品质量不合格，予以拒收。

9. 批不合格品率

批不合格品率指批中不合格品总数 D 占批量 N 的百分比，即

$$p = \frac{D}{N} \times 100\% \tag{9-1}$$

其中，p 为不合格品率；D 是 N 件产品中的不合格品总数。

10. 批不合格品百分数

批不合格品百分数指批中不合格品数 D 除以批量 N，再乘以 100，即

$$100p = \frac{D}{N} \times 100 \tag{9-2}$$

11. 批平均不合格品率

假设 k 批产品的批量分别为 $N_1, N_2, \cdots, N_k$，首次检验得到不合格品数分别为 $D_1, D_2, \cdots, D_k$，则批平均不合格品率 $\overline{P}$ 为

$$\overline{p} = \frac{D_1 + D_2 + \cdots + D_k}{N_1 + N_2 + \cdots + N_k} \times 100\% \tag{9-3}$$

在抽样检验中，通常无法得到 $\overline{P}$ 的精确值。因此，对上述 k 批产品抽样检验，依次抽取出数量为 $n_1, n_2, \cdots, n_k$ 的 k 组样本，检验后得到 k 组样本中的不合格品数依次为 $d_1, d_2, \cdots, d_k$，则样本的批平均不合格品率 $\overline{p}$ 为

$$\bar{p} = \frac{d_1 + d_2 + \cdots + d_k}{n_1 + n_2 + \cdots + n_k} \times 100\% \tag{9-4}$$

12. 抽样方案

在抽样检验中，确定样本容量和有关接收准则的一个具体方案称为抽样方案。样本容量 n 和合格判定数 c 是抽样方案中的两个最基本参数。若用批不合格品率 p 表示一批产品的合格判定标准，则 c 和 p 的关系是：$c = np$。如果全数检验样本得到不合格品数大于 c，则判定这批产品不合格。

13. 接收概率

接收概率指根据规定的抽样方案，把具有给定质量水平的检验批判为合格而接收的概率，用符号 $L(p)$ 表示。其中，p 为批不合格品率。接收概率也称为批合格概率。

14. 两类错误及风险

抽样检验是利用样本质量推断总体的质量。在抽样检验时，会出现将合格批错判为不合格批，以及把不合格批错判为合格批两种错误，分别称为第Ⅰ类错误和第Ⅱ类错误。

第Ⅰ类错误：将合格批错判为不合格批而予以拒收的错误，也称为弃真错误。这是由生产方承担的风险，其概率用 α 表示。

第Ⅱ类错误：将不合格批错判为合格批而接收的错误，又称为纳伪错误。这是由需求方承担的风险，其概率用 β 表示。

三、抽样检验的分类

1. 按检验次数分类

① 一次抽样检验：从检验批中只抽取一次样本就必须对该批产品做出是否接收的判断。按照规定的抽样方案，从批量 N 中随机抽取 n 个样本，检测样本中的全部产品，得到不合格品数为 d。如果 d 不大于合格判定数 c，则接收这批产品；如果 d 大于 c，则拒收这批产品。操作程序如图 9-2 所示。

② 二次抽样检验：从检验批中最多抽取两次样本后就必须对该批产品做出是否接收的结论。从批量 N 中随机抽取 n_1 个样本，检测样本中的全部产品，得到不合格品数为 d_1。如果 $d_1 \leqslant c_1$，其中 c_1 为第一合格判定数，则接收这批产品；如果 $d_1 \geqslant r_1$，r_1 为第一拒收数，则拒收该批产品；如果 $c_1 < d_1 < r_1$，此时不能判断这批产品是否合格。继续抽取容量为 n_2 的样本进行检验，得到该样本中的不合格品数为 d_2。如果 $d_1 + d_2 \leqslant c_2$，c_2 为第二合格判定数，则接收这批产品；如果 $d_1 + d_2 \geqslant r_2$，r_2 为第二拒收数，则拒收这批产品。二次抽样检验是一次抽样检验的延伸，其操作程序如图 9-3 所示。

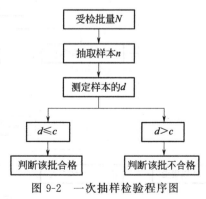

图 9-2　一次抽样检验程序图

③ 多次抽样检验：检验批中允许抽取两次以上样本，才能对该批产品做出是否接收的结论。多次抽样检验可能依次抽取多达 k 次样本，是否需要抽取第 $i(i \leqslant k)$ 次样本由前

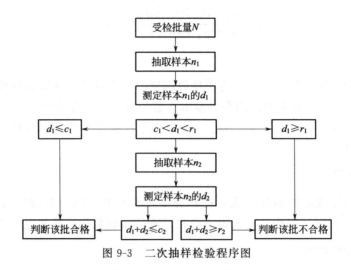

图 9-3 二次抽样检验程序图

$(i-1)$ 次抽取的样本提供的信息所决定。它是二次抽样检验的延伸，其操作程序如图 9-4 所示。

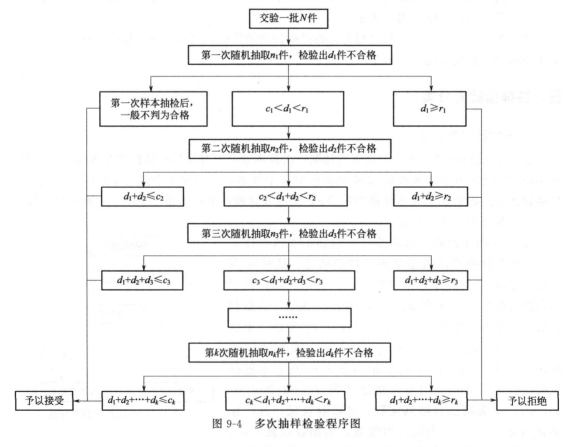

图 9-4 多次抽样检验程序图

在我国，多次抽样允许最多抽取 5 次样本就必须对检验批作出接收与否的判断。

④ 序贯抽样检验：不限制抽样次数，但每次抽取一个单位产品，直至按规则做出判断为止。

2. 按检验特性值的属性分类

按检验数据特性分类，抽样检验可以分为计数抽样检验和计量抽样检验。

① 计数抽样检验包括计件抽样检验和计点抽样检验。计件抽样检验是根据样本中包含的不合格品数来推断整批产品是否合格的活动。计点抽样检验是根据样本中包含的不合格数的多少来推断整批产品是否合格的活动。计数抽样检验常用不合格品数或不合格数判定受检批是否接收。

② 计量抽样检验是通过测量被检样本中的产品质量特性的具体数值并与标准进行比较，进而推断整批产品是否合格的活动。计量抽样检验常用样本均值或样本标准差判定受检批是否接收。

3. 按抽样方案是否调整分类

按抽样方案是否调整分类，抽样检验可以分为调整型抽样检验和非调整型抽样检验。

① 调整型抽样检验：根据受检批质量水平的变化情况，按照转移规则，调整抽样方案。调整型抽样检验充分利用产品的质量历史信息来调整，可降低检验的成本。

② 非调整型抽样检验：不需要利用产品的质量历史信息来调整，只有一个方案，没有转移规则。常用的非调整型抽样检验有以下三种：

a. 标准型抽样检验只判断批本身质量是否合格，保护买卖双方利益的相关规定，适用于孤立批产品的检验。

b. 连续型抽样检验是相对于稳定批而言的一种检验。产品在流水线上连续生产，不可预先构成批，检验是针对连续通过的产品进行的。

c. 挑选型抽样检验是需要提前规定检验方法的抽样检验。对合格批接收，不合格批要逐个挑选，用合格品更换检测出来的不合格品，然后进行二次提交。

4. 按检验目的分类

按检验目的分类，抽样检验可以分为预防性抽样检验、验收性抽样检验和监督抽样检验。

① 预防性抽样检验：生产方在生产过程中的抽样检验，目的是及时发现过程中的不稳定因素。

② 验收性抽样检验：指需求方用抽样检验来判定是否接收的检验。

③ 监督抽样检验：由独立的第三方检测机构对产品进行的、决定监督总体是否可以通过的抽样检验。这种抽样既保证了产品质量又保护了消费者的利益。

四、抽样检验的标准

为了使抽样检验更加标准化，我国颁布了多项抽样检验标准，常用抽样检验国家标准目录如表 9-1 所示。

表 9-1 常用抽样检验国家标准目录

项目	抽样检验类型	标准编号	标准名称
计数抽样方案	挑选型抽样检验	GB/T 13546—1992	挑选型计数抽样检查程序及抽样表
	标准型抽样检验	GB/T 13262—2008	不合格品百分数的计数标准型一次抽样检验程序及抽样表

续表

项目	抽样检验类型	标准编号	标准名称
计数抽样方案	标准型抽样检验	GB/T 13264—2008	不合格品百分数的小批计数抽样检验程序及抽样表
	调整型抽样检验	GB/T 2828.1—2012	计数抽样检验程序 第1部分:按接收质量限(AQL)检索的逐批检验抽样计划
	孤立批抽样检验	GB/T 2828.2—2008	计数抽样检验程序 第2部分:按极限质量(LQ)检索的孤立批检验抽样方案
	跳批抽样检验	GB/T 2828.3—2008	计数抽样检验程序 第3部分:跳批抽样程序
	序贯抽样检验	GB/T2828.5—2012	计数抽样检验程序 第5部分:按接收质量限(AQL)检索的逐批序贯抽样检验系统
		GB/T 8051—2008	计数序贯抽样检验方案
	连续型抽样检验	GB/T 8052—2002	单水平和多水平计数连续抽样检验程序及表
计量抽样方案	标准型抽样检验	GB/T 8054—2002	计量标准型一次抽样检验程序及表
	调整型抽样检验	GB/T 6378.1—2008	计量抽样检验程序 第1部分:按接收质量限(AQL)检索的对单一质量特性和单个AQL的逐批检验的一次抽样方案
	序贯抽样检验	GB/T 16307—1996	计量截尾序贯抽样检验程序及抽样表(适用于标准差已知的情形)
监督抽样方案	计数监督抽样	GB/T 2828.4—2008	计数抽样检验程序 第4部分:声称质量水平的评定程序
		GB/T 2828.11—2008	计数抽样检验程序 第11部分:小总体声称质量水平的评定程序
	计量监督抽样	GB/T 6378.4—2018	计量抽样检验程序 第4部分:对均值的声称质量水平的评定程序
	监督复查抽样	GB/T 16306—2008	声称质量水平复检与复验的评定程序

第三节 抽样检验特性曲线

在日常生活中,每个受检批的不合格品率是未知且不断变化的。对一定的抽样方案(N,n,c),不同的不合格品率 p 和接收概率 $L(p)$ 之间存在一一对应关系。$L(p)$ 随着 p 的改变而变化,它们之间的这种变化规律称为抽样检验特性(operating characteristic,OC)。用来表示抽样检验特性的曲线称为抽样检验特性曲线,简称 OC 曲线。

一、OC 曲线的内涵

根据 OC 曲线定义可知,其是在给定的抽样方案(N,n,c)下,用来表示受检批的不合格品率 p 和接收概率 $L(p)$ 之间函数关系的曲线。因此,OC 曲线与抽样方案是一一对应的,即一个抽样检验方案对应着一条 OC 曲线,而一条 OC 曲线则代表了一个抽样方案对所验收产品质量的判断能力。具体而言,OC 曲线直观地反映了采用该方案对不同质量水平的批产品接收和拒收的概率。因此，我们可以通过对不同 OC 曲线的比较来选择合适的抽样检验方案。

二、OC 曲线的计算

先计算接收概率 $L(p)$，然后描出二维坐标轴中的点 $(p, L(p))$，再用平滑的曲线将各点连接起来，就得到 OC 曲线。当 p 一定时，根据不同的情况，$L(p)$ 可以利用超几何分布、二项分布或泊松分布计算求出。

1. 超几何分布计算法

假设从不合格品率为 p 的批量 N 中随机抽取 n 个单位产品组成样本，则样本中出现 d 个不合格品的概率可按超几何分布公式计算

$$L(p) = \sum_{d=0}^{c} \frac{C_{Np}^{d} C_{N-Np}^{n-d}}{C_{N}^{n}} \tag{9-5}$$

其中，C_N^n 表示从批量 N 中随机抽取出来 n 个单位产品的组合数；C_{Np}^d 为从批的不合格品数 Np 中抽取出 d 个不合格品的组合数；C_{N-Np}^{n-d} 为批的合格品数 $N-Np$ 中抽取出 $n-d$ 个合格品的组合数。

【例 9-1】 已知批量 $N=50$ 的一批产品提交检查，抽样方案 $(5,1)$，求批不合格品率 $p=10\%$ 时的接收概率。

解：$L(p) = L(10\%) = \sum_{d=0}^{1} \frac{C_5^d C_{50-5}^{5-d}}{C_{50}^5} = \frac{\frac{5!}{0!5!} \times \frac{45!}{5!40!}}{\frac{50!}{5!45!}} + \frac{\frac{5!}{1!4!} \times \frac{45!}{4!41!}}{\frac{50!}{5!45!}} = 0.93$

计算结果表明，对批量 $N=50$、不合格品率 $p=10\%$ 的产品，采用抽样方案 $(5,1)$ 进行验收时，接收的可能性为 93%。即每 100 批这种质量的产品中，约有 93 批会被接收，7 批被拒收。

虽然使用超几何分布计算接收概率精确，但当 N 和 n 值较大时，计算非常繁琐，此时可用二项分布或泊松分布近似计算。

2. 二项分布计算法

二项分布计算公式为

$$L(p) = \sum_{d=0}^{c} C_n^d p^d (1-p)^{n-d} \tag{9-6}$$

相关研究表明，当样本容量占总体较小 $n/N \leqslant 0.1$ 时，可用二项分布近似超几何分布。当 N 较大时，二项分布计算会比超几何分布计算简便很多。

【例 9-2】 已知批量 $N=3000$ 的一批产品提交检查，抽样方案 $(30,1)$，求批不合格品率 $p=1\%$ 时的接收概率。

解：$L(p) = L(1\%) = \sum_{d=0}^{1} C_{30}^d (0.01)^d (0.99)^{30-d} = 0.9639$

3. 泊松分布计算法

泊松分布计算公式为

$$L(p) = \sum_{d=0}^{c} \frac{(np)^d}{d!} e^{-np} \tag{9-7}$$

当 $n/N \leqslant 0.1$ 且 $p \leqslant 0.1$ 时，可用泊松分布近似超几何分布；当 n 较大（如 $n \geqslant 100$），p 较小（如 $p \leqslant 0.1$），同时 $np \leqslant 4$ 时，可用泊松分布近似二项分布。

【例 9-3】 已知批量 $N = 100000$ 的一批产品提交检查，抽样方案（100，5），求批不合格品率 $p = 10\%$ 时的接收概率。

解： $L(p) = L(10\%) = \sum_{d=0}^{15} \dfrac{(100 \times 0.1)^d}{d!} e^{-100 \times 0.1}$

$= \dfrac{(10)^0}{0!} e^{-10} + \dfrac{(10)^1}{1!} e^{-10} + \cdots + \dfrac{(10)^{15}}{15!} e^{-10} = 0.951$

由上述三个接收概率计算公式可看出，$L(p)$ 是随着 p 的增大而减小。

三、OC 曲线的类型

1. 理想的 OC 曲线

如果我们规定，当批不合格品率 p 不超过 p_t 时，这批产品是合格的，可以接收。则一个理想的抽检方案应当满足：当 $p \leqslant p_t$ 时，接收概率 $L(p) = 1$；当 $p > p_t$ 时，接收概率 $L(p) = 0$。理想的 OC 曲线如图 9-5 所示。

理想的 OC 曲线只有在 100% 检验且保证不发生错检和漏检的情况下才能得到，而抽样检验中存在两类错误，因此，理想的 OC 曲线实际不存在。

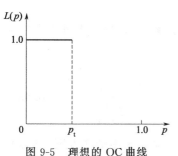

图 9-5　理想的 OC 曲线

2. 不理想的 OC 曲线

对批量为 N 的产品采用（1，0）抽样方案验收，该抽样方案的 OC 曲线为一条单调递减直线，如图 9-6 所示。当这批产品的不合格品率为 50% 时，仍有高达 50% 的概率被接收。这个方案对批质量的判断能力是很差的，故为不理想的 OC 曲线。

3. 实际的 OC 曲线

理想的 OC 曲线在现实生活中是不存在的，而不理想的 OC 曲线对批质量的判断能力很差。那么在日常生活中，我们希望得到较好的 OC 曲线，如图 9-7 所示：若批质量较好，当 $p \leqslant p_0$ 时，能以超过 $1 - \alpha$ 的高概率判定它合格，予以接收；若批质量较差，当 $p \geqslant p_1$ 时，能以超过 $1 - \beta$ 的高概率判定它不合格，予以拒收；若产品质量变坏，当 $p_0 < p < p_1$ 时，接收概率迅速减小。

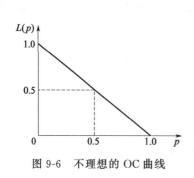

图 9-6　不理想的 OC 曲线

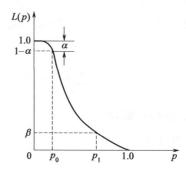

图 9-7　实际的 OC 曲线

【例 9-4】 有一批航空电源生产用板栅，$N=1000$，假设用（30，3）抽样方案检验，请问该抽样方案合理吗？

解： 首先利用接收概率公式计算出这批产品的接收概率，如表 9-2 所示。再根据表中的数据画出该抽样方案的 OC 曲线，如图 9-8 所示：当 $p \leqslant 5\%$ 时，接受概率为 94% 左右；随着 p 的增大，$L(p)$ 迅速减小；当 $p=20\%$ 时，接收概率仅为 12% 左右。因此，（30，3）是一个比较好的抽样方案。

表 9-2 （1000，30，3）的接收概率

d	$p/\%$			
	5	10	15	20
0	0.210	0.040	0.007	0.001
1	0.342	0.139	0.039	0.009
2	0.263	0.229	0.102	0.032
3	0.128	0.240	0.171	0.077
$L(p)$	0.943	0.648	0.319	0.119

四、OC 曲线的灵敏度分析

由于 OC 曲线与抽样方案 (N,n,c) 是一一对应的，反映了 (N,n,c) 不同取值下的曲线变化，因此可以对 OC 曲线进行关于 (N,n,c) 值变化的灵敏度分析，为抽样方案的参数变化提供决策参考。

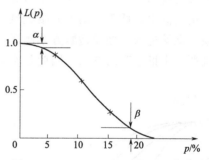

图 9-8 （1000，30，3）的 OC 曲线

1. 当 n、c 不变，N 变化时

比较下列三个抽检方案：Ⅰ（50，20，0），Ⅱ（100，20，0）和Ⅲ（1000，20，0）所对应的 OC 曲线，如图 9-9 所示。从图上可以看出，批量 N 的大小对 OC 曲线的影响不大。故当 $N/n \geqslant 10$，可不考虑 N 对抽样方案的影响。此时可以将抽样方案简单表示为 (n,c)。但 N 并非越大越好，抽样检验总存在犯错误的可能，如果 N 过大，一旦被拒收，会给生产方造成严重经济损失。

2. 当 N、c 不变，n 变化时

比较下列三个抽检方案：Ⅰ（200，2），Ⅱ（100，2）和Ⅲ（50，2），所对应的 OC 曲线如图 9-10 所示。从图上可以看出，样本容量 n 越大，OC 曲线越陡峭，抽样方案越严格。

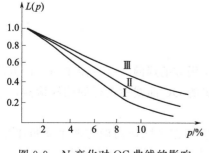

图 9-9 N 变化对 OC 曲线的影响

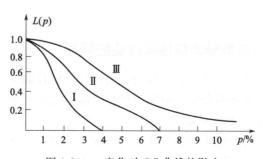

图 9-10 n 变化对 OC 曲线的影响

3. 当 N、n 不变，c 变化时

比较下列四个抽检方案：Ⅰ(100,2)，Ⅱ(100,3)、Ⅲ(100,4)和Ⅳ(100,5)，所对应的 OC 曲线如图 9-11 所示。从图上可以看出，当样本容量 n 一定时，合格判定数 c 越小，OC 曲线越陡峭，抽样方案越严格。

五、百分比抽样检验的不合理性

百分比抽样检验指无论产品的批量 N 如何，都按同一百分比抽取样本进行检验，且样本中允许的不合格品数都是一样的，即有相同的合格判定数 c。下面通过具体例子说明百分比抽样检验的不合理性。

【例 9-5】 设某厂有批量不同但批质量相同的 5 批产品，批不合格品率均为 4%，它们均按 5% 抽取样本，并规定样本中不允许有不合格品（即 $c=0$）。现有 5 个抽样方案：Ⅰ(100,5,0)、Ⅱ(200,10,0)、Ⅲ(400,20,0)、Ⅳ(600,30,0)和Ⅴ(2000,100,0)。现请分析百分比抽样检验是否合理。

解： 这五种抽样方案的 OC 曲线如图 9-12 所示。经过计算可知，当 $p=2\%$ 时，方案Ⅰ的接收概率为 90.2%，而方案Ⅴ的接收概率只有 13.5%。当不合格品率 p 相同时，方案Ⅴ的接收概率远低于方案Ⅰ的接收概率，故方案Ⅴ比方案Ⅰ严格很多。即按同一百分比抽样检验，批量越大，抽样检验方案越严，批量越小，方案越松。这足以表明，百分比抽样有"大批严、小批松"的特点，因此是不合理的。

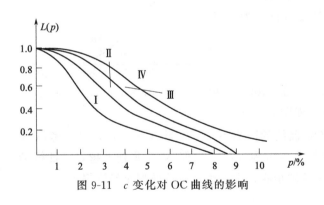

图 9-11　c 变化对 OC 曲线的影响

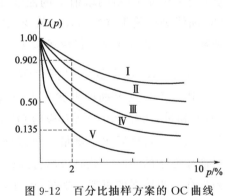

图 9-12　百分比抽样方案的 OC 曲线

第四节　计数标准型抽样检验

一、计数标准型抽样检验的原理

计数标准型抽样检验是既同时严格控制生产方和使用方的风险，又规定了对生产方的质量要求和对使用方的质量保护，按照供需双方共同制定的 OC 曲线所进行的抽样检验，是最基本的抽检方案。

计数标准型抽样检验的原理是：首先，生产方和使用方共同协商确定两个质量水平 p_0 和 p_1，且 $p_0 < p_1$；其次，希望不合格品率为 p_1 的批尽量不接收，设其接收概率 $L(p_1)=$

β，希望不合格品率为 p_0 的批尽量接收，设其拒收概率 $1-L(p_0)=\alpha$。一般规定 $\alpha=0.05$，$\beta=0.1$。这种抽样方案的 OC 曲线通过 $(p_0,1-\alpha)$、(p_1,β) 两点，如图 9-7 所示。

α 是生产方风险：好质量的受检批不被接收时生产方承担的风险。

β 是使用方风险：坏质量的受检批被接收时使用方承担的风险。

p_0 是生产方风险质量：对给定抽样方案，与规定的生产方风险相对应的质量水平。

p_1 是使用方风险质量：对给定抽样方案，与规定的使用方风险相对应的质量水平。

$(p_0,1-\alpha)$ 是生产方风险点：OC 曲线上对应于生产方风险质量和生产方风险的点。

(p_1,β) 是使用方风险点：OC 曲线上对应于使用方风险质量和使用方风险的点。

在进行抽样检验时，只要抽样方案控制好 $(p_0,1-\alpha)$ 和 (p_1,β) 两个点，就等于既保护了生产方的经济利益，又保证了使用方的质量要求。

二、计数标准型抽样标准

标准型抽样检验适用于孤立批、使用方对产品的质量要求较严格，或者没有供方所提供产品的验前资料等情况。我国的计数标准型抽样检验国家标准有：GB/T 13262—2008《不合格品百分数的计数标准型一次抽样检查程序及抽样表》，适用于 $N>250$ 且 $N/n>10$；GB/T 13264—2008《不合格品百分数的小批计数抽样检验程序及抽样表》，适用于 $N<250$ 且 $N/n<10$（N 为批量，n 为样本容量）。

三、计数标准型抽样检验方案的实施

1. 规定单位产品的质量特性

对于单位产品，明确规定判断合格与不合格的标准。

2. 规定质量特性不合格的分类与不合格品的分类

根据单位产品质量特性的重要程度或质量特性不符合的严重程度，将不合格品分为 A、B、C 三个等级。

3. 确定生产方风险质量和使用方风险质量

在抽样检验前，要综合考虑生产能力、质量要求、制造成本和检验费用等因素，生产方和使用方协商确定生产方风险质量 p_0 和使用方风险质量 p_1 的值。在确定 p_0 和 p_1 的值时，要注意 p_1/p_0 值的大小。如果 p_1/p_0 过小，会增加样本容量 n，使检验费用增加；如果 p_1/p_0 过大，会放松对质量的要求，增大使用方风险。通常，取 $\alpha=0.05$，$\beta=0.1$，p_1/p_0 的值在 4～10 为宜。

4. 确定批量

同一种类、同一规格型号，且工艺条件和生产时间基本相同的单位产品组成受检批。当产品体积小、质量稳定时，批量可适当大些。但也不可过大，不然很难得到有代表性的样本，且一旦被错判，会造成较大的经济损失。

5. 检索抽样检验方案

抽样检验方案中的样本容量 n 和合格判定数 c 是通过查询附录 3 得到的。方法如下：根据协商确定的 p_0 和 p_1 值，在附录 3 中找到 p_0 所在的行与 p_1 所在的列。行列交汇处即为对应的抽样方案，左侧是样本容量，右侧是合格判定数。按此检索方法，如果样本容量 n 超过批量 N，则进行全数检验。

6. 抽取样本

按照已确定的样本容量，选择简单随机抽样、整群随机抽样、分层随机抽样或者系统随机抽样等方法从受检批中随机抽取样本。

7. 检验样本

按照规定的质量标准，对样本中的每一个单位产品进行检验，并统计出不合格数 d。

8. 判定标准

如果 $d \leqslant c$，即样本中的不合格数小于等于合格判定数，则判定受检批合格；如果 $d > c$，则判定受检批不合格。

9. 处置检验批

对判定为合格的受检批，应予以接收；而对判定为不合格的受检批，应予以拒收。无论如何，已判定为不合格的受检批，不能直接提交下次检验。双方按照预先签订的合同处理不合格品。

【例 9-6】 已知 $p_0 = 0.5\%$，$p_1 = 10\%$，求抽样方案。

解： 查附录3，以 $p_0 = 0.5\%$ 所在的行和 $p_1 = 10\%$ 所在的列交汇处查到 (50,1)，即样本大小为50，合格判定数为1。

第五节 计数调整型抽样检验

一、计数调整型抽样检验的原理

计数调整型抽样检验指根据已检验过的批质量信息，按一套规则随时调整检验的严格程度的抽样检验过程。其原理为：当批质量正常时，采用正常的抽样检验方案；当批质量下降或生产不稳定时，改用加严检验；当批质量上升时，改用放宽检验。

相较于其他抽样方案，计数调整型抽样检验方案具有充分利用受检产品提供的质量信息，比不可调整抽样检验节约工作量、节省费用，适用于连续批的检验，有利于促进生产方提高产品质量等优点。它的选择依赖于产品的质量，检验的宽严程度反映了产品质量的好坏，是目前使用最广泛、理论研究最多的一种抽样检验方法。

具有代表性的调整型抽样检验标准是1963年颁布的美国军用标准 MIL-STD-105D（简称105D）。1989年，美国国防部修订了 MIL-STD-105D 标准，新标准的代号为 MIL-STD-105E。1974年，国际标准化组织（ISO）在美国军用标准 MIL-STD-105D 的基础上，制定颁布了计数调整型抽样检验的国际标准 ISO 2859。1989年，将其修订为 ISO 2859-1。1999年，又将其作了修订，代号为 ISO 2859-1：1999。

我国于1987年颁发了 GB/T 2828—1987《逐批检查计数抽样程序及抽样表（适用于连续批的检查）》。后来又对 GB/T 2828—1987 标准进行了修订，于2003年发布了等同采用国际标准 ISO 2859-1：1999 标准的 GB/T 2828.1—2003《计数抽样检验程序 第 1 部分：按接收质量限（AQL）检索的逐批检验抽样计划》。2012 年又对其进行修订，代号为 GB/T 2828.1—2012。

二、接收质量限

接收质量限（acceptable quality limit，AQL）是指当一个连续批被提交验收抽样时，可允许的最差过程平均质量水平，即可接收的连续受检批的过程平均不合格品率上限值。

AQL 是整个抽样系统的核心，是检索抽样方案的依据。当生产方提供了等于或优于 AQL 的产品批时，抽样方案应保证绝大多数的产品批被接收，以保护生产方的利益；当生产方提供的产品批质量水平低于 AQL 的产品批时，将正常检验转换为加严检验，从而保护使用方的利益；当生产方提供的产品批质量一贯优于 AQL 时，可采用放宽检验，既鼓励了生产方，又为使用方节约了检验费用。

三、计数调整型抽样检验方案的实施

计数调整型抽样检验方案的实施分为以下 11 步。

1. 确定质量标准

明确单位产品的质量特性，规定合格与不合格的标准。根据产品特点和实际需要，将不合格品划分为 A、B、C 类不合格。

2. 确定接收质量限

接收质量限 AQL 的值由以下五种方法确定。

（1）根据过程平均值确定

根据生产方近期提交的初检批的样本检验结果，估计过程平均值上限，与此值相等或稍大的标称值如能被使用方接受，则可作为 AQL 值。该方法多用于单一品种、大批量生产且质量信息充分的场合。

（2）使用方的质量要求

将使用方提出必须保证的质量水平作为确定 AQL 值的主要依据。在调整型抽样表中，AQL 的值取为 0.01、0.015、…、1000，共有 26 挡（见附录 5）。其中，10 以下的 16 个挡值既适用于不合格品百分数、也适用每百单位产品不合格数，而 15 以上的 10 个挡值仅适用于每百单位产品不合格数。按照使用要求选取 AQL 值时，可参考表 9-3 中所列数据。

表 9-3 按照使用要求确定 AQL 值参考表

使用要求	特高	高	中	低
AQL/%	0.1	0.65	2.5	4.0
适用范围	关键工业产品	重要工业产品	一般工业产品	一般农业产品

（3）根据不合格级别确定

按照 A 类不合格、B 类不合格、C 类不合格分别规定 AQL 的值。越重要的检验项目，验收后的不合格品造成的损失越大，AQL 值的制定越严格。该方法常用于多品种、小批量生产或产品质量信息不多的场合。按照不合格类别确定 AQL 值时，可参考表 9-4 中所列数据。

表 9-4　按照不合格类别确定 AQL 值参考表

项目	一般企业								军工企业		
	原材料进厂检验			成品出厂检验					购入检验		
不合格类别	A		B	C	A		B	C	A	B	C
AQL/%	0.65	1.5	2.5	4.0	6.5	1.5	2.5	4.0	6.5	0.25	1.0	2.5

(4) 根据项目数量确定

检验项目越多，AQL 值越大。按照检验项目数量确定 AQL 值时，可参考表 9-5 中所列数据。

表 9-5　按照检验项目数量确定 AQL 值参考表

A 类不合格	项目数	1～2	3～4	5～7	8～11	12～19	20～48	>48
	AQL/%	0.25	0.40	0.65	1.0	1.5	2.5	4.0
B 类不合格	项目数	1	2	3～4	5～7	8～18	>18	—
	AQL/%	0.65	1.0	1.5	2.5	4.0	6.5	—

(5) 根据益损平衡点值确定

以供方为检出一个不合格品所需费用与需方因接受一个不合格品所造成的损失费用的比例大小来确定 AQL 值，这个比值称为益损平衡点，即

$$益损平衡点 = \frac{供方检出一个不合格品所需费用}{需方使用一个不合格品造成的损失费用} \tag{9-8}$$

求出益损平衡点后，按照表 9-6 中所列数据确定 AQL 值。

表 9-6　按照益损平衡点确定 AQL 值

益损平衡点	0.5～1	1～1.75	1.75～3	3～4	4～6	6～10.5	10.5～17
AQL/%	0.25	0.65	1.0	1.5	4.0	6.5	10

3. 检验水平

检验水平反映了批量 N 与样本容量 n 之间的关系。当批量 N 确定时，只要明确检验水平，就可以检索到样本量字码和样本容量 n。GB/T 2828.1—2012 中规定了七种检验水平，即一般检验水平Ⅰ、Ⅱ、Ⅲ和特殊检验水平 S-1、S-2、S-3、S-4，如表 9-7 所示。当需要的判别能力比较低时，可规定使用水平Ⅰ；Ⅱ是标准检验水平，无特殊要求时采用水平Ⅱ；当需要的判别能力比较高时，可规定使用水平Ⅲ。四种特殊检查水平适用于破坏性检验、检验费用高且允许有较大误判风险的场合。特殊检验水平又称小样本检验水平。

不同检验水平，当 N 一定时，要求的 n 不一样。一般检验水平的样本含量比例约为 0.4 : 1 : 1.6。由此可见，检验水平Ⅲ比检验水平Ⅱ的判断能力高，检验水平Ⅱ比检验水平Ⅰ的判断能力高。

同一检验水平，当 N 增大时，n 也会相应增大，但不是成比例地增大，即 N 越大，n 占的比例越小。当 N 足够大时，有利于得到较大的 n，此时易于获得一个有代表性的随机样本，减少错判的风险。不使 n 随 N 增大而成比例地增大，有利于抽样的经济性。

表 9-7　样本含量字码表

批量范围	特殊检测水平				一般检查水平		
	S-1	S-2	S-3	S-4	Ⅰ	Ⅱ	Ⅲ
2～8	A	A	A	A	A	A	B
9～15	A	A	A	A	A	B	C
16～25	A	A	B	B	B	C	D
26～50	A	B	B	C	C	D	E
51～90	B	B	C	C	C	E	F
91～150	B	B	C	D	D	F	G
151～280	B	C	D	E	E	G	H
281～500	B	C	D	E	F	H	J
501～1200	C	C	E	F	G	J	K
1201～3200	C	D	E	G	H	K	L
3201～10000	C	D	F	G	J	L	M
10001～35000	C	D	F	H	K	M	N
35001～150000	D	E	G	J	L	N	P
150001～500000	D	E	G	J	M	P	Q
500001 以上	D	E	H	K	N	Q	R

注：表中样本量字码 A、B、…、R 表示的样本量见附录 5。

选择检验水平的原则是：

① 构造简单且价格低的产品，选择较低的检验水平；反之，选择高检验水平。检验费用高的产品宜选用低检验水平。

② 进行破坏性检验时，选择低检验水平或特殊检验水平。

③ 如果想让大于 AQL 的劣质批尽量不合格，则宜选用高检验水平。

④ 稳定连续性生产宜选用低检验水平，不稳定或新产品生产宜选用高检验水平。

⑤ 批间质量差异小而且检验总是合格的产品批，选用低检验水平。反之，选用高检验水平。

⑥ 批内产品质量波动比标准的波动幅度小的，选用低检验水平；反之，选用高检验水平。

4. 确定检验批量

批量 N 的大小由供需双方协商确定。N 越大，n 越大，区分受检批质量优劣的能力越强。与此同时，检验费用越高，一旦错判，给双方带来的损失越大。

5. 检验严格度

检验严格度是指交验批所接受检查的宽严程度。GB/T 2828.1—2012 中规定了正常检查、加严检查和放宽检查三种不同严格度。正常检查是当过程平均质量接近合格质量水平时所进行的检查；加严检查是当过程平均质量显著劣于合格质量水平时所进行的检查，是为保护需求方的利益而设立的；放宽检查是当过程平均质量显著优于合格质量水平时所进行的检查。在上述严格度中，加严检查是强制性的，放宽检查是非强制性的，当无特殊要求时，验收批产品一般从正常检查开始。根据 GB/T 2828.1—2012 规定，三种严格度的调整可按图 9-13 所示转移规则进行。

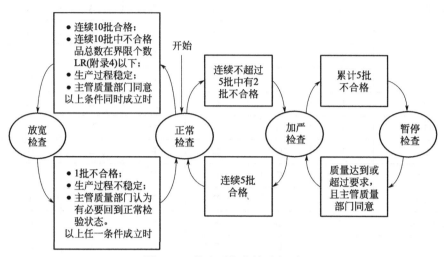

图 9-13 检验严格度转移规则

6. 抽样检验方式

抽样检验方式需要通过比较管理费用、检验费用后确定。对于同一个 AQL 值和同一个样本量字码，采用其中任何一种类型的抽样方案，其 OC 曲线基本上是一致的，也就是它们对批质量的鉴别能力是一样的。GB/T 2828.1—2012 中规定了一次、二次和五次抽样检验方案类，特点如表 9-8 所示。

表 9-8 三种抽样检验方式比较

抽样检验方式	供方接受程度	平均样本容量	管理费用
一次	只一次机会就拒收，欠妥	n	最低
二次	易接受	$(0.6 \sim 0.9)n$	适中
五次	犹豫不决，员工厌烦	$(0.3 \sim 0.8)n$	最高

7. 抽样检验方案

首先，在表 9-7 中读取字码。在批量 N 所在的行和检验水平所在的列交汇处读取字码。再由读取的字码、AQL 值、抽样检验方式和检验宽严程度在附录的相应表中检索出具体抽样方案 (n, c)。

【例 9-7】 对某产品验收抽样检验，采用 GB/T 2828.1—2012 标准。规定 AQL＝0.65%，检验水平为 Ⅱ，求批量 $N=2000$ 时的一次调整抽样方案。

解： ① 查样本含量字码表 9-7 得字码为 K。
② 查附录 5 一次正常抽样方案表得 $n=125$，$c=2$。
③ 查附录 6 一次加严抽样方案表得 $n=125$，$c=1$。
④ 查附录 7 一次放宽抽样方案表得 $n=50$，$c=1$。
⑤ 一次调整抽样方案见表 9-9。

表 9-9　一次调整抽样方案

宽严程度方案参数	正常	加严	放宽
样本容量 n	125	125	50
合格判定数 c	2	1	1

8. 抽取样本

从批量中按抽样方案随机抽取样本。

9. 检验样本

检验样本，按确定的质量标准判定合格品或不合格品。

10. 判定批是否合格

统计样本中的不合格总数，与抽样方案中规定的合格判定数比较：如果样本中不合格总数等于或小于合格判定数，则判定该批产品合格；如果样本中不合格总数大于合格判定数，则判定该批产品不合格。

11. 处置检验批

判定为合格批的，应整批接收。但使用方有权不接收样本中发现的任何不合格品，生产方须修理、剔除或用合格品替换这些不合格品。拒收的产品批可以做降级、报废处理；也可以在对不合格批进行 100% 检验的基础上，将发现的不合格品剔除或修理好以后，再次提交检验。对于再次提交检验的批，使用方决定是用正常检验还是加严检验，是检验所有类型的不合格还是仅检验成批不合格的个别类型的不合格。

第六节　计量抽样检验

本节介绍 GB/T 8054—2008《计量标准型一次抽样检验程序及表》的有关内容。

一、计量抽样检验概述

1. 计量抽样检验的定义与特点

计量抽样检验是指定量地从批中随机抽取样本，统计样本中的不合格数并与合格判定数比较，以判断产品批是否合格的活动。

与计数抽样检验相比，计量抽样检验具有如下特点：

① 难易程度方面，计数抽样检验较简单，计量抽样检验较复杂。

② 从获得的信息来看，计量抽样能获得更多、更精密的信息，能指出产品的质量状况，一旦质量下降能及时提出警告。

③ 计量抽样检验的可靠性比计数抽样检验大，这是因为对每批产品的某种质量特性进行严格的计量检验要比对每批产品的质量究竟合格与否进行的计数检验更为确切。

④ 与计数抽样检验相比，在同样的质量保护下，计量抽样检验所需的样本量可以减少30%，因而当检验过程的费用很大时（如破坏性检验），计量抽样检验显示出其巨大的优越性。

⑤ 计数抽样检验易于接受和理解，但计量抽样检验却并非如此，使用计量抽样检验时有可能会出现在样本中没有发现不合格品而被拒收的情况。

⑥ 计量抽样检验要求被检验的质量特性必须服从或近似服从正态分布，因为设计计量抽样检验方案的依据是正态分布理论。

⑦ 计量抽样检验只适用于单一质量特征，若一个产品有多个计量质量特征，则需要有多个计量抽样检验方案，而计数抽样检验可以把多个质量特征合并成一个抽样检验方案。

2. 计量抽样检验方案的分类

① 按产品质量水平的衡量方式分类。GB/T 8054—2008 将计量抽样检验方式分为两类：一是以质量特性总体分布的均值 μ 衡量质量水平的抽样检验方案；二是以总体不合格品率 p 衡量质量水平的抽样检验方案。GB/T 8054—2008 规定了以均值和不合格品率为质量指标的计量标准型一次抽样检验程序与实施方法。这两种抽样检验方案是互关联的，可以通过分布参数 (μ,σ) 推算出总体不合格品率 p。

② 按总体分布的标准差是否已知分类。按总体分布的标准差是否已知，计量抽样检验可分为以下两类：一是 σ 法，即已知总体分布的标准差 σ，利用样本均值与批标准差来判定交验批是否可以接收；二是 s 法，当批标准差未知时，利用样本均值与样本标准差来判定批能否接收。

③ 按产品规格界限分类。GB/T 8054—2008 按产品规格界限把计量抽样检验的方式分为：单侧上规格限 U 的计量抽检方案（针对望小质量特性）；单侧下规格限 L 的计量抽检方案（针对望大质量特性）；双侧规格限的计量抽检方案（针对望目质量特性）。

④ 按抽取样本的次数分类。按抽取样本的次数，可分为一次计量抽样检验、二次计量抽样检验、多次计量抽样检验以及序贯型计量抽样检验。

3. 相关术语与符号

① 标准型抽样检验：为保护供需双方的利益，把生产方风险和使用方风险固定为某特定数值的抽样检验。GB/T 8054—2008 规定：$\alpha=0.05, \beta=0.10$。

② 接收常数 k：计量验收抽样的接收准则中，由合格质量水平和样本量所确定的用于决定批是否可接收的一个常数。

③ 抽样方案：规定样本容量和接收准则的一个具体方案，计量抽样检验标准抽样方案的形式写成 (n,k)。

④ 检验方式：检验方式由所要求质量规格界限的情况确定，有上规格限 U、下规格限 L 和双侧规格限三种方式。

⑤ 质量统计量：由规格限、样本均值和批标准差（或样本标准差）构成的函数，用来判定批能否被接收。分上规格限 Q_U 和下规格限 Q_L 两种质量统计量。

⑥ 规格限：分为上规格限和下规格限。上规格限指合格单位产品所允许的质量特性最大界限值 U，下规格限指合格单位产品所允许的质量特性最小界限值 L。

⑦ p：批不合格品率。

⑧ p_0：可接收质量水平（合格质量），以批不合格品率为指标时的合格质量。

⑨ p_1：极限质量水平，以批不合格品率为指标时的极限质量；对于孤立批，为进行抽样检验，限制在某一低概率的（被认为不满意的批）质量水平 p_1。

⑩ μ：批质量特性值的均值，简称批均值。

⑪ σ：批质量特性值的标准差，简称标准差。
⑫ $\hat{\sigma}$：批标准差的统计估计值或经验估计值。
⑬ μ_{0L}：可接收质量水平（合格质量）的下规格限。
⑭ μ_{1L}：极限质量的下规格限。
⑮ μ_{0U}：可接收质量水平（合格质量）的上规格限。
⑯ μ_{1U}：极限质量的上规格限。
⑰ Q_U：上规格限的质量统计量。
a. 以不合格品率 p 为质量指标时，有

$$Q_U = \begin{cases} (U-\overline{x})/\sigma, \sigma \text{ 法} \\ (U-\overline{x})/s, s \text{ 法} \end{cases}$$

b. 以均值 μ 为质量指标时，有

$$Q_U = \begin{cases} (\mu_{0U}-\overline{x})/\sigma, \sigma \text{ 法} \\ (\mu_{0U}-\overline{x})/s, s \text{ 法} \end{cases}$$

⑱ Q_L：下规格限的质量统计量。
a. 以不合格品率 p 为质量指标时，有

$$Q_L = \begin{cases} (\overline{x}-L)/\sigma, \sigma \text{ 法} \\ (\overline{x}-L)/s, s \text{ 法} \end{cases}$$

b. 以均值 μ 为质量指标时，有：

$$Q_L = \begin{cases} (\overline{x}-\mu_{0L})/\sigma, \sigma \text{ 法} \\ (\overline{x}-\mu_{0L})/s, s \text{ 法} \end{cases}$$

⑲ P_a：检验批的接收概率。

二、均值为质量指标的计量标准型一次抽样检验

以均值 μ 为质量指标的计量标准型一次抽样检验方法适用于产品质量特性为正态分布的均值控制。例如，钢管的平均直径、石灰成分的平均含量等。具体实施分为以下八步。

1. 选择检查方式

检查方式主要有两种方法：σ 法和 s 法。当产品质量稳定，且有近期质量管理或抽样检验的数据能预先确定批标准差时，即 σ 已知时，选用 σ 法。如果没有近期数据，或即便有近期数据，但产品质量不稳定时，选用 s 法。

无论采用 s 法或 σ 法，当供需双方有长期供货合同时，要以控制图方式记录样本均值与样本标准差。若在应用 s 法过程中，控制图显示样本标准差已处于统计控制状态，允许由 s 法转换为 σ 法；若在应用 σ 法过程中，控制图显示样本标准差处于失控状态，须立刻由 σ 法转换为 s 法。如果控制图没有显示处于失控状态，但表明批标准差变小或变大时，应随时更新所采用的批标准差值。

2. 确定检验方式

检验方式的确定即规格限的选取。规格限是规定的用于判定单位产品或某计量质量特征是否合格的界限值。GB/T 8054—2008 里有三种检验方式：上规格限、下规格限、双侧规格限。可根据产品标准对质量要求的不同，确定其中一种规格限作为检验方式。

3. 规定可接收质量水平（AQL）与极限质量（LQ）的上规格限和（或）下规格限

AQL 和 LQ 的规定如下：

① 在抽样检验方式为控制上规格限的情况下，使用方提出均值的极限质量 μ_{1U}，相应的 $\beta=10\%$；生产方提出均值的 AQL 值 μ_{0U}，相应的 $\alpha=5\%$。

② 在抽样检验方式为控制下规格限的情况下，使用方提出均值的极限质量 μ_{1L}，相应的 $\beta=10\%$；生产方提出均值的 AQL 值 μ_{0L}，相应的 $\alpha=5\%$。

③ 在抽样检验方式为控制双侧规格限的情况下，使用方提出均值的极限质量 μ_{1U} 和 μ_{1L}，相应的 $\beta=10\%$；生产方提出均值的 AQL 值 μ_{0U} 和 μ_{0L}，相应的 $\alpha=5\%$。但必须满足以下两个条件才能引用本标准：

a. $\mu_{1U}-\mu_{0U}=\mu_{1L}-\mu_{0L}$；

b. $\dfrac{\mu_{0U}-\mu_{0L}}{\mu_{0L}-\mu_{1L}}>0.89$，$\dfrac{\mu_{0U}-\mu_{0L}}{\mu_{1U}-\mu_{0U}}>0.89$。

此外，可接收质量水平与极限质量的上下规格限还可根据产品标准对质量的要求，由供需双方协商确定。

4. 抽样检验方案

① σ 法。以均值为质量指标的计量标准型一次抽样检验 σ 法抽样方案确定步骤见表 9-10。

表 9-10　以均值为质量指标的计量标准型一次抽样检验 σ 法抽样方案步骤

工作步骤	工作内容	检验方式		
		上规格限	下规格限	双侧规格限
1	规定质量要求	μ_{0U},μ_{1U}	μ_{0L},μ_{1L}	$\mu_{0U},\mu_{1U},\mu_{0L},\mu_{1L}$
2	确定 σ	由生产厂近期生产的 20~25 组 $\bar{X}-R$ 或 $\bar{X}-S$ 控制图数据或近期 20~25 批的抽样检验数据来估计		
3	计算	$\dfrac{\mu_{1U}-\mu_{0U}}{\sigma}$	$\dfrac{\mu_{0L}-\mu_{1L}}{\sigma}$	$\dfrac{\mu_{1U}-\mu_{0U}}{\sigma}$ 或 $\dfrac{\mu_{0L}-\mu_{1L}}{\sigma}$
4	检索抽样方案	由计算值在 GB/T 8054—2008 中查表《单侧规格限"σ"法的样本量与接收常数（以均值为质量指标）》中，检出 n,k 值		由计算值在 GB/T 8054—2008 中查表《双侧规格限"σ"法的样本量与接收常数（以均值为质量指标）》中，检出 n,k 值

② s 法。以均值为质量指标的计量标准型一次抽样检验 s 法抽样方案确定步骤见表 9-11。

表 9-11　以均值为质量指标的计量标准型一次抽样检验 s 法抽样方案步骤

工作步骤	工作内容	检验方式		
		上规格限	下规格限	双侧规格限
1	规定质量要求	μ_{0U},μ_{1U}	μ_{0L},μ_{1L}	$\mu_{0U},\mu_{1U},\mu_{0L},\mu_{1L}$
2	估计 σ	由供需双方根据以往经验协商出双方可以接受的 $\hat{\sigma}$ 值，或直接协商出适合的试抽样样本量。从检验批中抽取样本，将标准差 s 作为批标准差的估计值 $\hat{\sigma}$		
3	计算	$\dfrac{\mu_{1U}-\mu_{0U}}{\hat{\sigma}}$	$\dfrac{\mu_{0L}-\mu_{1L}}{\hat{\sigma}}$	$\dfrac{\mu_{1U}-\mu_{0U}}{\hat{\sigma}}$ 或 $\dfrac{\mu_{0L}-\mu_{1L}}{\hat{\sigma}}$
4	检索抽样方案	由计算值在表《单侧规格限"s"法的样本量与接收常数（以均值为质量指标）》中，检出 n,k 值		由计算值在表《双侧规格限"s"法的样本量与接收常数（以均值为质量指标）》中，检出 n,k 值

5. 构成批及抽取样本

单位产品必须以批的形式提交，提交的批可以与投产批、销售批、运输批相同或不同，但应由相同环境下生产的单位产品构成。批量大小由供需双方根据生产条件和销售情况协商确定。所需样本应当从整批产品中随机抽取。

6. 样本的检测与统计量的计算

按产品标准或订货合同等有关文件规定的试验、测量或其他方法，对抽取的样本中的每一个单位产品逐个进行检测。检测结果应完整准确地记录，并计算出样本的平均值和标准差。

7. 判断批能否接收

(1) σ 法判断规则

当给定上规格限时：$Q_U = \dfrac{U_{0U} - \bar{x}}{\sigma}$，如果 $Q_U \geq k$，批接收；如果 $Q_U < k$，批拒收。

当给定下规格限时：$Q_L = \dfrac{\bar{x} - U_{0L}}{\sigma}$，如果 $Q_L \geq k$，批接收；如果 $Q_L < k$，批拒收。

当给定双侧规格限时：$Q_U = \dfrac{U_{0U} - \bar{x}}{\sigma}$，$Q_L = \dfrac{\bar{x} - U_{0L}}{\sigma}$，如果 $Q_U \geq k$ 且 $Q_L \geq k$，批接收；如果 $Q_U < k$ 或 $Q_L < k$，批拒收。

对不被接收的批，以 95% 的概率确认该批产品不合格。

(2) s 法判断规则

当给定上规格限时：$Q_U = \dfrac{U_{0U} - \bar{x}}{s}$，如果 $Q_U \geq k$，批接收；如果 $Q_U < k$，批拒收。

当给定下规格限时：$Q_L = \dfrac{\bar{x} - U_{0L}}{s}$，如果 $Q_L \geq k$，批接收；如果 $Q_L < k$，批拒收。

当给定双侧规格限时：$Q_U = \dfrac{U_{0U} - \bar{x}}{s}$，$Q_L = \dfrac{\bar{x} - U_{0L}}{s}$，如果 $Q_U \geq k$ 且 $Q_L \geq k$，批接收；如果 $Q_U < k$ 或 $Q_L < k$，批拒收。

【例 9-8】 某种产品的标准尺寸为 100mm。如果批平均尺寸在 100mm±0.2mm 之内，该批合格。在 100mm±0.5mm 之外，以低概率接收。已知 $\sigma = 0.3$mm，试确定抽样方案，并判断批能否接收。

解： 已知 $\mu_{0U} = 100.2$mm，$\mu_{1U} = 100.5$mm，$\mu_{0L} = 99.8$mm，$\mu_{1L} = 99.5$mm，$\sigma = 0.3$mm，则有

$$\frac{\mu_{0L} - \mu_{1L}}{\sigma} = \frac{|\mu_{0U} - \mu_{1U}|}{\sigma} = \frac{0.3}{0.3} = 1$$

$$\frac{\mu_{0U} - \mu_{0L}}{\sigma} = \frac{100.2 - 99.8}{0.3} = 1.333$$

在 GB/T 8054—2008 中查表找出 $\dfrac{\mu_{0L} - \mu_{1L}}{\sigma}$ 的值 1 所在范围（0.98～1.039）以及样本容

量 $n=9$。再按此范围所在的列,找出计算值 $\frac{\mu_{0U}-\mu_{0L}}{\sigma}=1.333$ 所在范围是 0.867 以上,由此得到 $k=-0.548$。

故得到抽样方案为 $(9,-0.548)$:从批中抽取 9 个单位产品,检测后得到样本均值 $\bar{x}$、$Q_U=\frac{100.2-\bar{x}}{0.3}$ 和 $Q_L=\frac{\bar{x}-99.8}{0.3}$。判断准则是:如果 $Q_U \geqslant -0.548$ 且 $Q_L \geqslant -0.548$,接收该批;如果 $Q_U < -0.548$ 或 $Q_L < -0.548$,拒收该批。

8. 检验批的处置

判定为接收的批,使用方应整批接收。判定为拒收的批,生产方不得未经任何处理再次提交检验,应按照预先签订的合同规定予以处置。

三、不合格品率为质量指标的计量标准型一次抽样检验

以不合格品率为质量指标的计量标准型一次抽样检验和以质量特性的均值为质量指标的计量抽样检验的抽样检验程序是相同的。只是在确定抽样方案和判断批接收与否这两个步骤的细节上有差异。

1. 确定抽样方案

① σ 法。以不合格品率为质量指标的计量标准型一次抽样检验 σ 法抽样方案确定步骤见表 9-12。

表 9-12 以不合格品率为质量指标的计量标准型一次抽样检验 σ 法抽样方案步骤

工作步骤	工作内容	检验方式		
		上规格限	下规格限	双侧规格限
1	规定质量要求	U, p_0, p_1	L, p_0, p_1	U, L, p_0, p_1
2	确定 σ	由生产厂近期生产的 20~25 组 $\bar{X}-R$ 或 $\bar{X}-S$ 控制图数据,或近期 20~25 批的抽样检验数据来估计		
3	确定抽样方案	由 p_0, p_1 值在表《单侧规格限"σ"法的样本量与接收常数(以不合格品率为质量指标)》中检出 n, k 值		由 p_0, p_1 值及 $\frac{U-L}{\sigma}$ 值在表《双侧规格限"σ"法的样本量与接收常数(以不合格品率为质量指标)》中检出 n, k 值

② s 法。以不合格品率为质量指标的计量标准型一次抽样检验 s 法抽样方案确定步骤见表 9-13。

表 9-13 以不合格品率为质量指标的计量标准型一次抽样检验 s 法抽样方案步骤

工作步骤	工作内容	检验方式		
		上规格限	下规格限	双侧规格限
1	规定质量要求	U, p_0, p_1	L, p_0, p_1	U, L, p_0, p_1
2	检索抽样方案	由 p_0, p_1 值在表《单侧规格限"s"法的样本量与接收常数(以不合格品率为质量指标)》中检出 n, k 值		由计算值在表《双侧规格限"s"法的样本量与接收常数(以不合格品率为质量指标)》中检出 n, k 值

2. 批能否接收的判断

(1) σ 法判断规则

当给定上规格限时：$Q_U = \dfrac{U-\bar{x}}{\sigma}$，如果 $Q_U \geq k$，批接收；如果 $Q_U < k$，批拒收。

给定下规格限时：$Q_L = \dfrac{\bar{x}-L}{\sigma}$，如果 $Q_L \geq k$，批接收；如果 $Q_L < k$，批拒收。

给定双侧规格限时：$Q_U = \dfrac{U-\bar{x}}{\sigma}$，$Q_L = \dfrac{\bar{x}-L}{\sigma}$，如果 $Q_U \geq k$ 且 $Q_L \geq k$，批接收；如果 $Q_U < k$ 或 $Q_L < k$，批拒收。

(2) s 法判断规则

当给定上规格限时：$Q_U = \dfrac{U-\bar{x}}{s}$，如果 $Q_U \geq k$，批接收；如果 $Q_U < k$，批拒收。

给定下规格限时：$Q_L = \dfrac{\bar{x}-L}{s}$，如果 $Q_L \geq k$，批接收；如果 $Q_L < k$，批拒收。

给定双侧规格限时：$Q_U = \dfrac{U-\bar{x}}{s}$，$Q_L = \dfrac{\bar{x}-L}{s}$，如果 $Q_U \geq k$ 且 $Q_L \geq k$，批接收；如果 $Q_U < k$ 或 $Q_L < k$，批拒收。

本章小结

【知识图谱】

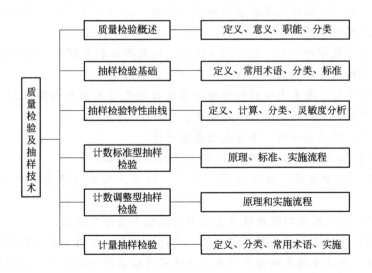

【基本概念】

质量检验　quality inspection

抽样检验　sampling inspection

抽样检验特性　operating characteristic

接收质量水平　acceptable quality level

学而思之

2019年8月12日，国家药监局发布新版《药品质量抽查检验管理办法》（国药监药管〔2019〕34号），取代原国家食品药品监督管理局发布的《药品质量抽查检验管理规定》（国食药监市〔2006〕379号），新版文件自发布之日起施行。

文件规定抽检的重点范围包括：
（一）本行政区域内生产企业生产的；
（二）既往抽查检验不符合规定的；
（三）日常监管发现问题的；
（四）不良反应报告较为集中的；
（五）投诉举报较多、舆情关注度高的；
（六）临床用量较大、使用范围较广的；
（七）质量标准发生重大变更的；
（八）储存要求高、效期短、有效成分易变化的；
（九）新批准注册、投入生产的；
（十）其他认为有必要列入抽查检验计划的。

从药品生产环节抽样一般为成品仓库和药用原、辅料或包装材料仓库，从药品经营环节抽样一般为经营企业的药品仓库或零售企业的营业场所，从药品使用单位抽样一般为药品库房，从药品互联网交易环节抽样一般为与线上一致的线下药品仓库。

抽取的样品必须为已放行或验收入库的待销售（使用）的药品，对明确标识为待验产品或不符合规定（不合格）产品的，原则上不予抽取。

文件规定，抽样人员在履行抽样任务时，应当对储存条件和温湿度记录等开展必要的现场检查。

关于近效期的药品，应当满足检验、结果告知和复验等工作时限，方可抽样；组织抽查检验的药品监督管理部门有特殊要求的除外。

关于复检，要求自收到检验报告书之日起7个工作日内提出复验申请。逾期提出申请的，药品检验机构不再受理。

有下列情形之一的，不得受理复验申请：
（一）国家药品标准中规定不得复试的检验项目；
（二）重量差异、装量差异、无菌、热原、细菌内毒素等不宜复验的检验项目；
（三）未在规定期限内提出复验申请或已申请过复验的；
（四）样品不能满足复验需要量、超过效期或效期内不足以完成复验的；
（五）特殊原因导致留存样品无法实现复验目的等其他不能受理复验的情形。

当检出为明显可见异物时，相关企业或单位可自收到检验报告书之日起7个工作日内，前往原药品检验机构对该项目进行现场确认。

标示生产企业否认为其生产的，应当出具充分准确的证明材料，标示生产企业所在地省级药品监督管理部门应当组织调查核实，调查核实情况应当通报被抽样单位所在地省级药品监督管理部门。对查实确系假药的，两地药品监督管理部门应当相互配合，共同核查问题产品来源。

思考：抽样检验在社会发展中的作用是什么？对我国迈入制造强国行列目标的实现具有什么战略意义？在质量管理学科中的地位和作用是什么？

本章习题

1. 简述全数检验和抽样检验的优缺点及适用范围。
2. 为什么说百分比抽样检验不合理？
3. 什么是 OC 曲线？它与抽样方案有什么关系？
4. 计数标准型抽样方案的原理和特点是什么？
5. 现有一批提交检验的产品，已知供需双方协商确定 $p_0=0.5\%$，$p_1=10\%$，$\alpha=0.05$，$\beta=0.1$，请确定抽样方案 (n,c)。
6. 在某产品的验收检验中，规定 AQL=0.4%，批量 $N=1000$，检验水平为 Ⅱ。如果采用一次抽样，求调整型正常检验、加严检验和放宽检验的抽样方案。
7. 某产品中的氧化铁含量要低，批均值在 0.4% 以下该批合格，在 0.5% 以上低概率接收。已知 $\sigma=0.03\%$，试确定抽样方案并判断该批产品能否接收。

第十章
六西格玛管理

第十章 六西格玛管理

学习目标

> 了解六西格玛的起源和发展
> 理解西格玛和西格玛水平的含义
> 掌握六西格玛的度量指标
> 理解六西格玛管理方法论，能运用DMAIC流程进行案例改善

导入案例

降低锂离子电池隔膜不良率

隔膜是锂离子电池关键的四大原材料之一。作为锂电池的关键材料，隔膜在锂电池中扮演着电子隔绝的作用，阻止正负极直接接触，允许电解液中的锂离子自由通过，对电池的安全运行起着至关重要的作用。锂电池隔膜是四大材料中技术壁垒最高的部分，其成本占比仅次于正极材料，约为10%～14%，在一些高端电池中，隔膜成本占比甚至达到20%。隔膜性能的优劣直接影响锂电池内阻、放电容量、循环使用寿命以及电池安全性能。某公司在进行隔膜分切时宽度偏差经常超出工艺规格，20μm隔膜分切宽度不良率达到了1.388%。隔膜在叠片时起皱严重，隔膜起皱会导致正负极片接触不紧密，影响电芯低电压等性能。针对这种情况，公司进行了一项六西格玛改善项目。经过改善，20μm隔膜分切宽度不良率降至0.26%，隔膜的起皱比例降至1%，大大降低了因隔膜宽度、起皱引起的电芯低电压风险。

第一节 六西格玛的起源和发展

一、六西格玛的起源

20世纪70年代初期，摩托罗拉是全球无线通信产品的领导者，与得克萨斯仪器公司和英特尔公司一起争夺半导体产品最大销售商的位置。1974年，全球8个最大的半导体厂商有5个来自美国，3个来自欧洲。仅仅在5年后的1979年，8个最大的芯片生产商中就有2个来自日本。摩托罗拉继1974年将电视机业务卖给日本松下后，1980年又在日本的竞争者面前失去了音响市场；此外，摩托罗拉在美国的寻呼机市场的领导者地位也受到了日本竞争者的威胁。为此，摩托罗拉公司开始深刻反思，并认识到产品质量提升在降低成本方面的作用，于是决定认真采取质量战略，开始了其质量改进之路。在首席执行官鲍勃·高尔文（Bob Galvin）的领导下，一个特别工作组开始为摩托罗拉的创新和业务增长制定计划，并因阿特·萨恩德赖（Art Sundry）而得到加速发展。高尔文的工作组

和萨恩德赖的研究使"四点计划"产生并于 1980 年开始实施,其目的在于确保摩托罗拉在全球的领导地位。

 链接小知识

摩托罗拉的"四点计划"

① 全球竞争力。与竞争对手进行水平对比,设计面向全球市场的产品,确保优胜地位。

② 参与式管理。吸取全面质量管理之精华,将 QCC 原则和方法引入摩托罗拉的企业文化,在全公司广泛推进顾客完全满意(total customer satisfaction,TCS)小组活动。

③ 质量改进。将改进目标定为 5 年内改进 10 倍,将质量改进目标与所有管理人员的奖励计划挂钩——这个创意播下了六西格玛理念的火种。

④ 摩托罗拉培训与教育中心。这是摩托罗拉大学的雏形,主要任务是通过培训使员工的能力满足质量流程与管理方式的巨大变化的需求。

经过几年的"四点计划"实践和酝酿,摩托罗拉在 1987 年全面推行六西格玛。迈克尔·哈瑞(Mikel Harry)、比尔·史密斯(Bill Smith)和理查德·施罗德(Richard Schroeder)等是六西格玛方法最重要的创始人。在当时的首席执行官鲍勃·高尔文的大力支持下,六西格玛在全公司范围内得到了广泛应用和推广。六西格玛产生的强大动力使得摩托罗拉制定了以前看上去几乎不可能实现的目标:20 世纪 80 年代早期目标是每 5 年改进 10 倍,后来改为每 2 年改进 10 倍,到 1992 年产品和服务质量达到六西格玛质量水平。由于实施六西格玛,公司于 1988 年获得美国波多里奇国家质量奖,1987—1997 年的 10 年间销售额增长了 5 倍,利润每年增加 20%,实施六西格玛管理所带来的收益累计达 140 亿美元,股票价格平均每年上涨 21.3%,效果十分显著。

二、六西格玛的发展

由于摩托罗拉实施六西格玛取得的巨大成功,1992 年,联合信号公司 CEO 拉里·博西迪(Larry Bossidy)将六西格玛引入联合信号公司。为了使六西格玛更好地适合联合信号,在博西迪的带领下,许多被称为"软工具"的内容补充到六西格玛方法中。其中包括大量的关于组织变革、领导力提升和变革企业文化方面的内容。由于六西格玛改变了联合信号原来效率低下的经营与运作方式,公司的业绩出现了快速增长势头,销售额和利润持续实现每年两位数的增长。公司收益从 1991 年的 3.42 亿美元增长到 1997 年的 11.7 亿美元,短短 6 年几乎翻了两番,而且连续 31 个季度保持每股利润 13% 以上的增长,股价增长了 8 倍。正是因为博西迪和联合信号,华尔街第一次听说了六西格玛。此后,得克萨斯仪器等一批公司相继引入六西格玛,同样取得了成功。

1995 年夏,杰克·韦尔奇见到了他的朋友博西迪,他们谈到了联合信号成功的原因。这次谈话给杰克·韦尔奇留下了深刻的印象。他意识到,把通用电气公司打造成为六西格玛企业,将是他 2001 年退休时给通用电气留下的最宝贵财富。

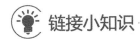 链接小知识

杰克·韦尔奇（Jack Welch）（1935—2020）

经历：1960 年毕业于伊利诺伊大学，获化学博士学位，毕业后加入通用电气（GE）塑胶事业部，1981 年成为通用电气历史上最年轻的董事长和 CEO。从 1981 年到 2002 年，在短短 20 年间，这位商界传奇人物使通用电气的市场资本增长 30 多倍，达到了 4500 亿美元，排名从世界第 10 提升到第 2。他所推行的"六西格玛"标准、全球化和电子商务几乎重新定义了现代企业。

荣誉：被誉为"最受尊敬的 CEO""全球第一 CEO""美国当代最成功最伟大的企业家"。

名言：凡事全力以赴，用生命去做，每天进步一点点；如果你从来没有过新点子，不如辞职。

问题：上述两个经典语录对你的启发是什么？

在杰克·韦尔奇的带领下，通用电气公司开始了它的六西格玛之旅。在杰克·韦尔奇眼中，六西格玛的含义远远超出了质量和统计学。他将六西格玛提升到打造通用电气公司核心竞争力的战略层次，并将其演变为一个管理系统。在战略层面，六西格玛被作为公司四大战略（全球化、服务、六西格玛和电子商务）之一来实施；在组织层面，公司建立了从"倡导者（champion）""黑带大师（master black belt，MBB）""黑带（black belt，BB）"到"绿带（green belt，GB）"的六西格玛管理组织结构；在管理层面，公司将六西格玛实施结果与管理人员晋升和奖金紧密结合。1995 年底，随着 20 个六西格玛项目的实施，这种管理方法在通用电气大规模地开展起来。1997 年，这样的项目超过 6000 个。根据通用电气 2000 年度的报告，1999 年公司利润为 107 亿美元，比 1998 年增长了 15%。其中，实施六西格玛获得的收益就达到 15 亿美元。到 21 世纪初，这个数字达到 50 亿美元。而 2000 年，在通用电气获得绿带认证的员工已达 90%，公司中层以上的经理中有过六西格玛黑带经历的人员已达 15%。在杰克·韦尔奇领导通用电气公司的 20 年时间里，通用电气的股票市值增长了 30 多倍，达到了 4500 亿美元，排名从世界第十位提升到了第二位，在他的带领下这个"百年老店"焕发了前所未有的青春活力。

通用电气公司应用六西格玛取得巨大成功之后，六西格玛为全世界企业，特别是世界 500 强企业所关注、认识并接受。很多企业发现六西格玛同样可以对自己产生深远而重大的影响，并开始大力推行六西格玛，包括福特、陶氏、卡特彼勒、杜邦、ABB、3M、东芝、三星、LG、西门子、爱立信、花旗银行、J. P. 摩根、美国运通、英特尔、微软等公司。目前，六西格玛的应用已经从摩托罗拉、通用电气走向了全世界，从世界 500 强跨国公司走向了普通企业乃至中小企业，从电子、机械、化工、冶金等制造业走向了银行、保险、航空、电子商务等服务业。

六西格玛诞生于全面质量管理蓬勃发展的 20 世纪 80 年代中期，是全面质量管理，特别是质量改进理论的继承和发展。作为一种减少缺陷的方法，六西格玛理论和方法体系在实践中得到不断发展和完善，已由原来的质量目标发展成为一种管理模式；六西格玛应用由原来主要解决质量问题扩展为组织整体业务流程的优化设计和系统改进；六西格玛方法由重视统计技术发展为与精益生产、平衡计分卡、并行工程等理论和方法的整合。

第二节 六西格玛管理的概念和作用

一、六西格玛管理的概念

六西格玛管理是一套系统的、集成的业务改进方法体系,是旨在持续改进组织业务流程,实现顾客满意的管理方法。它通过系统地、集成地采用业务改进流程,实现无缺陷的六西格玛设计,并对现有过程进行界定(define)、测量(measure)、分析(analyze)、改进(improve)和控制(control),消除过程缺陷和无价值作业,从而提高质量和服务水平、降低生产成本、缩短运转周期,达到顾客完全满意,进而增强组织竞争力。

1. 六西格玛的统计含义

西格玛是指希腊字母"σ",在数理统计中表示标准差,是用来表征任意一组数据或过程输出结果的离散程度的指标。σ 的计算公式一般为

$$\sigma = \sqrt{\frac{\sum_{i=1}^{n}(x_i - \overline{x})^2}{n-1}} \tag{10-1}$$

式中,x_i 为样本观测值;$\overline{x}$ 为样本平均值;n 为样本容量。

在质量工程领域,σ 不仅仅是单纯的标准差含义,还是一种评估产品和生产过程质量特性波动大小的参数,已成为一种过程质量的衡量标准。例如,在车间制作 100 个轴承,每个轴承都可能与其他任何一个稍有不同,实际的加工工具、材料、方法以及设备都会影响质量,针对制作轴承的过程,按照衡量标准对每一个轴承加以度量,会发现每个轴承的度量值都可能不同。管理者可以通过对多个轴承制作过程的度量,从中采集大量的数值。分析这些数值会发现,它们的变化程度常常在一定程度上符合一些特定的分布。假设规定每个轴承要求的均值为 80mm,则制作出轴承的值的分布图如图 10-1 所示,分布的特性客观地反映出相关的工作质量特性。

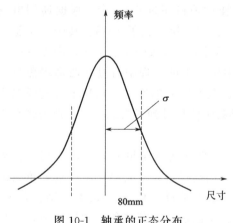

图 10-1 轴承的正态分布

由图 10-1 可知,轴承的尺寸分布符合正态分布,描述上述分布的构成的最重要指标分别是均值 μ 和标准差 σ。其中均值表明分布的中心位置,标准差反映分布的离散程度。管理学者与科学家试图根据数理统计的原理,客观地评价数据并据此有效地控制工作过程。为了完成上述工作,需要寻找到一个有效地衡量分布规律的标准,而表示一组数据离散程度的指标 σ 便成为一个有效的指标。

以正态分布为例,从一个具体分布的平均值向两侧各移动一个 σ 的距离,落入该区间的概率是 68.26%,落入各 2 个 σ 区间的概率为 95.46%,落入各 3 个 σ 区间的概率为 99.73%,而落入各 6 个 σ 区间的概率为 99.99966%。表 10-1 显示了不同区间的百万机会缺

陷数（defect per million opportunity，DPMO）和合格品率，其中合格品率是考虑平均值偏移标准中心 1.5σ 的情况下计算出来的。

表 10-1　不同 σ 值下的合格率

σ 值	百万机会缺陷数（DPMO）	合格品率/%
1σ	691500	30.85
2σ	308537	69.15
3σ	66807	93.32
4σ	6210	99.38
5σ	233	99.977
6σ	3.4	99.99966

因此，六西格玛是对缺陷的一种测量指标，测量的是产品、服务或流程中的缺陷数，并用百万机会缺陷数进行产品质量的基准评价。DPMO 简单地显示了当一项行为重复一百万次时出现的错误次数，可以对性质不同、复杂程度不同的产品或服务进行等价评价。六西格玛就是 3.4DPMO，意思是当百万次机会的缺陷数控制在 3.4 以内时，就意味着流程能力达到了六西格玛的质量水平。

2. 六西格玛的管理含义

六西格玛作为一个统计测量标准，它可以告诉企业目前自己的产品、服务或流程的真实标准如何。也就是说，六西格玛方法可使企业将自己与其他类似的或不同的产品、服务或流程进行比较，通过比较，知道其质量处于什么水平；更重要的一点是，企业可以知道将来的努力方向和如何才能达到目的。换言之，六西格玛为企业建立了目标或测试客户满意度的标尺。因此，从管理的角度而言，六西格玛实质是一种驱动经营绩效持续改进的方法论和管理模式。其基本原理是，围绕顾客需求确定实质问题所在，并且以极低的差错和缺陷率为顾客提供产品和服务，实现趋近于零缺陷的完美质量水平。

二、六西格玛管理的特点

作为一种管理模式，六西格玛管理追求的目标是顾客满意和组织最大收益，关注的重点是质量波动，衡量的标准是达到或超越六西格玛水平。其主要特点包括：

1. 以顾客为关注焦点的管理理念

六西格玛管理以顾客为中心，关注顾客的需求。它的出发点就是研究客户最需要什么。比如改进一辆摩托车，可以让它的动力增大一倍，载重量增大一倍，这在技术上完全做得到，但这不一定是顾客最需要的。因为这样做，成本就会增加，油耗就会增加，顾客就不一定想要，为了知道什么是顾客最需要的，就需要去调查和分析。假如顾客买一辆汽车要考虑 25 个因素，这就需要去分析这 25 个要素中哪一个最重要，通过分析计算，找到最佳组合。因此 6σ 是根据顾客的需求来确定管理项目，将重点放在顾客最关心、对组织影响最大的方面。

2. 通过提高顾客满意度和降低资源成本促使组织的业绩提升

六西格玛管理项目瞄准的目标有两个，一是提高顾客满意度，通过提高顾客满意度来占领市场、开拓市场，从而提高组织的效益；二是降低资源成本，通过降低资源成本，尤其是不良质量成本损失 COPQ(cost of poor quality)，增加组织的收入。因此，实施六西格玛管理方法能给一个组织带来显著的业绩提升，这也是它受到众多组织青睐的主要原因。

3. 注重数据和事实，使管理成为一种真正意义上基于数字的科学

六西格玛管理方法是一种高度重视数据，依据数据进行决策的管理方法，强调"用数据说话""依据数据进行决策""改进一个过程所需要的所有信息，都包含在数据中"。另外，它通过定义"机会"与"缺陷"，通过计算DPO（每个机会中的缺陷数）、DPMO（每百万机会中的缺陷数），不但可以测量和评价产品质量，还可以把一些难以测量和评价的工作质量和过程质量，变得像产品质量一样可测量和用数据加以评价，从而有助于获得改进机会，达到消除或减少工作差错及产品缺陷的目的。因此，六西格玛管理广泛采用各种统计技术工具，使管理成为一种可测量、数字化的科学。

4. 是一种以项目为驱动力的管理方法

六西格玛管理方法的实施是以项目为基本单元，通过一个个项目的实施来实现质量水平的持续提升。通常项目是以黑带为负责人，牵头组织项目团队，通过项目成功完成来实现产品或流程的突破性改进。

5. 实现对产品和流程的突破性质量改进

六西格玛管理项目的一个显著特点是项目的改进都是突破性的。通过这种改进能使产品质量得到显著提高，或者使流程得到改造，从而使组织获得显著的经济利益。实现突破性改进是六西格玛管理的一大特点，也是组织业绩提升的源泉。

三、六西格玛管理的作用

实施六西格玛管理的好处有很多，包括降低成本、提高生产力、增加市场份额、提升顾客满意度、缩短运作周期、改进产品质量和服务水平、改良组织文化等。

统计资料表明，对于一个三西格玛水平的企业来说，提高一个西格玛水平，可获得利润增长20%、产出能力提升12%～18%、劳动力减少12%、资本投入减少10%～30%的成本效益。在组织层面，六西格玛项目实施的跨职能无边界合作文化，消除了部门及上下级之间的障碍，有利于促进组织内部横向和纵向交流合作的组织文化形成；此外，六西格玛管理在为组织实施持续、突破性改进和创新提供必需的管理工具和操作技能的同时，也有力地提高了员工的能力和素质，促进了员工的职业生涯发展。

第三节　六西格玛管理的度量指标

在六西格玛管理中，用来度量过程绩效的数据包括离散型数据（也称计数值数据或属性数据）和连续型数据（也称计量值数据）。

一、常用基本概念

1. 单位（unit）

单位是指过程加工的单位个体，或传递给顾客的一个产品或一次服务。如：一件产品、

一份文件、一次电话服务等。

2. 缺陷 (defect)

缺陷是指产品（或服务）没有满足顾客的要求或规格标准。

3. 缺陷机会

缺陷机会是指单位产品上可能出现缺陷的位置或机会（缺陷机会与缺陷的度量应保持一致）。一般在确定缺陷机会数时分三步：列出可能出现缺陷类型的清单；判定哪一种缺陷是顾客特别关心的、真实发生的；用其他标准来复核缺陷机会的数目。

4. 规格限

规格限即顾客可接受的产品特性、服务特性或过程特性的最大值和最小值。它是判断产品质量特性是否合格的标准，在规格限内一般认为合格，超出规格限则认为不合格。其中，一般称 USL 为规格上限，LSL 为规格下限。

二、离散型数据常用度量指标

六西格玛管理中，常用的过程绩效离散型数据度量指标有单位缺陷数、机会缺陷数和百万机会缺陷数等计点值指标，以及过程最终合格率、一次合格率、流通合格率、西格玛水平等计件值指标。

1. 单位缺陷数（defects per unit，DPU）

单位缺陷数是指平均每个单位上的缺陷数，即过程输出的缺陷数与该过程输出的单位数的比值。计算公式为

$$DPU = \frac{检测发现的缺陷数}{抽取的单位产品数} \tag{10-2}$$

2. 机会缺陷数（defects per opportunity，DPO）

机会缺陷数是指每个机会的缺陷数，表示缺陷数占全部缺陷机会的比例，即过程输出的缺陷数与过程输出的缺陷机会数的比值。计算公式为

$$DPO = \frac{缺陷数}{产品数 \times 单位产品的平均缺陷机会数} \tag{10-3}$$

3. 百万机会缺陷数（defects per million opportunity，DPMO）

百万机会缺陷数是指一百万个缺陷机会中的缺陷数占比，常用 DPMO 表示，即

$$DPMO = DPO \times 10^6 \tag{10-4}$$

4. 过程最终合格率 (process final yield，PFY)

过程最终合格率通常是指通过检验的最终合格单位数占过程全部投产单位数的比例。

最终合格率计算了所有交付到顾客处的无缺陷部件，包括那些在流程中被发现有缺陷并返工的部件。但是，这种质量评价方法不能计算该过程的输出在通过最终检验前发生的返工、返修的损失。这里我们把返工等叫做"隐蔽工厂"（hidden factory）。"隐蔽工厂"不仅出现在制造过程中，同时也出现在服务过程中。

5. 一次合格率（first time yield，FTY）

一次合格率是指第一次就把事情做对，是由没有经过返工、返修便通过检验的过程输出的单位数而计算出的。一次合格率促使小组发现内部返工循环，这是每家公司"质量成本"的来源，并促使小组消除引起生产无效率和过多成本的内部流程缺陷。

6. 流通合格率（rolled throughput yield，RTY）

对于一个串行生产过程，假定各过程彼此独立，则其流通合格率为每个子过程的 FTY 的乘积，表明由这些子过程串联构成的大过程的一次合格率，即

$$\mathrm{RTY} = \mathrm{FTY}_1 \times \mathrm{FTY}_2 \times \cdots \times \mathrm{FTY}_n \tag{10-5}$$

式中，FTY_i 是各子过程的一次合格率；n 是子过程的个数。

7. 西格玛水平（sigma level）

西格玛水平是指从过程均值到技术规格界限的距离内所包含的标准差的数目，一般用 Z_bench 表示。若已知过程均值为 μ，标准差为 σ，规格上限为 USL，规格下限为 LSL，则根据过程存在的规格限不同，Z_bench 有以下不同表达。

(1) 当仅有单侧规格限时

$$Z_\mathrm{bench} = \left| \frac{\mathrm{USL} - \mu}{\sigma} \right| \tag{10-6}$$

(2) 当有双侧规格限时

$$Z_\mathrm{USL} = \frac{\mathrm{USL} - \mu}{\sigma}, Z_\mathrm{LSL} = \frac{\mu - \mathrm{USL}}{\sigma} \tag{10-7}$$

由于 Z_bench 与过程的缺陷率 $p(d)$ 或百万机会缺陷率 DPMO 是一一对应的，因此在双侧规格限下，综合的 Z_bench 还需要通过总缺陷率来折算。标准正态分布下，双侧规格限下的 Z_bench 为：

$$Z_\mathrm{bench} = \Phi^{-1}[1 - p(d)] = \Phi^{-1}\{1 - [1 - \Phi(Z_\mathrm{USL}) + \Phi(Z_\mathrm{LSL})]\} \tag{10-8}$$

式中，$\Phi(\cdot)$ 是标准正态分布函数；$\Phi^{-1}(\cdot)$ 是标准正态分布的反函数。

Z_bench 是规格中心与过程输出质量特性的分布中心重合时的西格玛水平值，即过程的短期西格玛水平。但实际上，规格中心与过程输出质量特性的分布中心重合的可能性很小。对于典型的制造过程，由于影响过程输出的人、机、料、法、环、测等基本质量因素的动态变化，过程输出的均值出现漂移是正常的。因此，在计算过程长期运行中的西格玛水平时，一般考虑将上述正态分布的中心向左或向右偏移 1.5σ，即一般所说的西格玛水平等于 $Z_\mathrm{bench} + 1.5$。过程均值偏离目标值 1.5σ 值时各西格玛水平下的合格率与 DPMO 值如表 10-1 所示。

三、连续型数据度量指标

六西格玛管理中常用的过程绩效连续型数据度量指标有过程输出（产品）关键质量特性的过程能力指数（C_p, C_pk）、过程绩效指数（P_p, P_pk）。（参见第八章）

无论是离散型数据还是连续型数据，都可以采用 DPMO 与西格玛水平来度量过程绩效。

第四节　六西格玛管理方法论

一、六西格玛改进模式

六西格玛自 20 世纪 80 年代诞生于摩托罗拉公司以来，经过 40 多年的发展，现在已经演变成为一套行之有效的解决问题和提高组织绩效的系统的方法论，其具体实施模式为 DMAIC。

DMAIC 代表六西格玛改进活动的五个阶段，分别为界定阶段（define）、测量阶段（measure）、分析阶段（analyze）、改进阶段（improve）、控制阶段（control），各阶段主要工作如图 10-2 所示。在六西格玛项目选定之后，团队成员一起合作，依照这个过程的五个阶段可以有效地实现六西格玛突破性改进。团队的工作从一个问题的陈述到执行解决方案，中间包括许多活动，通过 DMAIC 过程活动，团队成员可最有效地发挥作用，完成项目使命。

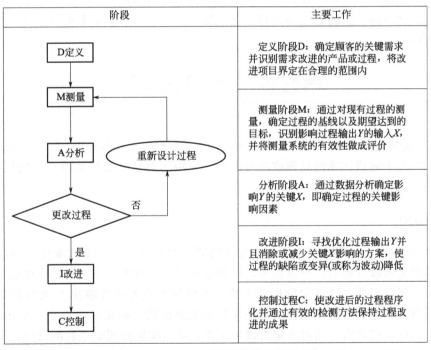

图 10-2　DMAIC 过程各阶段的主要工作

DMAIC 是在总结全面质量管理几十年来的发展及实践经验的基础上产生的，是由项目管理技术、统计分析技术、现代管理方法等综合而成的系统方法。它强调以顾客（外部和内部）为关注焦点，并将持续改进与顾客满意以及组织经营目标紧密联系起来；强调以数据的语言来描述产品或过程绩效，依据数据进行管理，并充分运用定量分析和统计思想；追求的是打破旧习惯、有真正变化的结果和创新的问题解决方案，以适应持续改进的需要；强调面向过程，并通过减少过程的变异或缺陷实现降低风险和成本与缩短周期等目的。

二、六西格玛设计模式

DMAIC 流程对产品的质量优化而言仍具有局限性。众所周知，产品的质量、成本和周期都是由设计决定的。实践表明，至少 80% 的产品质量是在早期设计阶段决定的，所以没有六西格玛设计，仅采用 DMAIC 流程来提高产品质量，其成效是有限的。若想真正实现六西格玛的质量水准，就必须考虑六西格玛管理战略实施的另一种途径——六西格玛设计（DFSS），DFSS 是一种实现无缺陷的产品和过程设计的方法。它基于并行工程和 DFX（design for x）的思想，面向组织系统或产品的全生命周期，采用系统地解决问题的方法，把关键顾客需求融入产品、过程设计中，全面确保产品的开发速度和质量，降低产品生命周期成本，为组织解决产品和过程设计问题提供有效的方法。

与六西格玛改进中的 DMAIC 流程一样，DFSS 也有自己的流程，但目前还没有统一的模式。迄今，研究者提出的 DFSS 流程有多种，如 DMADV 流程，即界定、测量、分析、设计和验证；DMADOV 流程，在 DMADV 流程的基础上增加了优化环节；IDDOV 流程，即识别、界定、开发、优化和验证；还有 DCCDI 流程，即界定、识别顾客需求、概念设计、产品和过程设计、实现；DMEDI 流程，即界定、测量、调查、开发和实现。

此外还有其他的六西格玛设计流程，如 DMCDOV、DOCV、DMADIC、RCI 等，虽然这些流程的表述不同，但内容大同小异，这里就不逐一介绍了。本书重点介绍六西格玛改进模式（DMAIC）。

第五节　DMAIC 流程

DMAIC 是指定义（define）、测量（measure）、分析（analyze）、改进（improve）、控制（control）五个阶段构成的过程改进方法，一般用于对现有流程的改进，包括制造过程、服务过程以及工作过程等。

一、界定阶段

界定（define）是六西格玛 DMAIC 方法的第一个步骤，也是非常重要的一步。六西格玛项目是从界定阶段开始的，一般说来，在初选项目时，对欲解决的问题往往仅有比较宏观的考虑。项目团队需要通过界定阶段的工作，明确问题或者流程输出 Y 及其测量，确定 Y 的标准。项目团队还需要明确项目的关注领域和主要流程，将项目界定在一个比较合理的、团队可以把握的范围之内。通过界定阶段的工作，项目团队要明确项目的目标，测算项目预期收益，确定项目核心团队成员等。需要做的工作包括：

1. 顾客需求分析

顾客需求分析的目的是确定关键顾客需求。因此，顾客需求分析首先要识别特定项目的顾客，包括内部和外部顾客，然后对顾客数据进行收集与分析，最终确定关键顾客需求。完成这样的工作所需要的质量工具和方法有顾客需求分析、卡诺模型等。

2. 界定项目范围

在项目的界定阶段，最重要的是确定项目的关键过程输出变量（KPOV）[或称为关键质量特性（CTQ）]。

(1) 宏观流程分析

为了确定项目的关键过程输出变量，首先需要将内部流程与关键顾客需求联系起来，识别项目重点关注的内部流程。这个识别过程首先从宏观的流程分析（也称为高阶流程分析）开始。SIPOC 分析方法是通常使用的宏观流程分析方法。

SIPOC 图也称为高端程序图（如图 10-3 所示），名字来自供方、输入、过程、输出和顾客的首字母缩写。

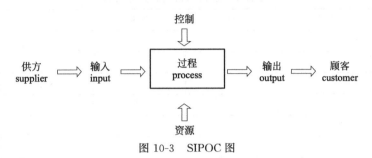

图 10-3　SIPOC 图

其中，供方（supplier）是指提供输入的组织和个人。在六西格玛项目管理中，供方专指向过程提供信息、材料或其他资源的个人和组织，供方可以是内部的，也可以是外部的。输入（input）是指供方提供的信息和资源，包括人员、机器、材料、方法、环境等。过程（process）是指将输入转化为输出的活动。过程是使输入发生改变的一组步骤，理论上，这个过程（由这些步骤组成的过程）将增加输入的价值。输出（output）是指过程的结果。顾客（customer）是指接受输出的人、组织或过程。

(2) 关键过程输出变量的确定

将符合顾客需求极为重要的过程输出项目，称为 KPOV。需要根据对顾客要求的分析，依照过程输出特性对顾客要求的影响程度确定项目关注的输出变量和项目的优先顺序。

通过前面介绍的 SIPOC 图的分析，可以识别出过程的所有输出，以及对输出的测量，即过程的输出变量，如顾客满意度、交货周期、产品的合格率以及缺陷数等。通过收集数据，可以观察这些输出变量的变化及其对顾客的影响，进一步确定项目应关注的过程的关键输出变量。

在六西格玛管理中，经常把结果或输出变量记为 Y，把输入变量记为 X。X 对 Y 的影响以及它们之间的相关关系可以用下述函数来描绘，即

$$Y = f(X_1, X_2, \cdots, X_n)$$

有时，可直接用 Y 表示 KPOV。排列图是确定过程关键输出变量 Y 的常用方法。

(3) 项目的利益相关方分析

每一个过程都有顾客和受过程输出影响的其他相关方，他们可以是组织内部的，也可以是组织外部的。利益相关方指受组织的行动以及成功与否影响的所有群体，关键的利益相关方（stakeholder）通常包括顾客、股东、供应商、合作伙伴以及社区等，在组织内部，过程的相关方还包括管理者和员工等。

六西格玛项目团队常常需要跨职能开展工作，确保团队活动的有效开展及项目的顺利进行，对项目的利益相关方进行确认和分析。项目的利益相关方就是与项目有着密切关系和相互关联的部门或人员，通常包括受项目结果影响的部门或人员、影响项目结果的部门或人

员、有决定权的人员、提供资源的部门或人员、流程的相关专家、为项目提供数据/信息的部门或人员。

为确保六西格玛项目顺利进行，识别上述利益相关方，让他们对六西格玛项目产生正确的认识，并提供有效的支持是十分重要的。拉思和斯特朗（Rath、Strong）以及贝克哈德和哈里斯（Beckhard、Harris）都提出了识别项目利益相关方并制定项目沟通和影响策略的方法。表 10-2 是利益相关方分析的一个示例。

表 10-2 项目利益相关方分析表

承诺水平	销售	管理	员工	顾客 A	供应商 A
支持		○×			
顺从	○		○		○
无关紧要				×○	
不合作			×		
反对	×				
敌对					×
不需要					

注：×表示当前的承诺水平，○表示需要达到的承诺水平。

在此基础上，团队应进一步制定减小或消除项目相关方阻力的沟通与影响策略，以使所有项目相关方的承诺水平达到期望的水平。比如，表 10-2 表明，销售部门对该项目持反对态度，而该项目的成功实施需要销售部门的承诺从反对至少转变为顺从，因此项目团队需要制定相关的沟通与影响策略，消除来自销售部门的阻力，使其态度得到相应的转变，并达到期望的承诺水平。同理，项目团队应当完成其他相关方的分析并制定相应的策略。

3. 确定项目的测量指标

在前面，团队已经确认了 DMAIC 项目要解决的主要问题，以及关键顾客需求。这时就要通过测量来了解问题的严重程度及出现频率，以及顾客需求的满足程度。在选择测量指标时，应注意测量指标对问题分析的价值，以及收集数据的可行性和难易程度。

树图分析法是一种进行关键质量特性（CTQ）展开的常用方法。CTQ 树图展开将帮助项目团队选择出与顾客满意密切相关的关键变量以及测量指标。通过 CTQ 的展开，Y 的测量指标将会进一步明确，团队可以考察这些测量指标的可用性和可行性，以便确认是不是合适的测量指标。

选择了合适的测量指标之后，就可以在此基础上计算项目所关注的过程、产品和服务的基线西格玛水平。这个基线西格玛水平可以作为基准，据此制定项目目标和评价改进效果。

4. 编制项目立项表

项目立项表或项目特许任务书是界定阶段工作的主要输出。项目立项表表述项目的范围，阐明团队使命，陈述问题和机会，明确项目的目标和预期收益，并且帮助团队沟通他们的分工和计划。立项表是项目工作第一个并且通常是最重要的里程碑，团队开始实施项目之前，立项表必须先由倡导者等领导批准。

作为界定阶段团队活动的标志性成果，立项表直接反映了项目团队活动的质量，直接关系到项目的进展和 DMAIC 过程的实施。表 10-3 是一个简单的项目立项表样表。

表 10-3　项目立项表样表

DMAIC 项目立项表			
项目名称			
项目负责人		团队成员	
项目背景		项目目标	
问题陈述		目标陈述	
里程碑	主要工作内容	预定完工日期	实际完工日期
D:界定阶段			
M:测量阶段			
A:分析阶段			
I:改进阶段			
C:控制阶段			

二、测量阶段

测量阶段是 DMAIC 过程的第二个阶段，它既是界定阶段的后续活动，也是连接分析阶段的桥梁。测量是项目工作的关键环节，是以事实和数据驱动管理的具体体现。从测量阶段起就要开始收集数据，并着手对数据进行分析。正如前面所指出的，任何过程的输入与输出的关系可以表达为

$$Y = f(X)$$

式中，Y 为过程的输出结果；X 为影响 Y 的过程输入。测量阶段的工作重点是在界定阶段工作的基础上，通过对现有过程的测量，认识 Y 的波动规律，揭示过程改进的机会，识别实现项目目标的可能途径和改进方向，确定过程的基线以及期望达到的目标；识别影响过程输出 Y 的输入 X，并对测量系统的有效性做出评价。

1. 测量阶段过程分析

过程分析是六西格玛管理活动中的重要内容，也是测量阶段的重要工作，测量阶段是从过程分析开始的。对准备改善的过程进行分析，考察这些过程的构成和步骤，目的是：①使项目团队对准备改善的过程达成统一的认识；②对产生问题或缺陷的区域进行定位；③识别非增值步骤，以便加以改进；④将过程步骤的现状记录下来并形成文档，以便与改善后的状况进行对比。

常用的理解和分析过程的基本工具有流程图、因果图与因果矩阵、失效模式与影响分析（FEMA）、价值流图（VSM）等。还有一些有助于过程分析的文档，比如程序文件、检查单、照片、图表、录像等。

2. 数据的收集与整理

在六西格玛项目的实施过程中，需要不断地与数据打交道，不断地依据数据做出决策，还要处理形形色色的数据。因此，数据的收集与整理就尤为重要。

(1) 确定数据类型与测量尺度

从统计的角度来说，测量数据可以分为两种基本类型，即连续型数据和非连续或离散型数据。在测量时，区分连续型数据还是离散型数据是十分重要的。项目团队应根据项目的具

体情况采用适当的数据类型。一般来说,在收集测量数据时,应尽可能采用连续型数据,以便提供尽可能多的可用于过程改进的信息。

测量是按照某种规则,用数据来描述观察到的现象,即对事物做出量化描述。测量是对非量化事物的量化过程。数据包含多少信息取决于测量所使用的尺度。测量的尺度决定了研究这些数据时应使用什么类型的统计分析方法。测量尺度一般可分为定类、定序、定距和定比四种类型,其中定类尺度和定序尺度数据一般是离散型数据,定距尺度和定比尺度数据是连续型数据。选定了相应的测量尺度,便确定了所产生的数据类型,也就确定了在项目实施过程中可使用的统计分析方法。

(2) 数据收集与抽样

收集数据的方法有很多,调查表是收集过程数据时最常用的工具。调查表有各种形式。针对不同的测量对象,需要使用不同的调查表。调查表的设计要有针对性,以便能按照项目团队意图将重要的数据收集上来。在调查表上要注明被测变量,同时还应注明由谁来收集数据以及采用的测量间隔。表10-4是一个简单的不良项目调查表样表。

表10-4 不良项目调查表样表

项目日期	交验数	合格数	不良品类型			不良品			良品率/%
			废品类型	次品类型	返修品类型	废品数	次品数	返修品数	

为了确保数据的准确性和代表性,能从样本中正确推断总体,必须采用适当的抽样方法,常用的抽样方法有简单随机抽样、分层抽样等。

(3) 数据的整理

从过程中抽样并获得样本数据后,需要对数据的分布情况有基本的了解。比如,分布的位置或者中心趋势、散布程度以及形状等。常用的方法有描述性统计法和图示方法。其中,常见的用于描述分布的位置或者中心趋势的统计量有样本均值、中位数、众数等;描述散布程度的量有极差、样本方差、样本标准差等;描述形状的统计量有偏度、峰度等;用来了解数据的分布情况的图示方法有直方图、茎叶图、箱线图、趋势图、正态概率图等。

直方图能使我们较容易看到数据的分散程度和中心趋势,并与要求的分布进行比较。

茎叶图 (stem-and-leaf plots) 是直方图的变种,适用于较小的数据集 ($n<200$)。和直方图相比,茎叶图的一个主要优点是全部或者部分地保留了原始数据的信息,从而可以使我们掌握有关总体的更多信息。

箱线图 (box-and-whisker plots) 可用于归纳数据分布的信息。箱线图并不是绘制实际的数值,而是显示出分布的统计概况。箱线图是利用数据的五个统计量最小值、第一四分位数、中位数、第三四分位数和最大值来描述数据的一种图示方法。利用它可以粗略地看出数据是否具有对称性、分布的分散程度等。

链图（run chart）也称为趋势图，是一种特殊的散布图。它是显示任何测量特性随时间变化的图表。分析链图的目的是确认所出现的波动模式是由普通因素引起的，还是由特殊因素引起的。链图可用于任何按时间序列组织的、以连续尺度测量的数据的图形分析。

正态概率图是用来检验所收集的数据是否服从正态分布的图形，是实数与正态分布数据之间函数关系的散点图。如果所收集数据服从正态分布，正态概率图将是一条直线。现在计算机已经可以自动对"分布是否为正态"给出判断。

3. 测量系统分析

DMAIC 是一套基于数据的过程绩效改进方法，项目工作的每一个阶段都离不开数据，都需要对数据进行分析和基于数据做出决策。从这个角度来说，数据本身的质量在很大程度上决定了项目的成败。

数据是测量的结果，而测量是指"以确定实体或系统的量值大小为目标的一整套作业"。这"一整套作业"就是给具体事物（实体或系统）赋值的过程。这个过程的输入有人（操作者）、机（量具及必要的设备和软件）、料（实体或系统）、法（操作方法）、环（测量环境），这个过程的输出就是测量结果。这个由人、量具、测量方法和测量对象构成的过程的整体就是测量系统。测量系统是项目团队必须考虑的关键过程影响因素之一。事实上，许多过程输出的问题是由测量系统造成的。比如，由于测量系统波动过大而将合格的拒收或将不合格的接收下来，给企业或顾客造成了较大的损失。另外，在实施六西格玛改进项目时，在分析阶段要进行多项显著性检验，如果测量系统波动过大，容易误将显著效应当成不显著效应而失去改进的机会，这将使后续工作难以完成。因此，在开始测量并收集数据之前，必须对测量系统做出评价，对测量系统的问题进行分析和纠正，以保证测量数据的质量。测量系统分析理论和方法参见本书第七章内容。

4. 过程能力分析

过程能力和过程绩效分析是评价过程满足预期要求的能力及其表现的方法。过程能力分析在 DMAIC 项目中十分重要，它是评价过程基线及改进方向和目标的重要工具。因此，过程能力分析是测量阶段的一项重要工作。

在着手进行过程能力分析时，必须明确如下要素：

① 过程输出特性。这是项目工作在界定阶段就已明确的。

② 对过程输出特性的要求。在进行过程能力分析时，必须识别并明确顾客（内部的或外部的）对过程输出特性的要求，包括目标值和规格限或容差。对制造过程来说，识别目标值和规格限比较容易，因为工程上对此一般都有明确的规定。但对非制造类的过程来说，需要项目团队投入精力识别并明确这些要求。

③ 抽样方案。不同的抽样方案反映了过程的不同情况和状态。比如，在研究过程的短期能力时，抽取的样本应尽可能仅受到随机因素的影响。

④ 过程是否稳定或具有可预测的分布。过程能力分析的假设前提是输出服从正态分布，因此，过程应是稳定或统计受控的。对那些非正态分布的情况，应进行适当的坐标变换，将其转换为正态分布的情况。

过程能力分析是在确认上述要素的基础上，运用统计工具展开的。具体的过程能力指数与绩效能力指数的计算与衡量参见本书第八章内容。

三、分析阶段

分析阶段是 DMAIC 各个阶段中最难以预测的阶段。项目团队使用何种分析方法在很大程度上取决于所涉及问题与数据的特点。在这个阶段，DMAIC 团队应详细研究资料，增强对过程和问题的理解，进而识别问题的成因，使用各分析步骤来寻找"问题根源"。也就是说，分析阶段的主要目标，就是通过数据分析确定影响 Y 的关键 X，即确定过程的关键影响因素。

在分析阶段，DMAIC 团队一般用循环分析的方法来实现他们对原因的探索。这个循环从数据的测量开始，通过对过程的分析，提出对原因的初始推测或者假设；接着收集和关注更多数据和其他看得见的证据，对这些推测或者假设做出进一步的判断；分析循环继续进行，各种假定不断地被确认或被拒绝，直到真正的问题根源通过严谨的数据分析明确识别出来。分析步骤中最大的挑战之一是正确地使用工具，如果能够用简单工具找到根本原因，就不使用复杂工具。有时原因是深藏而不易识别的，有时问题与其他较多因素相关联而纠缠混杂在一起，这时就需要用到更高级的统计技术或其他管理技术来确定和验证根本原因。

1. 过程分析

过程分析工作主要包括原因推测、原因假设提出、原因证实或排除三项内容。

(1) 原因推测

在项目界定阶段，团队可能提出一个用于界定项目过程边界的高端（或称宏观）流程图（SIPOC 图），SIPOC 图着重分析宏观流程，比较粗糙，许多过程中出现的细节问题在 SIPOC 图中都找不到。为了让整个团队更清晰地了解项目的整个过程，可以利用工作流程图进行更详细的过程分析，以便能够引导团队发现某些隐藏的 X 变量（原因）。

(2) 原因假设提出

团队成员在绘制过程流程图时，潜在的问题就会自然而然地浮现出来。比如三个人负责处理同一过程的某一步骤，但他们对如何完成该步骤不能达成一致，那么实际上就找出了潜在的原因。当然，还需要证实这种混乱的确是过程中发生缺陷的一个重要原因。

假设阶段的分析可以细分为两个层次的工作：识别过程中明显存在的问题、进行量化增值分析。对于过程中明显存在的问题的识别而言，过程流程图一旦确定下来就可能成为团队会议的焦点，队员可以用手中的记号笔来标记一些问题，重点识别那些经常发生的过程中的典型性问题，比如说脱节、瓶颈、冗余、返工循环、检查点等。当过程较复杂时，则需要进一步通过量化增值分析来寻找原因，常用的方法有价值分析法和时间分析法。其中，价值分析可以从顾客视角识别出具有增值效果的重要流程；而时间分析法则可以从工作时间角度识别出存在空闲时间的业务过程。

(3) 原因证实或排除

一般说来，从过程分析中辨认、查实原因并不困难，因为过程分析的判断准则很简单，即任何非增值过程步骤，任何增加耗时但并不增加价值的步骤都是在浪费时间，应尽量删减。但是，有些缺陷对顾客而言既重要又很容易被他们注意到，但缺陷原因并不十分清楚。为了证实导致问题的原因，可以从以下几个方面考虑：一是使用因果关系逻辑，确认导致一个结果的可能原因；二是详细观察与记录流程，分析某种因素是否存在及其对结果的影响；三是定点测试中的"试验"，是另一种验证过程的缺陷是否确实带来影响的好方法。在过程中，人为"试验"发生一个预定的波动（波动规模当然要小些），然后观察或测量波动造成的影响，就可以断定此缺陷是否为真正的原因。

做这一切的最终目的，就是完全去除那些在顾客眼里不能增加价值的任何步骤，包括花费时间去返工和检查等。六西格玛团队常常可能去除掉 70%～80% 在顾客看来是花费在返工上和其他不增加价值的步骤上的时间。同时在过程分析的基础上，进行更深入的数据分析往往能够揭示问题的根本原因。

2. 探索性数据分析

一个六西格玛团队应该在现场收集足够多的数据，然后才能分析出引起缺陷的真正原因。需要注意的是，绝不应该接受表面上的假设，必须证明确实是此原因造成了所研究的问题。

探索性数据分析和过程分析都是调查缺陷原因的有力工具。与过程分析不同，探索性数据分析利用测量值和有关数据（已经收集的数据或在分析阶段收集的新数据）来发现、建议、支持或排除缺陷原因的模式、趋势和其他异常，分辨问题模式、问题趋势或其他有关因素，这些因素可以是推测出来的，也可以是已证实或未证实的可能因素。

大多数团队在项目的分析阶段同时使用过程分析和探索性分析这两类工具。一般先做探索性数据分析，也可以先使用过程分析工具，还可以把团队分成两组，同时进行数据分析和过程分析。不论团队采用以上哪种模式，与过程分析一样，缺陷原因的分析一般也有推测、提出关于原因的假设、证实或排除原因三个阶段。

四、改进阶段

通过前面三个阶段的项目工作，团队对要解决的问题以及引起该问题产生的根本原因有了比较准确的把握，从而奠定了从根本上解决这些问题的基础。至此，项目工作进入了关键的改进阶段。

改进阶段的目标是形成针对根本原因的最佳解决方案，并且验证这些方案是有效的。一般来说，为了达到上述目的，需要完成以下几方面的工作。

1. 产生解决方案

通常这些解决方案的产生需要专业知识和对流程的认知与经验等。但是，也有一些方法和原则，将帮助绿带、黑带及其项目团队，制定出最佳解决方案。定性分析方法如创造性思维方法以及定量的分析方法如试验设计都是帮助团队产生最佳解决方案的强有力工具。

(1) 创造性思维方法

创造性思维方法是突破传统思维模式，对遇到的难题进行计划、设计和改进的系统性问题解决方法。创造性思维方法激发的构思或创意越多，获得高质量的问题解决方案的可能性就越大，它是提出有效改进方案的一个强有力的工具。它能帮助你预期自己需要达到的目标，并使之顺利实现。创造性思维常用方法有头脑风暴法＋亲和图法、发散性思维、五个为什么、六顶帽子思考法等。

(2) 试验设计

创新性思维方法是定性解决问题的方法，一些定量的技术也可以用于复杂问题的解决，尤其是过程的输入和输出关系非常复杂，需要通过试验设计技术揭示过程的输入（X）是如何影响输出（Y）的，并分析确定优化后的改进方案。在这一过程，常用到的工具技术有试验设计、田口方法、回归分析、方差分析等。

2. 方案的评价

改进方案产生后,需要对其优劣进行评价。评价方案时需要考虑改进方案实施的难易程度、方案的成本、接受的程度、时间方面的考虑、方案所带来的影响等因素。评价方案主要从以下几个方面来进行:①方案的经济性,包括分析实施方案预计所需资源、时间,方案预计收益等;②方案的可接受性,包括方案被利益相关方接受的程度;③方案的风险分析,包括方案实施后对利益相关方带来的影响,尤其是方案实施不成功所带来的风险,是否存在弥补方案以及可能的后果等。常用的评价方案优劣的方法有因果图的变形、力场分析法、评价矩阵等。

3. 方案的验证

在评价改进方案、制定实施计划后,需要依照计划在小范围内局部试运行改进方案并对试运行的效果进行分析,待确认改进方案较原方案有显著的改进,且没有引起方案评价阶段预料之外的负面影响后,方可全面推广使用。如果方案对现状的改善不显著,或者会对其他工序或质量指标产生不良影响以及造成高于预期的成本的增加,则需重新评价改进方案。验证改进方案实施效果的方法有很多,包括过程能力指数验证、控制图分析、假设检验等。

4. 方案的实施

经过方案评估后,即可选择出最佳的改进方案。为了保证方案的成功实施,首先要制定实施计划,其次有必要进行一些局部的试运行试验,对改进方案进行验证。对局部试验运行效果进行分析,可为全面推广奠定基础,有利于全面推广的顺利进行。

在改进方案推广过程中,企业内应广泛宣传推广方案,以取得企业管理层和员工的广泛认同,减少改进的阻力,为方案的实施创造有利的环境;同时将改进方案落实到通俗易懂的文本资料上,以便于执行;实行连续的评估,让企业管理层和员工从评估结果中获得鼓舞和信心;任何改进方案都可能存在需要进一步改进之处,对可能出现的问题,应提前制定应对的策略也就是纠偏方案,并做好进一步改进的准备。

五、控制阶段

作为六西格玛 DMAIC 实施流程中的最后一个阶段,控制阶段是项目团队固化项目改进取得成果的重要步骤。

控制的目的在于保持项目取得的成效并持续改进。没有控制阶段的不懈努力,改进成果很容易回到以前的状态,破坏团队已经实现的收益,影响团队的士气,进而对组织六西格玛管理实施造成严重的伤害。在控制阶段有三个要素:过程改进结果的文件化;建立过程控制计划;持续的过程测量和控制。

1. 过程改进结果的文件化

在许多企业里,作业程序文件没有得到有效执行,一个重要原因在于企业员工执行程序上缺乏明确的规范和纪律,过程控制无章可循。当程序文件和作业执行成为两张皮的时候,过程控制就成了一句空话。

(1) 明确纪律

同样的管理模式在不同的企业往往会产生不同的结果,其原因在于企业的执行力不同。

员工能否严格按照文件、制度、标准去工作是衡量企业执行力的一个重要方面。因此，企业在员工招聘、培训、跟踪、考核评估和奖励的时候，要考虑员工是否能够严格执行纪律。要求员工执行不能仅靠空洞的说教，组织应当确定一个"过程负责人"，保证整个过程是被持续监督、研究和改进的。

要求所有员工做到严格执行制度绝非易事，除非员工都能理解监督、控制和改进的原因和益处。不理解这一点，收集数据和制作图表都将被视为不必要的繁琐工作。因此，企业在实施六西格玛时，应对员工进行六西格玛的基础培训，让员工充分了解自己履行职责的必要性。

（2）改进过程文件化

通过过程改进，组织已经取得一定的成效，这时就应当将改进成果维持下去。必须将已经改进的过程详细记录在册，并形成操作规范及固定程序，将所有新措施文件化。控制阶段的主要输出应该包括：过程控制体系、程序文件、作业标准、数据记录、控制图和失控行动方案。在改进过程文件化中应当注意的问题有：保持文件的简单化、针对过程中的潜在问题制定应急方案、集思广益对复杂过程适时进行修订、尽可能让那些将来会应用这些文件的员工参与文件的起草工作。

2. 建立过程控制计划

要对过程实施有效的监督和控制，需要建立一套系统的过程控制计划。一个良好的过程控制计划一般应包括流程图、过程应变计划、紧急事件抢险预案、针对持续改进的计划等。

3. 持续的过程测量和控制

在 DMAIC 的实施过程中，团队通过测量来定义问题、统计缺陷、分析变化的原因，并测量改进是否成功。在控制阶段，团队仍然要努力关注测量，必须重新明确地找出需要进行测量的关键点。不仅包括对响应变量的测量，而且往往需要扩展到对生产条件中关键输入变量的测量，项目组在寻求测量和控制时有三个关键问题需要注意。

（1）完善过程的 SIPOC 图

对已经改进的过程，完善其过程 SIPOC 图，其中要特别注意"顾客的需要"这个关键问题。六西格玛团队必须实时地测量过程输出是否与顾客需要相一致，要做到及时发现产品缺陷或过程变化。

（2）对关键过程变量进行控制

明确测量哪个上游的过程变量会与改进紧密相连，持续测量这个过程将可以预测中下游的结果。只有控制了过程的所有关键变量，才可以确保过程的输出能够满足要求。

（3）关注关键输入测量

关键输入测量能帮助预测过程关键步骤的运行和关键输出结果的质量。在控制阶段中可能会花一段时间来建立对一系列变量进行测量的测量链，这是很值得的工作，测量链最能体现过程的特征。一旦测量链建立，它就变成了计分卡的根据，任何负责改进过程的人都可以在固定的基础上（例如，天或月）用计分卡来监督。

确定最佳测量项之后，一个重要问题是如何建立过程控制方法。在六西格玛工具集里，有许多过程控制方法，其中控制图是最为常用的工具，项目组利用控制图对关键测量项的稳定性进行监控。

第六节　六西格玛管理的组织与实施

一、六西格玛管理的基本实施过程

① 最高管理者亲自推动。六西格玛管理是一种自上而下的、以流程为中心的管理创新方法，它由企业最高管理者领导并驱动，由最高管理层提出改进或革新目标（这个目标与企业发展战略和愿景密切相关）、资源和时间框架。

② 广泛的培训。一般来说，企业要成功推行六西格玛管理，必须让企业上下全面接受六西格玛管理、黑带和绿带培训，关键是培养一批合格的黑带。

③ 在咨询公司指导下改进。企业的黑带在咨询公司的配合下，对企业的管理模式，特别是对那些能够改进质量的管理模式、工作流程、组织架构、企业文化进行深入透彻的分析，在此基础上设计形成新的流程模式和架构，并将这些需要改进的地方作为黑带的改进项目。

④ 形成新的管理框架。在这些改进项目中全面导入推行六西格玛所需要的企业级应用软件系统，固化新流程、新模式，并在此基础上推行六西格玛。企业的黑带每隔一段时间就会完成一个循环，通过不断地推进，企业将逐步形成新的管理模式、管理理念、业务流程、组织架构，并使之成为企业文化的一部分，使质量的改进成为全体员工自觉的行为。

二、六西格玛管理的组织模式

作为一项系统的改进活动，六西格玛管理首要的一项基础工作是建立一个完整的组织体系，这一组织体系应有完整的组织结构，各个职能岗位节点应赋予相应的职责与权限给训练有素的团队成员，这是六西格玛管理活动有效开展的基本保证。六西格玛管理的组织模式可以从层次关系和结构关系两个角度进行分析。

1. 层次关系

六西格玛组织一般可分为三个层次：领导层、指导层、操作层，如图 10-4 所示。

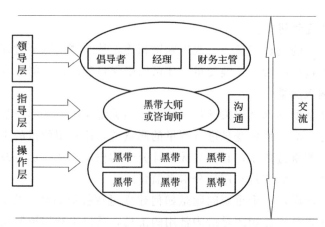

图 10-4　六西格玛管理组织层次图

2. 结构关系

六西格玛管理的组织结构，如果从人力资源和技术角度分析，由倡导者、黑带大师、黑带、绿带组成，如图 10-5 所示。

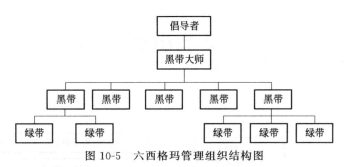

图 10-5 六西格玛管理组织结构图

三、六西格玛管理的组织角色

1. 倡导者

倡导者一般由企业高层领导担任，通常由分管质量工作的副总经理或质量总监担任，有些企业由企业的 CEO 担任，大多数为兼职，也有专职的。整个组织内的总体质量工作在倡导者的指导下展开，倡导者的工作通常是战略性的——部署实施战略、确定目标、分配资源和监控过程等，确认和支持六西格玛管理全面推行，决定"该做什么"，检查进度，了解六西格玛管理工具和技术的应用，提出正确的问题，确保按时按质完成既定目标，管理及领导黑带大师和黑带。倡导者对六西格玛改进的认识是至关重要的，他的支持和激励是企业六西格玛改进成功的最重要的驱动因素。

2. 黑带大师

黑带大师的工作更具管理性，因为他们经常负责在特定领域或部门的六西格玛管理工作。典型的职责包括：挑选、培训和指导黑带；选择和批准项目；总结已完成的项目。黑带大师既需要对六西格玛统计工具、技术有比较深的掌握，还需要掌握其他管理沟通的软技术。

3. 黑带

黑带是成功推动六西格玛项目的技术骨干，是六西格玛组织的核心力量，他们的努力程度决定着六西格玛管理的成败。他们的工作更具操作性，使改进切实发生。一般来说，黑带是全职的，把主要精力都放在了六西格玛上，实施项目改进并指导项目团队工作，直接向六西格玛质量领导汇报工作。黑带总数通常是企业员工总数的 1%。因为黑带在六西格玛管理中起着非常专业、非常技术性的作用，所以他们一般要经过严格的培训考试和审核才能上任。

4. 绿带

绿带在黑带的指导下或协助黑带承担以下任务：收集数据资料；寻找分析原因；实施项目改进；完成黑带分配的工作。绿带一般为兼职人员，通常为各基层部门的业务骨干，侧重于六西格玛在实际工作中的应用。有些企业连钟点工也要接受绿带培训，目的是帮助他们更加深入地了解流程,在企业的任何地方都能实施工作的改进,培养员工的改进意识。绿带是黑带的助手。黑带在六西格玛项目中起主导作用,绿带则起辅助作用,黑带独立地承担项目,绿带一般不独立完成项目。有时绿带也会从事完整的项目改进,但其规模和难度相对较小。

本章小结

【知识图谱】

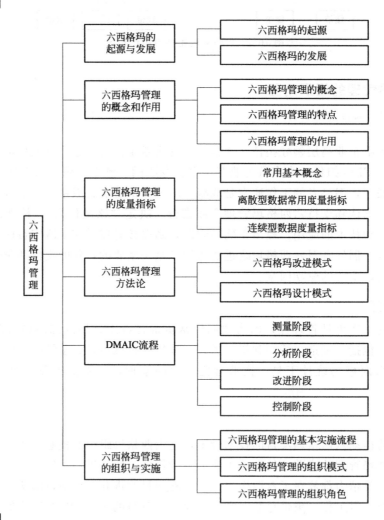

【基本概念】

六西格玛管理　six sigma management
西格玛水平　sigma level
百万机会缺陷数　defective per million opportunity
短期标准差水平　short term sigma level
长期标准差水平　long term sigma level
单位　unit

缺陷　defect
单位缺陷数　defects per unit
机会缺陷数　defects per opportunity
界定阶段　define
测量阶段　measure
分析阶段　analyze
改进阶段　improve
控制阶段　control

 学而思之

> 2011年8月份，谷歌以总金额约125亿元收购摩托罗拉。2012年，摩托罗拉决定裁员4000人。其中中国区因为公司的"暴力裁员"引发被裁员工的抗议，许多老员工直接被踢出了公司，在各地引发冲突。
> 　　思考：很多人都将摩托罗拉的没落与六西格玛相关联，认为这种由摩托罗拉提出的质量管理策略竟然将自己带进了失败的深渊。1. 这样的认识是否准确全面？2. 摩托罗拉的衰落，是否意味着六西格玛并不是那么有效？

本章习题

1. 什么是西格玛？什么是西格玛水平？
2. 简述六西格玛管理的内涵。
3. 简述DMAIC模型的组成。
4. 试比较六西格玛管理与其他质量管理体系的异同点。

参考文献

[1] George E P, Hunter W G, Hunter J S. Statistics for experimenters: Design, innovation, and discovery [M]. Hoboken: Wiley, 2005.

[2] Oakland J S. Statistical Process Control (Sixth Edition) [M]. Amsterdam: Elsevier Science, 2007.

[3] Montgomery D C. Design and analysis of experiments [M]. Hoboken: Wiley, 2020.

[4] Tim Stapenhurst. Mastering Statistical Process Control (Second Edition) [M]. Taylor & Francis, 2005.

[5] Wu C F J, Hamada M S. Experiments: planning, analysis, and optimization [M]. Hoboken: Wiley, 2021.

[6] 边肇祺. 模式识别 [M]. 2版. 北京: 清华大学出版社, 2000.

[7] 陈立周. 稳健设计 [M]. 北京: 机械工业出版社, 2000.

[8] 董双财. 测量系统分析——理论、方法和应用 [M]. 北京: 中国计量出版社, 2006.

[9] 何玉彬, 李新忠. 神经网络控制技术及其应用 [M]. 北京: 科学出版社, 2000.

[10] 何桢. 六西格玛管理 [M]. 3版. 北京: 中国人民大学出版社, 2017.

[11] 洪生伟. 质量工程学 [M]. 北京: 机械工业出版社, 2007.

[12] 贾新章, 等. 统计过程控制理论与实践——SPC、Cpk、DOE、MSA、PPM技术 [M]. 北京: 电子工业出版社, 2017.

[13] 李春林, 陈旭红. 应用多元统计分析 [M]. 北京: 清华大学出版社, 2013.

[14] 梁工谦. 质量管理学 [M]. 3版. 北京: 中国人民大学出版社, 2018.

[15] 卢碧红. 现代质量工程 [M]. 北京: 机械工业出版社, 2013.

[16] 马逢时, 周暐, 刘传冰. 六西格玛管理统计指南——MINITAB使用指导 [M]. 3版. 北京: 中国人民大学出版社, 2018.

[17] 马林. 六西格玛管理 [M]. 北京: 中国人民大学出版社, 2004.

[18] 马义中, 欧阳林寒. 现代质量工程 [M]. 北京: 科学出版社, 2018.

[19] 茆诗松, 周纪芗, 陈颖. 试验设计: 学习指导与习题 [M]. 北京: 中国统计出版社, 2005.

[20] 茆诗松, 周纪芗, 陈颖. 试验设计 [M]. 北京: 中国统计出版社, 2012.

[21] 牛古文, 陈天骏, 刘笑男. 多品种小批量生产的SPC应用研究 [J]. 工业工程, 2010, 13 (4): 100-103.

[22] 任雪松, 于秀林. 多元统计分析 [M]. 2版. 北京: 中国统计出版社, 2011.

[23] 邵家骏. 质量功能展开 [M]. 北京: 机械工业出版社, 2004.

[24] 盛骤, 等. 概率论与数理统计 [M]. 4版. 北京: 高等教育出版社, 2008.

[25] 孙静. 质量管理学 [M]. 3版. 北京: 高等教育出版社, 2011.

[26] 王宁, 徐济超, 杨剑锋. 多级制造过程关键质量特性识别方法 [J]. 计算机集成制造系统, 2013, 19 (04): 888-895.

[27] 王宁, 张帅, 刘玉敏, 等. 多工序串并联制造过程关键质量特性识别 [J]. 系统工程学报, 2019, 34 (06): 855-866.

[28] 王兆军, 邹长亮, 李忠华. 统计质量控制图理论与方法 [M]. 北京: 科学出版社, 2013.

[29] 温德成. 质量管理学 [M]. 3版. 北京: 机械工业出版社, 2014.

[30] 熊伟. 质量功能展开——从理论到实践 [M]. 北京: 科学出版社, 2009.

[31] 熊伟. 质量功能展开——理论与方法 [M]. 北京: 科学出版社, 2012.

[32] 熊伟. 质量机能开展 [M]. 北京: 化学工业出版社, 2005.

[33] 杨晓英, 王会良, 张霖, 等. 质量工程 [M]. 北京: 清华大学出版社, 2010.

[34] 张根保, 何桢, 刘英. 质量管理与可靠性 [M]. 2版. 北京: 中国科学技术出版社, 2005.

[35] 张根保. 现代质量工程 [M]. 4版. 北京: 机械工业出版社, 2019.

[36] 张公绪, 孙静. 统计过程控制与诊断 [J]. 质量与可靠性, 2002, 3 (99): 43-47.

[37] 张月义. 质量工程学基础——质量损失函数理论、方法及应用 [M]. 北京: 中国质检出版社, 2019.

[38] 赵彦晖，等. 数理统计 [M]. 北京：科学出版社，2013.

[39] 周济. 智能制造——"中国制造 2025"的主攻方向 [J]. 中国机械工程，2015，17（3）：2273-2284.

[40] 卓德保，徐济超. 质量诊断技术及其应用综述 [J]. 系统工程学报，2008，10（3）：338-346.

[41] 邹先军等. 精益六西格玛管理创新与项目实战 [M]. 北京：中国质量标准出版传媒有限公司，2021.

[42] 邱华，唐继海，杨骐，等. 吸波涂层优化设计研究 [J]. 功能材料，2012，43（32）：242-244.

附录

附录1 标准正态分布表

x	0.00	0.01	0.02	0.03	0.04	0.05	0.06	0.07	0.08	0.09
0.0	0.5000	0.5040	0.5080	0.5120	0.5160	0.5199	0.5239	0.5279	0.5319	0.5359
0.1	0.5398	0.5438	0.5478	0.5517	0.5557	0.5596	0.5636	0.5675	0.5714	0.5735
0.2	0.5793	0.5832	0.5871	0.5910	0.5948	0.5987	0.6026	0.6064	0.6103	0.6141
0.3	0.6179	0.6217	0.6255	0.6293	0.6331	0.6368	0.6406	0.6443	0.6480	0.6517
0.4	0.6554	0.6591	0.6628	0.6664	0.6700	0.6736	0.6772	0.6808	0.6844	0.6879
0.5	0.6915	0.6950	0.6985	0.7019	0.7054	0.7088	0.7123	0.7157	0.7190	0.7224
0.6	0.7257	0.7291	0.7324	0.7357	0.7389	0.7422	0.7454	0.7486	0.7517	0.7549
0.7	0.7580	0.7611	0.7642	0.7673	0.7704	0.7734	0.7764	0.7794	0.7823	0.7852
0.8	0.7881	0.7910	0.7939	0.7967	0.7995	0.8023	0.8051	0.8078	0.8106	0.8133
0.9	0.8159	0.8186	0.8212	0.8238	0.8264	0.8289	0.8315	0.8340	0.8365	0.8389
1.0	0.8413	0.8438	0.8461	0.8485	0.8508	0.8531	0.8554	0.8577	0.8599	0.8621
1.1	0.8643	0.8665	0.8686	0.8708	0.8729	0.8749	0.8770	0.8790	0.8810	0.8830
1.2	0.8849	0.8869	0.8888	0.8907	0.8925	0.8944	0.8962	0.8980	0.8997	0.9015
1.3	0.9032	0.9049	0.9066	0.9082	0.9099	0.9115	0.9131	0.9147	0.9162	0.9177
1.4	0.9192	0.9207	0.9222	0.9236	0.9251	0.9265	0.9278	0.9292	0.9306	0.9319
1.5	0.9332	0.9345	0.9357	0.9370	0.9382	0.9394	0.9406	0.9418	0.9429	0.9441
1.6	0.9452	0.9463	0.9474	0.9484	0.9495	0.9505	0.9515	0.9525	0.9535	0.9545
1.7	0.9554	0.9564	0.9573	0.9582	0.9591	0.9599	0.9608	0.9616	0.9625	0.9633
1.8	0.9641	0.9649	0.9656	0.9664	0.9671	0.9678	0.9686	0.9693	0.9699	0.9706
1.9	0.9713	0.9719	0.9726	0.9732	0.9738	0.9744	0.9750	0.9756	0.9761	0.9767
2.0	0.9772	0.9778	0.9783	0.9788	0.9793	0.9798	0.9803	0.9808	0.9812	0.9817
2.1	0.9821	0.9826	0.9830	0.9834	0.9838	0.9842	0.9846	0.9850	0.9854	0.9857
2.2	0.9861	0.9864	0.9868	0.9871	0.9875	0.9878	0.9881	0.9884	0.9887	0.9890
2.3	0.9893	0.9896	0.9898	0.9901	0.9904	0.9906	0.9909	0.9911	0.9913	0.9916
2.4	0.9918	0.9920	0.9922	0.9925	0.9927	0.9929	0.9931	0.9932	0.9934	0.9936
2.5	0.9938	0.9940	0.9941	0.9943	0.9945	0.9946	0.9948	0.9949	0.9951	0.9952
2.6	0.9953	0.9955	0.9956	0.9957	0.9959	0.9960	0.9961	0.9962	0.9963	0.9964
2.7	0.9965	0.9966	0.9967	0.9968	0.9969	0.9970	0.9971	0.9972	0.9973	0.9974
2.8	0.9974	0.9975	0.9976	0.9977	0.9977	0.9978	0.9979	0.9979	0.9980	0.9981
2.9	0.9981	0.9982	0.9982	0.9983	0.9984	0.9984	0.9985	0.9985	0.9986	0.9986
3.0	0.9987	0.9987	0.9987	0.9988	0.9988	0.9989	0.9989	0.9989	0.9990	0.9990
3.1	0.9990	0.9991	0.9991	0.9991	0.9992	0.9992	0.9992	0.9992	0.9993	0.9993
3.2	0.9993	0.9993	0.9994	0.9994	0.9994	0.9994	0.9994	0.9995	0.9995	0.9995
3.3	0.9995	0.9995	0.9995	0.9996	0.9996	0.9996	0.9996	0.9996	0.9996	0.9997
3.4	0.9997	0.9997	0.9997	0.9997	0.9997	0.9997	0.9997	0.9997	0.9997	0.9998

附录 2 χ^2 分布下侧分位数 $\chi_p^2(n)$

n \ p	0.001	0.005	0.010	0.025	0.050	0.100	0.500	0.900	0.950	0.975	0.990	0.995	0.999
1	0.00000157	0.00003927	0.0001571	0.0009821	0.003932	0.01579	0.4549	2.706	3.841	5.024	6.635	7.879	10.828
2	0.002001	0.01003	0.02010	0.05064	0.1026	0.2107	1.386	4.605	5.991	7.378	9.210	10.597	13.816
3	0.024	0.072	0.115	0.216	0.352	0.584	2.366	6.251	7.815	9.348	11.345	12.838	16.267
4	0.091	0.207	0.297	0.484	0.711	1.064	3.357	7.779	9.488	11.143	13.277	14.860	18.467
5	0.210	0.412	0.554	0.831	1.145	1.610	4.351	9.236	11.071	12.833	15.086	16.750	20.515
6	0.381	0.676	0.872	1.237	1.635	2.204	5.348	10.645	12.562	14.449	16.812	18.518	22.458
7	0.599	0.989	1.239	1.690	2.167	2.833	6.346	12.017	14.067	16.013	183457	20.278	24.322
8	0.857	1.344	1.646	2.180	2.733	3.490	7.344	13.362	15.507	17.535	20.090	21.955	26.124
9	1.152	1.735	2.088	2.700	3.325	4.168	8.343	14.684	16.919	19.023	21.666	23.589	27.877
10	1.479	2.156	2.558	3.247	3.910	4.856	9.342	15.987	18.307	20.483	23.206	25.188	29.588
11	1.834	2.603	3.053	3.816	4.575	5.578	10.341	17.275	19.675	21.920	24.725	26.757	31.261
12	2.211	3.074	3.571	4.404	5.226	6.304	11.340	18.549	21.026	23.337	26.217	28.300	32.909
13	2.617	3.565	4.107	5.009	5.892	7.042	12.340	19.812	22.362	24.736	27.688	29.819	31.528
14	3.041	4.075	4.660	5.629	6.571	7.790	13.339	21.064	23.685	26.119	29.141	31.319	36.123
15	3.483	4.601	5.229	6.262	7.261	8.547	14.339	22.307	24.996	27.488	30.578	32.801	37.697
16	3.942	5.142	5.812	6.908	7.962	9.312	15.339	23.542	26.296	28.845	32.000	34.267	39.252
17	4.416	5.697	6.408	7.564	8.672	10.085	16.338	24.769	27.587	30.191	33.409	35.718	40.790
18	4.905	6.265	7.015	8.231	9.390	10.865	17.338	25.989	28.869	31.526	34.805	37.156	42.312
19	5.407	6.844	7.633	8.907	10.117	11.651	18.338	27.204	30.144	32.852	36.191	38.582	43.820
20	5.921	7.434	8.260	9.591	10.851	12.443	19.337	28.412	31.410	34.170	37.566	39.997	45.315

续表

n \ p	0.001	0.005	0.010	0.025	0.050	0.100	0.500	0.900	0.950	0.975	0.990	0.995	0.999
21	6.147	8.031	8.897	10.283	11.591	13.240	20.337	29.615	32.671	35.479	38.932	41.401	46.797
22	6.983	8.643	9.542	10.982	12.338	14.041	21.337	30.813	33.924	36.781	40.289	42.796	48.268
23	7.529	9.260	10.196	11.689	13.091	14.848	22.337	32.007	35.172	38.076	41.638	44.181	49.728
24	8.085	9.886	10.856	12.401	13.848	15.659	23.337	33.196	36.415	39.364	42.980	45.559	51.179
25	8.649	10.520	11.524	13.120	14.611	16.473	24.337	34.382	37.652	40.646	44.314	46.928	52.620
26	9.222	11.160	12.198	13.844	15.379	17.292	25.336	35.563	38.885	41.923	45.642	48.290	54.052
27	9.803	11.808	12.879	14.573	16.151	18.114	26.336	36.741	40.113	43.195	46.963	49.645	55.476
28	10.391	12.461	13.565	15.308	16.928	18.939	27.336	37.916	41.337	44.461	48.278	50.993	56.892
29	10.986	13.121	14.257	16.047	17.708	19.768	28.336	39.087	42.557	45.722	49.588	52.336	58.301
30	11.588	13.787	14.953	16.791	18.493	20.599	29.336	40.256	43.773	46.979	50.892	53.672	59.703
31	12.196	14.458	15.655	17.539	19.281	21.434	30.336	41.422	44.985	48.232	52.191	55.003	61.098
32	12.811	15.134	16.362	18.291	20.072	22.271	31.336	42.585	46.194	49.480	53.486	53.328	62.487
33	13.431	15.815	17.074	19.047	20.867	23.110	32.336	43.745	47.400	50.725	54.776	57.648	63.870
34	14.057	16.501	17.789	19.806	21.664	23.952	33.336	44.903	48.602	51.966	56.061	58.964	65.247
35	14.688	17.192	18.509	20.569	22.465	24.797	34.336	46.059	49.802	53.203	57.342	60.275	66.619
36	15.324	17.887	19.233	21.336	23.269	25.643	35.336	47.212	50.998	54.437	58.619	61.581	67.985
37	15.965	18.586	19.960	22.106	24.075	26.492	36.336	48.363	52.192	55.668	59.893	62.883	69.346
38	16.611	19.289	20.691	22.878	24.884	27.343	37.335	49.513	53.384	56.896	61.162	64.181	70.703
39	17.262	19.996	21.426	23.654	25.596	28.196	38.335	50.660	54.572	58.120	62.428	65.476	72.055
40	17.916	20.707	22.164	24.433	26.509	29.051	39.335	51.808	55.758	59.342	63.691	66.766	73.402

附录 257

附录 3 不合格品率的计数标准型一次抽检表（$\alpha = 5\%$, $\beta = 10\%$）

$p_0/\%$ \ $p_1/\%$	0.71~0.90	0.91~1.12	1.13~1.40	1.41~1.80	1.81~2.24	2.25~2.80	2.81~3.55	3.56~4.50	4.51~5.60	5.61~7.10	7.11~9.00	9.01~11.2	11.3~14.0	14.1~18.0	18.1~22.4	22.5~28.0	28.1~35.5
0.090~0.112	*	400;1	→	↓	→	↑	→	50;0	←	↓	→	→	↓	→	→	→	→
0.113~0.140	*	→	300;1	↓	→	→	↑	←	40;0	↓	→	→	↓	→	→	→	→
0.141~0.180	*	500;2	→	250;1	→	↓	→	↑	←	30;0	↓	→	→	↓	→	→	→
0.181~0.224	*	*	400;2	→	200;1	↓	→	→	←	↑	25;0	←	↓	→	→	→	→
0.225~0.280	*	*	500;3	→	250;2	150;1	→	↓	→	↑	←	20;0	←	→	↓	7;0	5;0
0.281~0.355	*	*	*	400;3	300;2	200;2	120;1	→	↓	→	→	←	15;0	↑	↓	→	←
0.356~0.450	*	*	*	500;4	400;4	250;3	150;2	100;1	→	↓	→	↑	←	←	10;0	←	←
0.451~0.560	*	*	*	*	500;6	300;4	200;3	120;2	80;1	←	↓	→	→	↑	↓	→	↓
0.561~0.710	*	*	*	*	*	400;6	250;4	150;3	100;2	60;1	→	→	↓	→	→	↓	→
0.711~0.900	*	*	*	*	*	*	300;6	200;4	120;3	80;2	50;1	→	30;1	→	20;1	15;1	→
0.901~1.12	*	*	*	*	*	*	500;10	250;6	150;4	100;3	60;2	40;1	→	25;1	→	→	→
1.13~1.40		*	*	*	*	*	*	400;10	200;6	120;4	80;3	50;2	30;1	→	20;1	→	↓
1.41~1.80			*	*	*	*	*	*	300;10	150;6	100;4	60;3	40;2	25;1	→	↓	→
1.81~2.24				*	*	*	*	*	*	250;10	120;6	70;4	50;3	30;2	20;1	↓	10;1
2.25~2.80					*	*	*	*	*	*	200;10	100;6	60;4	40;3	25;2	15;1	→
2.81~3.55						*	*	*	*	*	*	150;10	80;6	50;4	30;3	20;2	→
3.56~4.50							*	*	*	*	*	120;10	60;6	40;4	25;3	15;2	→
4.51~5.60								*	*	*	*	*	100;10	60;6	40;4	25;3	15;2
5.61~7.10									*	*	*	*	*	50;6	30;4	20;3	20;3
7.11~9.00										*	*	*	*	70;10	50;6	30;4	25;4
9.01~11.2											*	*	*	*	40;6	25;4	30;6
$p_0/\%$ \ $p_1/\%$	0.71~0.90	0.91~1.12	1.13~1.40	1.41~1.80	1.81~2.24	2.25~2.80	2.81~3.55	3.56~4.50	4.51~5.60	5.61~7.10	7.11~9.00	9.01~11.2	11.3~14.0	14.1~18.0	18.1~22.4	22.5~28.0	28.1~35.5

附录4 放宽检查界限数（LR）表

最近10批的累计样本量	合格质量水平（AQL）																	
	0.010	0.015	0.025	0.040	0.065	0.10	0.15	0.25	0.40	0.65	1.0	1.5	2.5	4.0	6.5	10
20~29	*	*	*	*	*	*	*	*	*	*	*	*	*	*	*	0
30~49	*	*	*	*	*	*	*	*	*	*	*	*	*	*	0	0
50~79	*	*	*	*	*	*	*	*	*	*	*	*	0	0	0	2
80~129	*	*	*	*	*	*	*	*	*	*	*	0	0	2	2	4
130~199	*	*	*	*	*	*	*	*	*	0	0	0	2	4	4	7
200~319	*	*	*	*	*	*	*	*	0	0	0	1	4	8	8	14
320~499	*	*	*	*	*	*	*	0	0	2	2	3	7	14	14	24
500~799	*	*	*	*	*	*	0	0	2	4	4	7	14	24	25	40
800~1249	*	*	*	*	*	0	0	2	4	8	7	13	24	40	42	68
1250~1999	*	*	*	*	0	0	1	4	8	14	14	22	40	68	69	110
2000~3149	*	*	*	0	0	2	3	7	14	25	24	38	67	111	115	181
3150~4999	*	*	0	0	2	4	7	14	24	42	40	63	110	131	186	
5000~7999	*	*	0	2	4	7	13	24	40	63	68	105	181			
8000~12499	*	0	0	2	4	13										
12500~19999	0	0	2				169				110					

注：*号表示对此合格质量水平，累计连续10个合格批的样本大小转入放宽检查是不够的，必须接着累计合格批的样本大小，直到表中有界限数可比较。如果接着累计时出现一批不合格，则此批以前检查的结果以后不能继续使用。

附录5 一次正常抽检方案表

样本大小字码	样本大小	0.010	0.015	0.025	0.040	0.065	0.10	0.15	0.25	0.40	0.65	1.0	1.5	2.5	4.0	6.5	10	15	25	40	65	100	150	250	400	650	1000
		Ac Re	Ac Re	Ac Re	Ac Re	Ac Re	Ac Re	Ac Re	Ac Re	Ac Re	Ac Re	Ac Re	Ac Re	Ac Re	Ac Re	Ac Re	Ac Re	Ac Re	Ac Re	Ac Re	Ac Re	Ac Re	Ac Re	Ac Re	Ac Re	Ac Re	Ac Re
A	2	↓	↓	↓	↓	↓	↓	↓	↓	↓	↓	↓	↓	↓	↓	0 1	1 2	2 3	3 4	5 6	7 8	10 11	14 15	21 22	30 31	40 45	↑
B	3	↓	↓	↓	↓	↓	↓	↓	↓	↓	↓	↓	↓	↓	0 1	↔	1 2	2 3	3 4	5 6	7 8	10 11	14 15	21 22	30 31	40 45	↑
C	5	↓	↓	↓	↓	↓	↓	↓	↓	↓	↓	↓	↓	0 1	↔	↑	1 2	2 3	3 4	5 6	7 8	10 11	14 15	21 22	30 31	40 45	↑
D	8	↓	↓	↓	↓	↓	↓	↓	↓	↓	↓	↓	0 1	↔	↑	1 2	2 3	3 4	5 6	7 8	10 11	14 15	21 22	30 31	40 45	↑	↑
E	13	↓	↓	↓	↓	↓	↓	↓	↓	↓	↓	0 1	↔	↑	1 2	2 3	3 4	5 6	7 8	10 11	14 15	21 22	30 31	40 45	↑		
F	20	↓	↓	↓	↓	↓	↓	↓	↓	↓	0 1	↔	↑	1 2	2 3	3 4	5 6	7 8	10 11	14 15	21 22	30 31	40 45	↑			
G	32	↓	↓	↓	↓	↓	↓	↓	↓	0 1	↔	↑	1 2	2 3	3 4	5 6	7 8	10 11	14 15	21 22	30 31	40 45	↑				
H	50	↓	↓	↓	↓	↓	↓	↓	0 1	↔	↑	1 2	2 3	3 4	5 6	7 8	10 11	14 15	21 22	30 31	40 45	↑					
J	80	↓	↓	↓	↓	↓	↓	0 1	↔	↑	1 2	2 3	3 4	5 6	7 8	10 11	14 15	21 22	↑								
K	125	↓	↓	↓	↓	↓	0 1	↔	↑	1 2	2 3	3 4	5 6	7 8	10 11	14 15	21 22	↑									
L	200	↓	↓	↓	↓	0 1	↔	↑	1 2	2 3	3 4	5 6	7 8	10 11	14 15	21 22	↑										
M	315	↓	↓	↓	0 1	↔	↑	1 2	2 3	3 4	5 6	7 8	10 11	14 15	21 22	↑											
N	500	↓	↓	0 1	↔	↑	1 2	2 3	3 4	5 6	7 8	10 11	14 15	21 22	↑												
P	800	↓	0 1	↔	↑	1 2	2 3	3 4	5 6	7 8	10 11	14 15	21 22	↑													
Q	1250	0 1	↔	↑	1 2	2 3	3 4	5 6	7 8	10 11	14 15	21 22	↑														
R	2000	↑	1 2	2 3	3 4	5 6	7 8	10 11	14 15	21 22	↑																

表头：接收质量限（AQL）/%

注：
1. ↓——使用箭头下面的第一个抽样方案，如果样本大小大于或等于批量，整批进行百分之百检验，抽样方案的判定数组仍保持不变；
    ↑——使用箭头上面的第一个抽样方案，如果样本大小大于或等于批量，整批进行百分之百检验，抽样方案的判定数组仍保持不变。
2. Ac——合格判定数；
3. Re——不合格判定数。

附录6 一次加严抽检方案表

样本大小字码	样本大小	接收质量限(AQL)/%																														
		0.010		0.015		0.025		0.040		0.065		0.10		0.15		0.25		0.40		0.65		1.0		1.5		2.5		4.0		6.5		10		15		25		40		65		100		150		250		400		650		1000	
		Ac	Re	Ac	Re	Ac	Re	Ac	Re	Ac	Re	Ac	Re	Ac	Re	Ac	Re	Ac	Re	Ac	Re	Ac	Re	Ac	Re	Ac	Re	Ac	Re	Ac	Re	Ac	Re	Ac	Re	Ac	Re	Ac	Re	Ac	Re	Ac	Re	Ac	Re	Ac	Re	Ac	Re	Ac	Re	Ac	Re	Ac	Re
A	2	↓																																						0	1	↑		1	2	2	3	3	4	5	6	8	9	12	13	18	19	27	28
B	3																																				0	1	↑				1	2	2	3	3	4	5	6	8	9	12	13	18	19	27	28	41	42
C	5																																0	1	↑				1	2	2	3	3	4	5	6	8	9	12	13	18	19	27	28	41	42	↑	
D	8																													0	1	↑				1	2	2	3	3	4	5	6	8	9	12	13	18	19	27	28	41	42	↑			
E	13																											0	1	↑				1	2	2	3	3	4	5	6	8	9	12	13	18	19	27	28	41	42	↑					
F	20																									0	1	↑				1	2	2	3	3	4	5	6	8	9	12	13	18	19	↑											
G	32																							0	1	↑				1	2	2	3	3	4	5	6	8	9	12	13	18	19	↑													
H	50																					0	1	↑				1	2	2	3	3	4	5	6	8	9	12	13	18	19	↑															
J	80																			0	1	↑				1	2	2	3	3	4	5	6	8	9	12	13	18	19	↑																	
K	125																	0	1	↑				1	2	2	3	3	4	5	6	8	9	12	13	18	19	↑																			
L	200															0	1	↑				1	2	2	3	3	4	5	6	8	9	12	13	18	19	↑																					
M	315													0	1	↑				1	2	2	3	3	4	5	6	8	9	12	13	18	19	↑																							
N	500											0	1	↑				1	2	2	3	3	4	5	6	8	9	12	13	18	19	↑																										
P	800									0	1	↑				1	2	2	3	3	4	5	6	8	9	12	13	18	19	↑																												
Q	1250							0	1	↑				1	2	2	3	3	4	5	6	8	9	12	13	18	19	↑																														
R	2000					0	1	↑				1	2	2	3	3	4	5	6	8	9	12	13	18	19	↑																																
S	3150	0	1	↑				1	2																																																	

注：1. ↓——使用箭头下面的第一个抽样方案，如果样本大小大于或等于批量，整批进行百分之百检验，抽样方案的判定数组仍保持不变；
2. ↑——使用箭头上面的第一个抽样方案，如果样本大小大于或等于批量，整批进行百分之百检验，抽样方案的判定数组仍保持不变；
3. Ac——合格判定数；
4. Re——不合格判定数。

附录7 一次放宽抽检方案表

样本大小字码	样本大小	接收质量限 (AQL)/%																								
		0.010	0.015	0.025	0.040	0.065	0.10	0.15	0.25	0.40	0.65	1.0	1.5	2.5	4.0	6.5	10	15	25	40	65	100	150	250	400	650	1000
		Ac Re	Ac Re	Ac Re	Ac Re	Ac Re	Ac Re	Ac Re	Ac Re	Ac Re	Ac Re	Ac Re	Ac Re	Ac Re	Ac Re	Ac Re	Ac Re	Ac Re	Ac Re	Ac Re	Ac Re	Ac Re	Ac Re	Ac Re	Ac Re	Ac Re	Ac Re
A	2	↓																	→	1 2	2 3	3 4	5 6	7 8	10 11	14 15	21 22	30 31
B	2		↓															→	1 2	1 2	2 3	3 4	5 6	7 8	10 11	14 15	21 22	30 31
C	2			↓													→	1 2	1 2	2 3	3 4	5 6	7 8	10 11	14 15	21 22	↑
D	3				↓											→	0 1	1 2	1 2	2 3	3 4	5 6	7 8	10 11	14 15	21 22		
E	5					↓									→	0 1	←	1 2	1 2	2 3	3 4	5 6	7 8	10 11	14 15	21 22		
F	8						↓							→	0 1	←	↔	1 2	2 3	3 4	5 6	7 8	10 11	14 15	21 22	↑		
G	13							↓					→	0 1	←	↔	0 1	1 2	2 3	3 4	5 6	7 8	10 11	↑				
H	20								↓			→	0 1	←	↔	0 1	1 2	2 3	3 4	5 6	7 8	10 11	↑					
J	32									↓	→	0 1	←	↔	0 1	1 2	2 3	3 4	5 6	7 8	10 11	↑						
K	50									→	0 1	←	↔	0 1	1 2	2 3	3 4	5 6	7 8	10 11	↑							
L	80								→	0 1	←	↔	0 1	1 2	2 3	3 4	5 6	7 8	10 11	↑								
M	125							→	0 1	←	↔	0 1	1 2	2 3	3 4	5 6	7 8	10 11	↑									
N	200						→	0 1	←	↔	0 1	1 2	2 3	3 4	5 6	7 8	10 11	↑										
P	315					→	0 1	←	↔	0 1	1 2	2 3	3 4	5 6	7 8	10 11	↑											
Q	500				→	0 1	←		0 1	1 2	2 3	3 4	5 6	7 8	10 11	↑												
R	800			→	0 1	←		0 1	1 2	2 3	3 4	5 6	7 8	10 11	↑													

注：1. ↓——使用箭头下面的第一个抽样方案，如果样本大小大于或等于批量，整批进行百分之百检验，抽样方案的判定数组仍保持不变；
↑——使用箭头上面的第一个抽样方案，如果样本大小大于或等于批量，整批进行百分之百检验，抽样方案的判定数组仍保持不变；
2. Ac——合格判定数；
3. Re——不合格判定数。

附录 8 一次特宽抽检方案表

样本大小字码	样本大小	接收质量限（AQL）/%

接收质量限（AQL）/% 的列 (Ac Re 对): 0.010, 0.015, 0.025, 0.040, 0.065, 0.10, 0.15, 0.25, 0.40, 0.65, 1.0, 1.5, 2.5, 4.0, 6.5, 10, 15, 25, 40, 65, 100, 150, 250, 400, 650, 1000

字码	n	0.010	0.015	0.025	0.040	0.065	0.10	0.15	0.25	0.40	0.65	1.0	1.5	2.5	4.0	6.5	10	15	25	40	65	100	150	250	400	650	1000
A	2	↓																				7 8	9 10	12 13	16 17	23 24	32 33
B	2		0 1	←																		7 8	9 10	12 13	16 17	23 24	32 33
C	2		→	0 1	←																	7 8	9 10	12 13	16 17	23 24	↑
D	3			→	0 1	←											1 2	2 3	3 4	4 5	6 7	7 8	9 10	12 13	16 17	23 24	↑
E	5				→	0 1	←									1 2	2 3	3 4	4 5	5 6	7 8	9 10	12 13	16 17	23 24	↑	
F	8					→	0 1	←						1 2	2 3	3 4	4 5	5 6	6 7	7 8	9 10	12 13	↑				
G	13						→	0 1	←				1 2	2 3	3 4	4 5	5 6	6 7	7 8	9 10	12 13	↑					
H	20							→	0 1	←		1 2	2 3	3 4	4 5	5 6	6 7	7 8	9 10	12 13	↑						
J	32								→	0 1	1 2	2 3	3 4	4 5	5 6	6 7	7 8	8 9	10 12 13	↑							
K	50									0 1	1 2	2 3	3 4	4 5	5 6	6 7	7 8	9 10	12 13	↑							
L	80								0 1	1 2	2 3	3 4	4 5	5 6	6 7	7 8	8 9	9 10	12 13	↑							
M	125							0 1	1 2	2 3	3 4	4 5	5 6	6 7	7 8	8 9	9 10	12 13	↑								
N	200					0 1	1 2	2 3	3 4	4 5	5 6	6 7	7 8	8 9	9 10	10 12 13	←										
P	315				0 1	1 2	2 3	3 4	4 5	5 6	6 7	7 8	8 9	9 10	10 12 13	←											
Q	500		0 1	↑	1 2	2 3	3 4	4 5	5 6	6 7	7 8	8 9	9 10	10 12 13	←												
R	800	0 1	1 2	2 3	3 4	4 5	5 6	6 7	7 8	8 9	9 10	10 12 13	←														

注：
1. ↓——使用箭头下面的第一个抽样方案，如果样本大小大于或等于批量，整批进行百分之百检验，抽样方案的判定数组仍保持不变；
2. ↑——使用箭头上面的第一个抽样方案，如果样本大小大于或等于批量，整批进行百分之百检验，抽样方案的判定数组仍保持不变；
3. Ac——合格判定数；
4. Re——不合格判定数。